목사도
사람입니다

목사도 사람입니다

초판 1쇄 발행 · 2016년 6월 17일

지은이 · 전재훈
그림 · 바이블 박

출판책임 · 허동선
편집 · 김지은
표지디자인 · 조은아

은혜미디어
(03427) 서울특별시 은평구 서오릉로17길 18 B1
전화 · 02)388-3692 | 팩스 · 02)6442-3692
등록번호 · 제 25100-2016-000042호

잘못된 책은 교환하여 드립니다.

ISBN · 979-11-958296-0-6(03230)

목사도 사람입니다

추천사

"웃음 속에 눈물과 감동을 함께 전하는 설교자!"

"지난날의 장미는 이제 그 이름뿐, 우리에게 남은 것은 그 덧없는 이름뿐……."stat rosa pristina nomine, nomina nuda tenemus.

전재훈 목사가 책을 출판한다는 이야기를 듣고 제일 먼저 움베르토 에코가 쓴 〈장미의 이름〉의 마지막 구절이 떠오르는 이유는 무엇일까. 〈장미의 이름〉이라는 한 권의 책이 에코를 전 세계적인 스타작가 반열에 올려놓았듯이 전재훈 목사의 처녀작 〈목사도 사람입니다〉가 그리 되었으면 하는 염원 때문일까? 아니라 할 수 없지만 그 이전에 에코의 책에 등장하는 맹인수사 호르헤와 그를 추적하는 윌리암 수사의 모습이 오늘날의 교회 현실과 자꾸 겹쳐지기 때문이리라.

〈장미의 이름〉에 나오는 수도원의 도서관에는 호르헤가 극도로 싫어했던 아리스토텔레스의 〈시학〉이라는 책이 있다. '웃음은 예술이며 식자(識者)들의 마음이 열리는 세상의 문'이란 말을 참을 수 없었던 호르헤는 〈시학〉을 통해 웃음에 노출된 동료 수사들을 하나하나 처단한다. 소위 말하는 암흑기, 그것도 말기를 살아내야 했던 호르헤 수사는 '웃음은 하나님을 두렵고 떨리는 심경으로 섬기는 것에서 멀어지게 한다.'는 맹신 속에 빠져들고 그 웃음을 방해할 목적으로 〈시학〉을 접한 동료 수사들을 살해한 것이다. 결국 기호학과 자연과학에 탁월한 식견을 가지고 있던 윌리암에 의해 사건의 전모가 밝혀지지만 그럼에도 불구하고 수도원은 도서관과 함께 화마에 휩싸여 사라지고 만다. 아! 이 황망함이라니……

시간은 흘러 비텐베르그 광장에는 극도로 타락한 카톨릭에 저항하는 95개 조항의 반박문이 걸리고 프로테스탄트의 시대가 펼쳐진다. 종교개혁이후 500년이 지난 지금, 세상은 호르헤 신부가 염려했던 요란한 웃음소리가 낄낄, 깔깔, 호호, 하하, 희희, 낙낙, 왁자, 지껄… 봉인이 풀린 채 판을 치고 있다. 그러나 이러한 현상 또한 석연찮게 다가오는 이유는, 현실을 대처하는 현대인의 억지스러움이 엿보이기 때문이리라. 이러한 시기에 전재훈 목사의 책이 출판된다는 것은 참으로 반가운 일이다. 〈목사도 사람입니다〉에 알알이 박혀있는 웃음과 감동은 호르헤 수사가 염려하던 웃음처럼 경박하지도 않고 하나님에 대한 경건함과 경외함으로부터 멀어지게 하지도 않는다.

저자는 시각장애인 부모 밑에서 태어나 가난함 속에서 껌팔이 생활을 하며 유년 시절을 보냈다. 학교에 들어가기도 전에 원인을 알 수 없는 열병으로 인해 심장에 이상이 왔고 꿈 많은 사춘기 시절을 병원에서 보내며 죽음의 문턱을 오가야 했다. 신학교 시절에는 온 가족의 예기치 못한 교통사고로 인해 그토록 사랑하던 어머니는 뇌 손상을 입기까지 하셨다. 저자는 신학공부를 포기하고 어머니를 간병하며 가정을 책임져야 했다. 설상가상으로 아버지마저 심장마비로 세상을 떠나시면서 가정 경제는 파탄이 나고 빚더미에 앉아 절망 속에서 하나님을 원망하며 산 시절도 있었다. 오직 저자만이 감당할 수 있는, 아니 혼자서는 감히 감당할 수 없는 시련이기에 하나님이 천사를 보내주셨는지도 모른다. 유영아 사모는 전재훈 목사에게 천사였다. 그러나 세상은 천사라도 감당할 수 없는 시련이 이어지는 곳이다. 결혼 후에도 고난은 그를 놓아주지 않았다. 아이가 생기지 않아 인공수정을 통하여 쌍둥이 남매를 얻었으나, 그 중 누나인 하영이는 척추장애를 가지고 태어났고 지금도 매주 서너 차례 향남에서 안산까지 치료를 받으러 다닌다. 치료비 또한 상상을 초월하지만 원망하는 삶에서 떠나 하나님의 뜻에 순종하여 10년 전 향남에 교회를 개척하였고, 이제는 대한민국 최초의 레크부흥사로 맹활약을 하고 있다.

  그의 웃음은 경박하지 않다. 은혜와 감동이 있으며 눈물을 머금게 한다. 저자가 추구하는 웃음의 미학은 냉소와 혐오까지도 빠짐없이 살펴 추적한 웃음이다. 저자와 10여 년간 가까이 지내며 그의 이야기가 책으로 나오면 좋겠다는 생각을 했었는데 이렇게 출판하게 되어 무척 기쁘다. 저자와 함께 이야기하며 누렸던 은혜를 다른 사람들도 함께 공유할 수 있어 감사하다. 평범하지 않은 삶의 기반 위에 지극히 평범한 삶을 꾸려 나가며 풀어낸 저자의 이야기는 독자들에게 웃음과 감동은 물론이려니와 내면의 아픔을 치유하고 삶의 힘이 되며 하나님의 은혜를 마음껏 누리게 할 것이다.

새론교회 **이영국 목사**

은
혜

은혜는

받기 위해 노력하면 삯이 되고
갚기 위해 노력하면 빚이 되죠.

은혜는 그냥 은혜일 뿐입니다.
은혜는 그냥 감사로 받으세요.

목차

추천사 이영국 목사 · 5

들어가는 말 · 14

01 다시 찾은 강아지 · 21
02 설교의 허구 · 24
03 사랑의 언어의 허구 · 29
04 열역학 법칙과 신학 · 34
05 시간, 공간, 인간 그리고 빛 · 39
06 논리와 신앙 · 45
07 커피와 설교 · 51
   07-1 하영이의 시 : 환장하겠다 · 57
08 목회와 공포심리학 · 59
09 목회와 사행성사업 · 65
10 목회와 목사의 권위 · 73
11 GOOD-NEWS · 86
   11-2 하영이의 시 : 예쁜 동물 친구 · 93
12 기도의 유감 Ⅰ · 94
13 기도의 유감 Ⅱ · 101
14 기도의 유감 Ⅲ · 109

15 믿음의 유감 I · 116

16 믿음의 유감 II · 123

17 믿음의 유감 III · 129

18 믿음의 유감 IV · 133

19 전도의 유감 · 142

20 하이요 나마스떼 · 149

   20-3 하영이의 시 : 으스스하네 · 155

21 헤베누 샬롬 알레켐 · 156

22 보여주면 믿겠다 · 161

23 기대와 실망 · 167

24 겉사람 VS 속사람 · 175

   24-4 하영이의 시 : 눈 썰매 얼음 썰매 휙휙 · 181

25 믿는 자들에게 나타날 표적 · 182

26 극락왕생 · 188

27 불한당 · 195

28 주화입마 (走火入魔) · 200

29 무위이화 (無爲而化) · 206

   29-5 하영이의 시 : 바나나 · 213

30 아노미적 자살 : 잔인한 기독교 · 214

31 감각적이고 자극적인 기독교 · 221

32 사랑해 씨발 · 227

33 어바웃 타임 · 230

   33-6 하영이의 시 : 우리 동네 슈퍼 · 233

34 흘러가는 시간, 흘러오는 시간 · 234

35 목사도 사람입니다 · 242

36 사모도 사람입니다 · 248

37 전도사도 사람입니다 · 253

   37-7 하영이의 시 : 꿈나무 · 257

38 예수와 함께 받는 고난 · 258

39 뱀파이어와 은총 · 261

40 마음의 소리 · 266

41 똘똘한 아이 · 269

   41-8 하영이의 시 : 고깃집 · 272

42 건망증 · 273

43 10주년 기념 세일 · 279

44 유람선과 같은 교회 · 285

45 갱생과 은혜 · 293

   45-9 하영이의 시 : 방학 숙제가 만든 비극 · 297

46 돈에 대한 맷집 · 299

47 두 종류의 인간 · 305

48 전능자에 대한 좌절과 감격 · 311

49 목사 안수식 · 317

50 세뇌교육 · 325

   50-10 하영이의 시 : 추운 겨울 · 330

51 공의의 십자가 · 331

52 하나님의 사랑 · 338

들어가는 말

　제가 어릴 적 외웠던 성경 구절 중 가장 기억에 남는 구절은 요한복음 3장 16절 말씀입니다. '♬하나님이 세상을 이처럼 사랑하사 독생자를 주셨으니 ♪누구든지 예수 믿으면 멸망하지 않고 ♬영생을 얻으리로다'(요한복음 3장 16절)이라는 찬양을 자주 불렀던 탓도 있는 듯합니다. 어릴 적 다니던 교회의 목사님은 이 구절이 성경의 핵심이라고 하셨고, 성경 66권의 요약이라고도 가르치셨습니다.

　이 구절에 등장하는 독생자는 '하나님의 외아들'이라는 의미를 담고 있지요. '거룩한 외아들'이라는 의미로 독생성자라고도 부릅니다. 하나님이 예수님을 **'이는 내 사랑하는 아들이요'**(마 3:17)라고 알려 주셨지요. 그래서 예수님을 성자 예수님이라고 하고 하나님은 성부 하나님으로 부릅니다. 이런 구분으로 하나님과 예수님은 별개의 다른 존재처럼 느껴집니다. 하나님이 먼저 계셨고 후에 예수님을 낳으신 듯한 느낌을 갖게 합니다. 신적 지혜나 능력에 있어서도 하나님이 더 위에 계실 듯 하고 권위나 서열에서도 하나님이 앞설 듯합니다. 하지만 하나님과 예수님은 같은 분이십니다. 성령님도 같은 분이시지요. 그래서 삼위일체라고 부릅니다. 조금 전문적인 표현으로 하면 하나님과 예수님은 **'동일본질'**이시지, '유사본질'이 아닙니다. 다시 말해, 하나님과 예수님은 동시에 계셨고 똑같은 지혜와 능력을 가지고 계시며, 예수님이 곧 하나님이십니다. 어색하기는 하지만 '십자가에 달리신 하나님'이라는 표현도 합니다. 하나님이 예수님의 존재근원이 되거나 제1원인이 되지 않는다는 말입니다.

그런데 왜 하나님은 예수님을 '독생자'라고 불렀을까요? '또 다른 하나님'이라고 하거나 거룩한 동생이라는 의미로 '성제 예수님'이라고 할 수도 있었을 텐데요. 예수님이 십자가에 달려 돌아가신 것은 우리의 죄를 용서해 주시기 위함이기도 하지만, 우리를 향한 하나님의 사랑을 확증하기 위한 수단이기도 합니다. 세상을 이처럼 '사랑'하사 '독생자'를 주신 것이지요. 그 하나님의 사랑을 표현하기 위해 '독생자'보다 더 좋은 표현은 없습니다. '내가 너를 너무 사랑해서 내가 대신 죽어줄게.'보다 '내가 너를 너무 사랑해서 내 아들을 대신 죽게 해 줄게.'가 더 큰 의미로 다가옵니다. 다른 사람을 사랑해서 내가 죽을 수는 있지만, 아무리 사랑해도 내 아들을 내어 줄 수는 없지요.

인간이 가진 사랑의 언어 중 가장 기본적인 것이 아버지와 아들의 관계에서 비롯된 사랑입니다. 공자는 이를 '부자유친'이라고 불렀지요. 유교의 가장 기초가 되는 관계로 '효孝'입니다. 이것이 이웃으로 확장

되어 '예禮'가 되고 국가로 확장되어 '충忠'이 됩니다. 유교는 '군사부일체'를 확립하여 국가의 통치이념으로 자리를 잡게 되었습니다. 유교에서 자신을 죽여 남을 살리는 살신성인의 정신은 있어도 자식을 죽여 남을 살리는 정신은 없습니다. 이건 상상조차 하기 힘든 일입니다. 이 어려운 일을 하나님이 하신 것입니다. 진짜로 외아들이 있어서 바로 그 아들을 준 것이라는 말이기보다 하나님이 우리를 얼마나 사랑하시는지를 표현해 주는 가장 극한의 표현이 **'독생자'**였던 것이지요.

하나님의 사랑을 가장 잘 이해하는 방법은 자녀를 낳아 길러보는 것입니다. 자녀들이 항상 예쁘기만 한 것은 아닐지라도 자녀가 가장 예쁘고 사랑스러웠던 순간을 생각해보면 그 아들을 내어주신 하나님의 사랑을 조금 더 가깝게 이해할 수 있게 됩니다. 자신의 자녀를 목숨 바쳐 사랑하는 부모라면 하나님의 사랑이 얼마나 큰 것이었는지를 알 수 있을 듯합니다.

저에게도 두 아이가 있습니다. 저를 쏙 빼닮은 남매 쌍둥이입니다. 이 아이들 덕분에 저는 하나님의 사랑에 조금 더 가까이 갈 수 있었습니다. 하나님의 사랑이 얼마나 큰 것인지 조금은 더 이해할 수 있게 되었지요. 하지만 자녀가 있다는 것이 종교인으로서 자신을 희생하는 일에 걸림돌이 되기도 합니다. 제가 만약 책임져야 할 식구가 없는 신부님이나 스님 같은 종교인이었다면 쉽게 할 수 있었을지도 모를 많은 일들을 자녀가 있다는 이유로 조심스러워지기도 합니다. 내 몸을 불사르게 내어 주기에는 자녀들이 눈에 밟혀서 못하겠습니다. 목사이기는 하지만 내 자녀를 죽이겠다고 협박하면 과연 내가 순교할 수 있을지 장담하지 못하겠습니다. 자녀들이 먹을 것이 없으면 도둑질이라도 할 것 같고 자녀들이 납치를 당하면 납치범을 테러할 수도 있을 것 같습니다. 자녀들을 지키기 위해서라면 조금은 비열해지고 위선적으로 변할 수 있고 때로는 악해질 수도 있을 것 같습니다. 그래서 목사도 사람입니다. 다행스러운 것은 신의 사랑을 이해하는 일에 대해서는 자녀가 없는 신부님이나 스님보다 목사가 좀 더 나을 것 같긴 합니다.

'목사도 사람입니다'는 우리에게 독생자를 내어주신 하나님 아버지의 사랑을, 자녀를 너무나 사랑하는 아빠이자 목사가 느끼고 깨달은 바를 쓴 글입니다. 조금 달리 표현하면 목사이면서도 목사 아닌, 목사 같은 아빠가 쓴 책이지요.

제 아이들이 다섯 살쯤 되었을 때 자기들끼리 서로 손톱을 깎는 것인지, 자르는 것인지를 두고 다툰 적이 있습니다. 딸은 '깎는'다고 우겼고, 아들은 '자른'다고 우겼습니다. 아이들의 논쟁을 보면서 분명 아빠인 저에게 물어볼 것이라고 생각했지요. 그럼 나는 깎는다고 대답해야 할지, 자른다고 대답해야 할지 헷갈렸습니다. 하지만 다행스럽게 제게 묻지 않고 딸 아이의 한 마디로 논쟁은 종결되고 말았습니다. 딸은 손톱깎이를 가져와서 '이게 손톱깎이지 손톱짤기냐?' 했지요. 딸이 승자가 되고 아들은 패자가 되고 말았습니다.

여러분들의 생각은 어떤가요? 손톱은 '깎는' 것입니까? 손톱은 '자르는' 것은 아닙니까? 저에게도 손톱은 깎는 것이 맞다고 여겨지긴 합니다만 손톱가위로 아이들 손톱을 다듬을 때는 자르지 않았나요? 손톱깎이를 쓰시는 분들은 제 딸과 같은 생각을 하실 것이고 손톱가위를 쓰시는 분들은 제 아들과 같은 생각을 하실 것입니다. 제가 보기에는 둘 다 맞습니다. 때론 손톱을 '소제'한다고도 하고 '다듬는'다고 하실 수도 있지요. 결국 같은 행동이지만 쓰는 도구와 살아온 환경에 따라 개인의 생각은 조금씩 다를 수 있습니다.

 이 책에 담긴 내용들이 저와 같은 생각을 하시는 분들에게는 편할 수 있지만 저와는 조금 다르게 생각하시는 분들에게는 불편할 수도 있습니다. 모두가 공감해 주시면 가장 좋겠지만 저의 글이 다소 맘에 들지 않더라고 '저자는 이렇게 생각하나보다.'라고 여기시고, 본인의 생각과 다른 사람의 생각을 들여다보는 재미라도 느끼실 수 있기를 바랍니다. 저와 다르게 생각하실지라도 하나님이 우리를 사랑하신다는 사실만큼은 같을 테니까요.

Special Thanks

목회자로서 또한 아빠로서 살아갈 수 있게 내조해 준 아내에게 가장 큰 감사를 전합니다. 하나님의 사랑을 더 깊이 깨달을 수 있도록 내게 와준 쌍둥이 아이들 하영이, 하경이 사랑한다. 부족한 저를 믿고 함께 신앙의 공동체를 만들어 준 예향교회 식구들에게 감사드립니다. 개척교회 사역하느라 수입이 일정치 않았던 사위를 흔쾌히 맞아주시고, 목회에 전념할 수 있도록 돌봐주신 아버지, 어머니 감사합니다. 책이 만들어 지도록 많은 수고를 아끼지 않은 은혜미디어 출판사 직원들과 이 책이 출판될 수 있도록 후원해 주신 모든 분들에게 감사드립니다.

출판에 도움을 주신 분들

김만기 차용헌 박애란 김진욱 김태원 한경희 최준식 한병서 오정원
김용구 이은진 박찬길 이재영 정용구 송성진 이은선 전성배 오병기
김진숙 최혜원 노재한 박열매 김충식 김 은 임현재 이강산 유은형
유중발 임경엽 장안실 윤현주 진나단 임호정 홍운경 장철근 오종탁
김종래 이흥룡 최기철 이정우 노승찬 이춘수 이달연 성 현 최종호
조금순 이순노 박봉흡 정이택 마두락 오무자 장동학 이종찬 김철수
맹범규 배덕환 강 군 김지혜 오윤주 유동근 강흔성 김동형 김범식
유성재 유영주 지성희 조성환 이영국 전봉준 박영균 최웅철 차대명
구수진 오신영 박찬범 최광우

목사도 사람입니다

1
다시 찾은 강아지

　제가 예전에 키우던 강아지가 있었습니다. 잡종이기는 했지만 너무 예쁘고 사랑스러운 강아지였습니다. 아람이라는 이름도 지어주고 개집도 만들어 주었지요. 날마다 산책도 같이 하고 음식도 나눠 먹곤 했습니다.

　제가 교회 다녀온 사이 아람이가 무엇을 잘못 먹었는지 저를 보는 눈초리가 이상했습니다. 아람이를 부르며 안았는데 제 손을 피가 나도록 물었습니다. 그리고는 밖으로 나가버렸습니다. 저는 그날 고열에 시달리다가 병원에 가서야 광견병 때문임을 알았습니다. 아람이가 광견병에 걸렸던 것입니다. 3일 정도 아무것도 못하고 꼬박 입원해 있어야 했습니다. 퇴원하고 집에 와보니 아람이가 없어졌어요. 동네를 다 찾아봤는데도 없어요. 아람이가 너무 그리워서 사진도 붙이고 시설에 전화도 해보고 잠도 못자고 출근도 못하고 미친 듯이 여러 날을 찾아 다녔습니다.

그러던 어느 날 아람이를 찾았는데 몰골이 너무 엉망진창이어서 눈물이 쏟아졌어요. 이름을 불러도 못 알아봐요. 다리는 절고 몸에서는 고름과 함께 악취가 나고 있었죠. 저를 보면서도 이를 드러내며 으르렁 거리기만 했습니다. 아람이를 끌어 안으니 저를 물려고만 해요. 아람이를 부르며 끌어 안으니 사람들이 아는 개냐고 물어요. 제가 사랑하는 강아지라고 했더니 느닷없이 저를 붙잡고 손해 배상하랍니다. 우리 아람이가 그동안 많은 사람을 다치게 한 모양이에요. 병원비며 수리비가 너무 많이 나와서 대출을 받아 갚아 주어야만 했습니다.

아람이를 집에 데려가려고 하니까 사람들이 못 가게 막아요. 미친개는 때려서 죽여야 한답니다. 사람들의 분노를 막을 수가 없었어요. 제겐 아들이 하나 있습니다. 아들도 저만큼이나 아람이를 사랑했어요. 저는 아들에게 모든 상황을 설명하고 아람이를 살릴 방법을 찾아보았지요. 저는 아들에게 사람들이 아람이를 죽이지 못하게 끌어안고 있으라고 했어요. 아들도 동의했습니다. 아들은 악취가 풍기는 아람이를 끌어안고 있었습니다. 사람들은 그런 내 아들에게 욕을 해댔고 침을 뱉기도 하다가 급기야 돌을 던지는 사람들도 있었습니다. 분노가 극에 달했던 사람들은 제 아들을 두들겨 패다가 끝내 죽이고 말았습니다.

아들이 죽자 사람들은 흩어졌고 저는 아람이를 집에 데려올 수 있었습니다. 아람이는 지금 치료 중에 있습니다. 여전히 제게 이를 드러내며 으르릉 거리지만 저는 아람이의 치료를 멈출 수가 없습니다.

2
설교의 허구

 설교는 3가지 중요한 요소를 가지고 있습니다. 기록된 성경과 설교하는 목사와 그걸 듣는 회중이 그것입니다. 즉 설교자가 성경을 가지고 회중에게 선포하는 내용이 설교입니다. 그런데 이 세 가지 모두 약간의 문제를 가지고 있습니다.

 성경은 하나님이 직접 쓰신 책이 아닙니다. 하나님을 경험한 사람들이 자신들의 언어로 기록한 책입니다. 따라서 성경이 하나님에 대한 모든 것을 알려주지 않습니다. 성경을 통해 우리는 하나님이 어떤 모습을 하고 있는지 알지 못합니다. 하나님을 직접 경험하면 죽습니다. 그럼에도 불구하고 성경이 기록된 것은, 성경의 기록자들이 하나님을 죽지 않을 만큼만 경험했기 때문입니다.

 '미스터리mystery'라는 말은 '입을 다물다.'라는 말에서 기원된 말입니다. 인간의 언어로 표현할 수 없을 때 미스터리라고 합니다. 하나님은 인간 경험 너머에 계신 분입니다. 그럼에도 불구하고 지금의 성경이 있다는 것은 성경 기록자들이 하나님을 경험하되 글로 표현할 수 있을 만큼만 경험했다는 것입니다. 이런 경험은 하나님에 대한 단편적 경험밖에 되지 않습니다.

백문이 불여일견입니다. 백번을 들어도 자신이 직접 보지 못하는 한, 그 사람의 경험을 온전히 알아듣지 못합니다. 말이라는 것은 내용과 톤과 의도로 구성되어 있습니다. 듣는 사람이 이 3가지를 정확히 들어야만 말을 제대로 이해하게 됩니다. 안 그러면 자칫 야단치는 말을 칭찬하는 말로 오해하게 됩니다. 그러나 성경은 아쉽게도 녹음된 책이 아니라 기록된 책입니다. 우리는 톤과 의도가 사라진 내용만 있는 글을 통해 하나님을 소개받고 있는 것입니다. 이는 성경의 저자들이 경험한 하나님을 글을 통해 바르게 전달 받기가 매우 어렵다는 말입니다.

성경에는 원본이 없고 사본만 있습니다. 사본은 원본과 다른 점이 분명 존재합니다. 이는 오해의 소지가 존재한다는 의미입니다. 그마저도 설교자는 사본을 보고 설교를 준비하지 않습니다. 이 시대 설교자는 역본을 거치고 개역을 거친 우리말로 기록된 한글성경을 보면서 준비합니다. 그나마도 개역개정4판을 기본 텍스트로 합니다. 개역하고 개정하기를 4번이나 더 한 성경이라는 말입니다. 원본에서 멀어져도 한참 멀어진 글이 되는 셈입니다.

설교는 목사가 합니다. 저를 기준으로 볼 때 저는 원어의 의미를 모릅니다. 원어가 쓰이던 당시의 문화나 생각, 가치관, 역사관, 세계관,

이 모든 것이 다른 사람입니다. 같은 말도 어느 문화권에서 쓰이느냐에 따라 뜻이 천차만별이라는 것을 아실 것입니다. 저는 성경을 기록한 저자들과 다른 인식 스펙트럼을 가지고 있습니다. 배경지식이 다르고 이해하는 방법도 다릅니다. 더군다나 시간적으로 2000년이 흘렀고 지구 반대편에서 살아가고 있습니다. 우기와 건기를 살던 사람들과 사계절을 사는 사람의 생각이 비슷할 수 없습니다. 저녁이 되니 새 날이라고 생각하는 사람들이 쓴 책을, 아침이 되니 새 날이라고 생각하는 제가 읽고 있는 것입니다.

예수님이 설교해도 안 믿는 자들이 있었습니다. 회중들과 같은 공간과 문화와 언어와 역사를 가지셨으며, 회중에 대한 완벽한 이해를 가지고 계시고 모든 이적과 기사를 행하실 수 있으며, 사람의 마음과 생각까지도 읽으셨던 분이 하시는 설교에서도 안 믿는 자들이 있었습니다.

예수님의 제자들을 사도라 부릅니다. 사도들은 예수님에 대한 물리적 기억이 있는 동시대 사람들입니다. 사도들도 약간의 이적을 행할 수 있었습니다. 그런 사도들이 설교할 때가 되면 예수님이 하셨을 때보다 더 많은 사람들이 안 믿습니다.

교부들은 사도들의 제자로서 같은 문화권 속에서 배우고 익힌 사람들이지만 그들의 설교는 안 믿는 사람이 더 많아질 수밖에 없습니다. 저는 그보다 더 훨씬 후대의 사람입니다. 제가 설교할 때 믿는 사람이 있다면 그것이 오히려 기적입니다.

설교는 회중에게 하는 행위입니다. 회중의 듣기 실력에 따라 설교는 얼마든지 오해와 곡해의 소지를 가지고 있습니다. 더욱이 회중의 태도에 따라 설교가 가지는 전달 능력은 현저한 차이를 보입니다. 설교 시간에 수면 보충하는 사람들, 빨리 끝나기를 소망하는 사람들, 그저 재밌기를 원하는 사람들이 회중이면 설교는 그 능력을 상실하고 맙니다. 회중의 상태도 문제가 됩니다. 지적수준의 차이, 나이의 차이, 경험의 차이, 생활수준의 차이, 학력의 차이가 매우 큰 집단입니다.

예수님으로부터 엄청난 시간적, 공간적, 역사적, 능력적인 차이를 가진 제가 원어 성경도 아닌 한글성경 개역개정4판을 가지고 다양한 욕구와 스펙을 가진 회중에게 행하는 이야기가 설교입니다.

최초 하나님을 경험한 성경 기록자들의 '하나님 경험'이 100이라고 한다면, 저를 통해 회중들이 인식하게 될 '하나님 경험'은 0.001쯤도 되지 못할 것입니다. 더욱이 최초 기록자들 역시 하나님을 100% 경험한 것이 아닐 테니 설교를 통해 회중들이 갖게 될 하나님에 관한 인식은 현저하게 작을 것입니다. 아주 희미하게나마 갖게 된 하나님 인식도 오해나 곡해, 혹은 왜곡된 '하나님 인식'일 가능성이 매우 큽니다.

인간인 목사가, 인간이 기록하고 베껴 쓰고 번역하고 개정한 성경을 가지고, 인간들에게 행한 설교에 그 어떤 은혜나 믿음을 기대한다면 그건 억지입니다. 은혜와 믿음은 사람이 전하는 설득력 있는 지혜의 말에 있지 않습니다. 설교자의 '수고'나 '학력'이나 '권위'는 바울의 고백처럼 한낱 배설물에 불과합니다. 설교를 통해 성도의 변화를 기대한다면 교만입니다.

  누군가가 제 설교에 은혜를 받거나 믿음이 생기거나 하나님을 좀 더 알게 된다면, 왜곡된 은혜나 믿음일 가능성이 가장 크고 참 하나님으로부터 더 멀어진 것일 수 있습니다. 그렇지 않고 진짜 하나님을 인식하거나 진짜 은혜를 받게 된다면 그건 성령님이 행하신 놀라운 일이 일어난 것입니다.

내 말과 내 전도함이 설득력 있는 지혜의 말로 하지 아니하고
다만 성령의 나타나심과 능력으로 하여
너희 믿음이 사람의 지혜에 있지 아니하고
다만 **하나님의 능력**에 있게 하려 하였노라

고린도전서 2장 4-5절

3
사랑의 언어의 허구

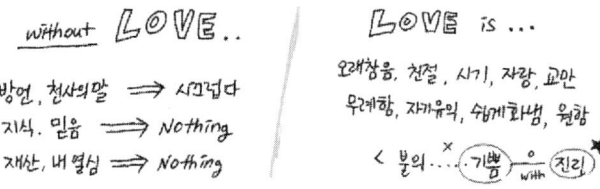

　개리 채프먼의 〈사랑의 5가지 언어〉라는 책에 의하면, 사람은 각자 사랑을 느끼는 방법이 따로 있다고 합니다. 그 대표적인 5가지 언어가 인정(칭찬), 시간(함께하기), 선물, 헌신(수고), 스킨십입니다.

　제게 적용해 보면, 저는 저를 칭찬해 줄때 제가 사랑받고 있다고 느낍니다. 그리고 누가 저를 위해 수고를 해 주면 그 수고로 인해 사랑을 느낍니다. 아내가 저를 위해 음식을 준비하고 옷을 다려줄 때 사랑을 느끼고 제게 '수고했다. 당신이 최고다.'라는 말을 해줄 때 사랑받고 있다고 느낍니다.

　여자들은 이 5가지 언어가 복합적일 때 최고의 사랑을 느낀다고 합니다. 아내를 위한 선물을 준비하고 집을 청소한 후, 아내의 손을 잡고 함께 시간을 보내면서 '당신은 참 아름다워, 당신과 함께 있다는 것이 참 행복해, 사랑해.'라고 말하면 극도의 행복을 느끼며 사랑받고 있다고 생각하지요.

사랑의 5가지 언어는 신앙 안에도 들어와 있습니다. 하나님의 사랑을 경험할 때 이 5가지 형태가 나타납니다. 제가 하나님의 사랑을 크게 느끼는 요소는 헌신입니다. 하나님께서 저의 죄를 담당하도록 그 아들을 내어 주신 희생에서 하나님 사랑의 정점을 경험합니다.

인정하는 말(칭찬)이 사랑의 코드인 사람은 하나님께서 기도 중에 '너는 내 아들이라, 내가 너를 지명하여 불렀고 너는 내 것이라' 하실 때 하나님의 사랑을 경험했다고 합니다. 함께 하는 시간에 사랑의 코드를 느끼는 성도라면, 임마누엘 하나님을 경험할 때 하나님의 사랑을 느낍니다. 모래 위의 발자국이라는 예화는 이런 성도들의 가슴에 불을 지피지요. 선물을 좋아하는 성도라면 당연히 기도의 응답을 사랑으로 느낍니다. 간절히 원하는 어떤 것이 하나님의 도움으로 얻어졌다면, 혹은 어려운 문제가 기도를 통해 해결되었다면, 그는 하나님이 자신을 사랑하고 계신다고 여깁니다. 스킨십이 코드인 사람들은 주로 기도할 때 하나님의 만지심을 경험했다고 합니다. 그들은 예수님이 누구를 만져 주사 병을 고치는 사건에 민감합니다. 그들은 '하나님의 터치하심'이라는 주제를 좋아합니다.

〈사랑의 5가지 언어〉에서 저자는 상대가 느끼는 사랑의 코드를 찾아내어 그것으로 사랑을 표현하는 것이 효과적임을 강조합니다. 상대가 함께하는 시간에 사랑을 느끼는 사람이라면, 그에게 선물을 아무리 많이 해도 그는 사랑받고 있다고 느끼지 못합니다. 그러므로 사랑은 상대의 언어에 맞게 표현해 주어야 합니다. 성도들도 이와 같은 경험을 할 때가 있습니다. 스킨십을 사랑의 언어로 느끼는 성도는 기도 중 하나님의 만져주심을 경험할 때까지 하나님이 나를 사랑하시는지 의심합니다. 의심이 심해지면 하나님은 자신을 사랑하지 않는다고까지 여깁니다. 유추프라카치아(만져주어야 사는 꽃)처럼 한 번의 스킨십으로는 안 되고 매번 기도할 때마다 만지심이 느껴져야 신앙이 자랍니다.

당신은 어떤 경우에 사랑을 느끼는 사람인가요? 하나님의 사랑을 경험했을 때가 어떤 상황이었는지 기억하십니까? 얼마나 자주 그런 사랑을 경험하고 있습니까? 간증의 대부분이 이런 질문에 답을 담고 있습니다.

사랑의 5가지 언어를 통해 하나님의 사랑을 경험하는 방법을 알게 되기도 하지만, 이걸 통해 성도들이 왜 하나님의 사랑을 의심하는지도 알게 됩니다. 심지어 어떤 성도는 하나님이 자신을 버렸다고까지 생각합니다.

하나님의 사랑은 성도를 떠난 적이 없습니다. 이것은 진리입니다.

하나님의 사랑은 변한 적이 없습니다. 이것은 진리입니다.

하나님의 사랑은 중단된 적이 없습니다. 이것은 진리입니다.

하나님은 고린도전서 13장을 통해 사랑이 무엇인지를 말씀하셨습니다. 모든 것을 주고 심지어 내 몸까지 불사르게 내어 줄지라도 그것이 사랑이 아니라고 하셨습니다. 천사의 말을 할지라도 사랑과 상관없습니다. 사랑의 5가지 언어는 사랑 없이도 할 수 있는 일인 셈이지요. 하나님은 그 속에 사랑이 없으면 한낱 소음에 불과하고 아무것도 아니며, 아무 유익도 없다고 선언하셨습니다. 하나님이 말씀하시는 사랑은 오래 참고, 온유하며, 시기하지 아니하며, 자랑하지 아니하며, … 모든 것을 참으며, 모든 것을 믿으며, 모든 것을 바라며, 모든 것을 견디는 것입니다.

하나님의 사랑은 모두 15가지 언어로 표현되었습니다. 이 중 적어도 3가지 이상은 제가 부정할 수 없는 제게 주어진 사랑이었습니다. 하나님은 제게 대하여 정말 오랫동안 참아주셨습니다. 하나님은 제게 대하여 완전히 모든 것을 참아 주셨습니다. 하나님은 제게 한 번도 당신의 사랑을 자랑하지 않으셨으며, 성내지 않으셨습니다. 하나님은 제게 대하여 항상 온유하셨습니다.

하나님의 사랑은 제 삶 전반에 걸쳐 충만했으며, 한 번도 저를 떠나신 적이 없으시고 한 번도 중단된 적이 없으셨습니다. 하나님의 사랑이 오늘까지 저를 살게 했고 견딜 수 있게 해 주셨으며, 앞으로의 미래를 바라보며 살 수 있게 해 주셨습니다.

사랑의 언어가 다르다고 사랑이 없는 것이 아닙니다. 성도라면 사랑이 없이 얼마든지 가능한 사랑의 5가지 언어를 붙들게 아니라 사랑

없이 할 수 없는 하나님의 참 사랑을 붙들어야 합니다.

그대는 하나님의 사랑이 충만한가요?

4
열역학 법칙과 신학

 열역학 법칙이란, 얼음에 열을 가했을 때 얼음의 온도는 오르지 않고 물로 변화되고 물에 열을 가했을 때 100도가 되면 더 이상 온도가 오르지 않고 수증기로 변화되는데 이 때 열이 어떤 일을 한 것인가를 연구한 학문입니다.

 열역학 제 1법칙은 에너지 보존의 법칙입니다. 열이 역학적 에너지로 바뀔 때 그 총량은 변하지 않는다는 법칙이지요. 시너지 효과처럼 100에너지와 100에너지가 만나 300에너지를 만들지는 않습니다. 열역학 제 2법칙은, 열에너지는 반드시 한 방향으로 흐르는데 고온에서 저온으로 흐른다는 법칙입니다. 뜨거운 커피가 식은 커피가 될 수 있지만 식은 커피가 저절로 뜨거운 커피가 될 수는 없습니다.

 열역학 제 2법칙을 엔트로피의 증가의 법칙 혹은 무질서도의 증가의 법칙이라고 합니다. 반드시 모든 것은 시간이 흐르면 질서가 점점 흐트러져 무질서해지게 되고 그 극점에 도달하면 해체되거나 죽게 됩니다.

이 열역학 법칙은 어떤 경우에도 절대 변하지 않는다고 해서 법칙이라고 부르고 모든 과학의 기초가 됩니다. 어떤 과학적 가설이나 이론도 이 법칙에서 위배되면 실험 자체를 하지 않습니다. 그래서 이 열역학 법칙을 '절대진리'라고도 부르지요.

법칙은 룰rule과 다릅니다. 인간들이 서로 협조해야만 지켜지는 게 아닙니다. 모든 인간은 법칙에 의해 지배를 받게 되어 있습니다. 법칙은 만들어 낸 게 아니고, 발견해 낸 것입니다. 즉 신이 피조세계에 부여한 것을 인간이 발견해 낸 것뿐입니다.

인간은 이 법칙에 의해서만 미래를 예측할 수 있습니다. 종이컵에 따라 둔 뜨거운 커피를 사무실에 두고 퇴근하면서 내일 다시 출근했을 때는 반드시 차갑게 식어 있을 것이라고 예언하는 일이 가능합니다. 그러나 어떤 사람이 예언하기를 그 커피가 내일도 여전히 같은 온도로 뜨거울 것이라고 말한다면 그 사람은 예언가가 아니고 미친 사람이 되는 것입니다.

그 사람이 굉장히 선하고 기도를 많이 하고 다른 사람에게 나쁜 짓을 한 번도 한 일이 없으며, 100명의 고아를 돕고 100번이나 성경을 필사했으며, 40일 금식기도를 일 년에 두 번씩 하고 새벽예배를 포함 그 어떤 예배에도 빠진 일이 없으며, 십일조를 필두로 각종 모든 헌금을 철저하게 하고 있는 사람일지라도 그냥 미친 사람입니다. 그 사람의 말이 단 한 번도 거짓이 없었다고 해서, 그 사람이 당신에게 항상 친절하고 진실했다고 해서, 그 사람의 신용이 아주 높다고 할지라도 그 사람의 말을 믿는 사람도 미친 사람이 됩니다. 즉 법칙은 그 어떤 신뢰나 믿음보다 우선합니다.

만약 다음 날 출근 했더니 정말 그 사람 말대로 커피가 같은 온도로 뜨겁다면, 그 사람의 예언이 맞은 것이 아니고 다른 특수 장치가 되어 있는 것입니다. 그래도 맞혔다고 생각하고 그 사람 참 용하다고 믿는 것은 잘못된 것입니다. 그 사람은 그냥 사기꾼에 불과합니다. 만약 그 사람이 주장하기를, 이는 하나님이 계획하신 것이고 하나님이 자신에게 그걸 알려주셨다고 말한다면, 더더욱 사기꾼입니다. 이 일련의 사건을 당신이 경험한 것도 아니고 그 사람이 과거에 경험한 일이라고 말한다면 더 말할 것도 없이 사기꾼이지요. 아무리 착해 보이고 신실해 보이고 거룩해 보인다고 해도 사기꾼에 불과합니다. 법칙은 그런 것입니다. 결코 바뀌지 않으며, 예외가 존재하지 않습니다.

하나님은 창조하실 때 이 법칙을 세상에 적용시키셨습니다. 사람이 타락함으로써 생겨난 법칙이 아니라 창조하실 때 하나님이 친히 세우신 것입니다. 피조물 중 그 어떤 것도 영원할 수 없습니다. 무질서도가 반드시 증가하고 그로 인해 부패하고 썩어지며 소멸합니다. 절대로 인간의 노력으로 회복되지 않습니다.

복음이 편만하게 전파되면, 즉 땅끝까지 전파되면, 믿는 사람의 수가 지금보다 많아져서 이 땅이 회복되는 것이 아닙니다. 오히려 종말의 때가 된 것이지요. 3%의 소금이 바다를 썩지 않게 하듯이 특정수의 신실한 주의 종들이 나오면 이 세상을 썩지 않게 할 수 있는 것이 아닙니다. 목사가 많아진다고 해서 사회가 좋아지는 게 아닙니다. 매우 훌륭하고 거룩하고 신실한 주의 제자들만 모인 공동체라고 할지라도, 속도가 더딜 수는 있으나 부패하지 않을 수는 없습니다. 그 어떤 교회도 점점 좋은 교회가 되어지는 것이 아니고 반드시 모이는 사람 수에 비례해서 시간의 흐름을 따라 안 좋은 교회로 변질되고 맙니다.

나아만의 피부가 깨끗해 졌던 일이 재현되거나 오병이어가 재현되거나, 미문 앞 장애인이 나음을 입거나, 죽은 사람이 살아나거나 하는 일은 절대로 재현되지 않습니다. 성경 속 기적 같은 일이 오늘날 재현된다고 주장하거나 초대교회로 회복할 수 있다고 주장한다면 믿음이 좋은 것이 아닙니다. 법칙에 대한 이해가 없는 것이지요. 하나님이 정하신 법칙을 인간이 넘을 수 없습니다. 결코 없습니다. 그래서 법칙이라고 합니다. 법칙을 넘어보겠다고 기도하거나 수행하거나 훈련하는 모든 일은 헛수고에 불과합니다.

엔트로피 증가의 법칙에서 유일하게 엔트로피를 낮추는 방법은 외부 에너지를 가져와 내부 에너지로 환원하는 것입니다. 즉 커피에 전자기파를 쏘면 식은 커피가 뜨거워지는 것처럼 말입니다. 전자레인지 안에 사무실을 만들었다면 커피가 뜨거워질 수 있다는 말입니다. 그러나 이 역시 외부 에너지가 고갈됨으로 전체 엔트로피는 증가하게 됩니다. 우주는 닫힌계 혹은 고립계이기 때문에 엔트로피가 감소하는 일은 절대로 일어나지 않습니다. 가져올 수 있는 외부 에너지가 없기 때문입니다.

하지만 우주 너머에 계신 하나님이 그 에너지를 우주에 주시면 우주의 엔트로피는 낮아질 수 있습니다. 하지만 지금까지는 그런 일이 한 번도 없었습니다. 그래서 에너지 보존의 법칙이 발견된 것이죠. 앞으로는 있을까요? 없습니다. 믿음이 없어서 '없다'고 하는 것이 아닙니다. 이건 믿음과 관계가 없습니다. 이걸 믿음으로 포장한다면 사기꾼입니다.

열역학 법칙을 이해할 수 있다면 이 땅에서는 아무런 소망이 없다는 것도 이해할 수 있을 것입니다. 멸망과 파괴를 향해서 나아가는 이 땅에서는 개선의 여지도 없고 변화의 여지도 없습니다. 다만 그 때를 조금 늦출 수 있을 뿐입니다. 이 땅에 하나님의 나라를 보이는 물리적 형태로 이루겠다는 것과 그리스도의 계절을 오게 할 수 있다는 것도 다 거짓입니다.

우리는 하나님의 나라를 소망하며 살아야 합니다. 이 땅에서의 기적을 주구하는 사람이 아니라 부패하고 썩어가고 있는 세상 법칙 아래에 살아가는 사람이지만, 열역학 법칙이 적용되지 않는 하나님의 나라와 우리 역시 새로운 피조물 즉, 엔트로피 증가의 법칙에 지배되지 않는 육신을 입고 살아갈 그 나라를 소망해야 합니다. 이것이 믿음입니다.

5
시간, 공간, 인간 그리고 빛

사람은 누구나 삼간에서 산다는 말이 있습니다. 삼간이란 시간과 공간과 인간을 의미합니다. 사람은 일정기간 시간 속에 살면서 특정한 공간을 점유하고 인간들과의 관계 속에서 살아가게 되어 있습니다. 무인도에 사는 사람일지라도 부모가 있어야 자신이 있기 때문에 혼자라고 해서 인간과의 관계성을 무시할 수 없습니다.

그런데 이 삼간은 모두 같은 間(사이 간)자를 사용합니다. 그저 단순 생각만으로도 벽과 벽 사이가 공간이고 태어난 시와 죽은 시 사이가 시간이며, 사람과 사람 사이에서 관계성을 지니기에 인간이라고 하겠지요. 그래서 어쩌면 사람을 소개할 때 어디 사는 누구의 아들이며, 몇 살이라고 표현하는 것인가 봅니다.

과학에서는 시간과 공간은 분리될 수 없는 개념이라고 합니다. 따라서 시간과 공간이라고 표현하면 안 되고 시공간이라고 표현해야 한답니다. 시공간 개념은 많은 분야에서 적용되는데요, 건축이나 설치미술에서도 단순히 공간만 생각하지 않고 시간을 함께 생각해야 좋은 작품이 나옵니다.

인간 역시 시간과 공간에서 분리되지 못합니다. 시공간은 인간에 의해 결정되지요. 건축을 하는 주체도 인간이요, 그 집에서 사는 이도 인간이니 인간을 배제하고 건축이 이뤄질 수 없습니다. 시공간을 규정하는 것도 인간의 역할입니다. 어떤 이들은 사진을 예로 들어 반박하기도 합니다. 사진에는 시간은 없고 공간만 있다고요. 그것도 사람 없이 배경만으로도 얼마든지 사진을 찍는다는 거지요. 하지만 이 역시도 시간과 공간과 인간이 분리되지 못합니다. 어느 배경을 찍었든 언제 찍었는가와 누가 찍었는가는 반드시 있거든요.

그런데 이 삼간을 서로 인식가능하게 하는 것이 빛입니다. 빛이 있어야 사물을 보고 인식할 수 있습니다. 시간도 마찬가지입니다. 빛의 양이 변하면서 시간의 개념이 생깁니다. 시간을 재는 방법도 빛을 이용합니다. 빛의 속도로 달리면 시간이 정지되고 빛보다 빨리 달리면 시간을 거스를 수 있다고 합니다. 사진에서도 빛은 매우 중요합니다. 제가 사진을 찍는 취미가 없지만 우연히 출사가는 목사님들을 따라간 적이 있었습니다. 저는 사진 찍는 것이 지루한 일인 줄 알았는데 막상 따라가 보니 매우 스펙터클합니다. 운전하시는 분은 거의 카레이서 수준이셨어요. 이유인즉슨 빛을 따라 잡아야 하는데 그 빛은 시간이 생명이랍니다. 빛이 어느 각도에서 어느 정도로 비추는가에 따라 사진이 완전히 달라진다고 합니다. 1초라도 늦으면 좋은 사진을 찍기 위해 1년을 기다려야 하는 경우도 있다고 하네요.

빛의 개념은 신학에서 매우 중요한 의미를 지닙니다. 하나님은 빛 가운데 계십니다. 회전하는 그림자가 없으시지요. 과학자들도 시간을 초월하는 존재는 빛 가운데 존재해야만 한다고 합니다. 빛은 생명과도 밀접한 관계가 있기에 그 빛을 소유한 자가 생명의 주관자가 될 수 있습니다. 태양신을 숭배하는 것도 역시나 빛과 관련된 개념입니다. 귀신을 보는 자는 어둠 속에서 보지만 하나님을 보는 자는 찬란한 빛 가운데서 본다고 하는 것도 같은 맥락입니다.

예수님은 자신을 세상의 **빛**이라고 하셨습니다. 이 말씀을 온전히 이해하기 위해서도 빛의 개념은 필수적입니다. 예수님이 산상수훈에서 '너희는 세상의 빛'이라고 하신 것도 이 빛을 통해 새롭게 인식할 수 있습니다.

시공간과 인간이 분리되지 않게 하는 가장 중요한 요소가 바로 빛입니다. 빛의 여러 기능 중에서도 인식을 가능케 하는 기능면에서 보면 빛은 절대적으로 중요하지요. 빛이 있어야 공간을 보고 빛이 있어야 시간을 바르게 인식하며, 빛이 있어야 상대를 파악할 수 있습니다. 빛이 잘못되면 빨간 불빛 아래서 썩은 고기를 사기도 합니다. 조명발은 사람을 예쁘게 보이게 할 수도 있습니다. 그만큼 인식의 세계에서 빛은 아주 중요한 기본적 요소입니다.

우리가 성경을 인식할 때나 창조주 하나님을 인식할 때 제일 중요한 것도 바로 이 빛입니다. 물론 위에서 말한 물리적 빛을 말하는 것은 아닙니다. 그 물리적 빛의 역할을 하는 **영적 빛**을 말하는 것입니다. 빛 되시는 하나님이 그 빛을 내 영혼에 비춰주지 않으시면 우리의 영적 인식은 왜곡되고 맙니다. 이를 두고 성령의 내적조명이라고도 하지요. 그 빛을 통해 우리는 우리의 영혼도 인식할 수 있습니다. 그 빛을 통해 하나님의 나라를 인식할 수 있게 되지요. 그만큼 빛은 신학에서 매우 중요한 개념일 수 밖에 없습니다.

 더 중요한 것은 그 빛이 내면세계에만 머물러 있거나 갇혀 있지 않다는 것입니다. 우리가 살아가는 이 삼간의 세계를 인식하는 데 있어서 물리적 빛이 필요하지만, 그 삼간을 바르게 대하는 데는 하나님의 빛이 필요합니다. 자연을 어떻게 볼 것이며, 어떻게 대할 것인가 하는 것은 하나님의 빛이 결정합니다. 내 앞에 있는 사람도 그 존재를 바르게 인식하고 그 의미를 바르게 이해하는데도 하나님의 빛이 절대적입니다.

 빛을 인위적으로 조작하면 사람을 속일 수 있습니다. 여행업체에서 제공하는 사진들이나 관광지에서 제공하는 사진들은 빛을 조작한 것이 많습니다. 사진을 통해 보고 그곳을 막상 가보면 속았다고 느끼는 이유가 그것입니다. 사람들은 빛을 이용해 최면을 걸기도 합니다. 〈맨인블랙〉이라는 영화에선 이 빛을 이용해서 사람의 기억도 지웁니다.

 하나님의 빛이 아닌 유사한 다른 빛을 비추면 영적인 세계만 뒤틀어지는 것이 아니고, 세상을 인식하는 과정에서도 심각한 왜곡이 일어날 수 있습니다. 우리가 영적으로 바른 빛을 갖는다는 것은 매우 중요합니다. 하나님이 아닌 잘못된 사상이나 거짓 종교에 빠지면 자신만 망가지는 것이 아니라, 자신과 관계되어 있는 시공간도 함께 망가집니다.

물리적 빛과 하나님의 빛이 서로 인식적인 면에서 비슷해 보입니다. 그리고 또 하나 비슷한 측면이 있습니다. 그것은 어둠에 관한 것입니다. 빛이 없으면 어둠을 인식하지 못합니다. 그러나 빛이 있음으로 어둠을 인식하게 되지요. 하나님의 빛도 그 빛이 있음으로 우리의 죄를 인식할 수 있게 합니다. 우리의 죄는 하나님의 빛 아래서 드러나게 되어 있습니다. 그래서 죄악 가운데 사는 사람들은 하나님의 빛이 불편할 수 있습니다.

물리적 빛은 어둠을 몰아냅니다. 동일하게 하나님의 빛 역시 죄악을 몰아냅니다. 하나님의 빛이 있어서 내 죄를 보게 되지만, 역시나 하나님의 빛이 있어야 죄를 해결할 수 있는 것입니다. 빛 되시는 예수님이 내 안에 오셔서 내 죄를 밝히 드러내시지만, 그 빛으로 내 죄를 사라지게도 하십니다.

빛이 있어야 사람이 살 수 있듯이 하나님의 빛이 있어야 내 영혼이 살 수 있습니다. 물리적 빛은 가시광선과 적외선 등으로 나타나지만 하나님의 빛은 말씀으로 나타납니다. 물리적 빛을 창조한 것도 말씀이지만 우리의 영혼을 살리는 하나님의 빛도 말씀입니다. '**태초에 말씀이 계시니라 이 말씀이 하나님과 함께 계셨으니 이 말씀은 곧 하나**

님이시니라.' 다윗이 시편 119편에서 고백한 '**주의 말씀은 내 발의 등이요, 내 길의 빛이니이다**'가 새롭게 다가옵니다. '말씀이 육신이 되어 우리 가운데 거하시는' 예수님이 왜 '세상의 빛'이신지 알 것 같습니다. 또한 그 예수님이 왜 '생명의 떡'이 되시는지도 알 것 같습니다. 왜 예수님을 믿는 성도들을 '세상의 빛'이라고 하는지도 알 것 같습니다.

생명의 기초가 되는 것이 물이라고 합니다. 물은 흘러야 합니다. 높은 곳에서 낮은 곳으로 흐르면서 에너지를 제공하고 생명을 살게 합니다. 이 물이 흘러 땅을 살리고, 자연을 살립니다. 이 물이 흘러 세상을 깨끗하게 합니다. 하지만 물이 바다에 이르러 거기에만 머물러 있다면 더 이상 세상은 살 수 없습니다. 따라서 누군가는 바다에 있는 물을 산 위로 올려 보내야 합니다. 그 일을 하는 것이 바로 빛입니다.

하나님의 빛이 이 땅에서 말씀이 되고, 그 말씀이 내 영혼을 살리는 양식이 되고, 우리를 세상의 빛이 되게 합니다.

일어나라 **빛**을 발하라
이는 네 빛이 이르렀고 여호와의 영광이 네 위에 임하였음이니라
보라 어둠이 땅을 덮을 것이며 캄캄함이 만민을 가리려니와
오직 여호와께서 네 위에 임하실 것이며 그의 영광이 네 위에 나타나리니
나라들은 네 빛으로, 왕들은 비치는 네 광명으로 나아오리라
이사야 60장 1-3절

6
논리와 신앙

언어학 교수님의 수업시간입니다.

"전 세계 언어에는 일정한 특징이 있습니다. 부정언어와 긍정언어의 사용법인데요. 부정과 부정이 만나면 강한 긍정이 되고, 부정과 긍정이 만나면 부정이 되지요. 또한 긍정과 긍정이 만나면 강한 긍정이 됩니다. 가끔 경우에 따라 이런 특징에 예외가 있긴 하지만 긍정과 긍정이 만나서 강한 부정이 되는 예는 단 하나도 없습니다."

이 수업을 듣던 학생이 뒤에서 한 소리 합니다.

"잘도 그러겠습니다."

에이브러햄 링컨이 사람들에게 물었습니다.

"만일 내가 말의 꼬리를 다리라 부른다면, 그 말은 몇 개의 다리를 가지고 있습니까?"

"다섯이요."

"아니요. 말의 꼬리를 다리라 부른다고 해서 꼬리가 다리로 되는 것은 아닙니다."

"여러분, 서산대사가 동쪽에서 부는 바람을 맞고 서 있었어요. 서산대사의 머리카락은 어느 쪽으로 휘날렸을까요?"

"서쪽이요."

"아니에요. 서산대사는 스님이라 머리카락이 없었답니다."

리디아 국왕 크로이소스가 페르시아를 치려고 신탁을 구하자, 신관은 '크로이소스가 마침내 강대국을 멸망시킬 것이다.'라고 말했습니다. 그 신탁을 믿고 페르시아를 상태로 전쟁을 하다가 박살난 크로이소스 왕이 신탁을 받은 신전에 가서 항의하자, 신관은 '멸망한다는 강대국이란 곧 리디아였다.'라고 했다고 합니다.

예전에는 전철이 들어올 때 방송에서 '안전선 밖으로 한 걸음 물러서 주시기 바랍니다.'라고 했지요. 안전선은 안에 있을 때 안전하다는 주장 때문에 후에 '안전선 안으로 물러서 주시기 바랍니다.'로 변경되는 해프닝이 있었습니다.

10부제 차량운행이 처음 시작했을 때, 어느 관공서 주차장에는 다음과 같은 문구가 쓰여 있었습니다.

'10부제에 동참하지 않는 차량의 출입을 금합니다.'

이 문구는 논리에 맞지 않습니다. 10부제는 요일의 끝자리와 차량의 끝번호가 같을 경우 차를 운행하지 않는 것이었습니다. 제 차는 끝자리가 2로 끝나기에 2일이나 12일 같은 날에는 차를 가지고 나오지 않는 것입니다. 그러나 이 제도는 강제성이 없었고 자발적인 참여를 유도했습니다. 그 주차장은 2일로 끝나는 날에는 제 차를 들여보내지 않겠다는 뜻이었지만, 제가 10부제에 참여 안 해도 2일만 아니면 얼마든지 출입이 가능했고, 10부제에 참여한다면 어차피 2일에는 차를 가지고 나오지 않을 테니, 10부제에 동참을 하던, 안하던 별 상관이 없습니다. 차라리 '이 주차장은 10부제로 운영합니다.' 하는 것이 더 논리에 맞는 것이지요.

찬송가 가사 중에 '주 예수보다 더 귀한 것은 없네.'가 있습니다. 한 청년이 이것이 논리에 어긋난다고 합니다. '주 예수보다 더 귀한 분은 없네.'라고 해야 한다고 주장했지요. 하지만 '귀한 것'이 지칭하는 것은 '부귀', '명예'였기 때문에 '귀한 분'보다 '귀한 것'이 맞는 표현입니다.

예수님께서 자신은 하나님의 아들이라고 주장했습니다. 당시의 종교 지도자들은 이 말이 틀렸다는 것을 입증하기 위해 예수를 십자가에 못 박아 죽였습니다. 구약에 '나무에 달린 자마다 하나님의 저주를 받은 자'라는 말씀이 있었기 때문이지요. 거기에 덧붙여 강도 둘을 함께 처형시킴으로 예수를 하나님의 아들이 아니라 하나님의 저주를 받은 강도쯤으로 보이게 했던 것입니다.

논리는 말이나 글의 이치를 뜻하는 말입니다. 논리가 바로 세워진 글이 읽기 쉽고, 논리적으로 설명하는 말이 듣기 편합니다. 논리가 없거나 논리가 틀어진 글이나 말은 읽기 힘들고 듣기도 참 불편하지요. 예를 들어 '구원은 오직 하나님의 은혜'라고 해 놓고 하나님을 사랑하고 이웃을 내 몸과 같이 사랑해야 구원을 받을 수 있다고 한다거나, 슬기로운 다섯 처녀처럼 기름을 준비해야 구원을 받을 수 있다고 해 버리면 설득력이 없어지고 신뢰도 잃어버리게 됩니다.

철학이 가장 논리적인 학문이지만, 신학 역시 논리를 기본으로 하고 있습니다. 전지전능하신 하나님을 주장하고 하나님도 어쩌지 못하는 상황이 있다는 식은 신학이 되지 않습니다. 아무리 전지전능한 하나님이라도 네가 믿지 않으면 아무런 능력도 행할 수 없다고 한다면 전지전능한 것이 무슨 의미가 있겠습니까?

신학은 논리로 세워진 학문이 맞다고 하면서 신앙은 논리를 뛰어넘는 것으로 가르치는 분들을 종종 보게 됩니다. 그래서 논리가 맞지 않는 설교를 하고서는 신앙으로 그냥 믿으라는 주장을 하시지요. 이런 분들의 대표적인 예가, 동정녀 탄생과 부활입니다. 논리와 이성으로만 믿으려고 하면 동정녀가 아들을 낳았다는 말을 어찌 믿을 수 있냐는 것이지요. 물론 동정녀가 아들을 낳았다는 말은 논리에 어긋납니다. 믿지 않는 것이 맞습니다. 하지만 하나님이 동정녀의 몸을 통해 성령으로 말미암아 예수를 태어나게 했다고 한다면 이것은 논리에 어긋나지 않습니다. 사람이 스스로 부활했다고 한다면, 믿을 수 없지만 하나님이 살려 주셨다고 하면 믿을 수 있는 이야기가 됩니다.

　성경에 나오는 수많은 이야기들은 하나님이 빠지면 전혀 믿을 수 없는 비논리적인 이야기가 됩니다. 하지만 우리가 믿는 이유는 전지전능하신 하나님이 그 일들을 하셨기 때문입니다. 하나님이 개입되지 않은 비논리적인 일들은 그냥 거짓말에 불과합니다. 기적이 일어난 기사에서 하나님을 선포하지 않고 기사 자체만 설교하면 논리적이지 못한 설교가 됩니다. 더군다나 그 기사가 오늘 날에도 동일하게 일어날 것이라고 한다면, 그것은 완전 사기가 되고 말지요. 실로암 맹인의 기사를 가지고 오늘 날에도 맹인의 눈에 진흙을 바르고 실로암에 데려가는 행위는 종교가 될 수 없습니다. 예수님의 이름으로 나면서부터 못 걷게 된 이를 고친 이야기를 가지고 오늘 날에도 장애인들에게 예수의 이름으로 일어나 걸으라고 명령하는 것은 신앙도 종교도 될 수 없습니다.

　설교가 선포하는 것에서 끝나지 않고 더 나아가 적용하려고 하면 논리가 깨지는 경우가 허다합니다. 예수님이 새 계명을 주시며 '내가 너희를 사랑한 것 같이 너희도 서로 사랑하라.' 하셨습니다. 이것은 아무런 문제가 없지만, '그러므로 우리가 서로 사랑해야 합니다.'라고 하면 틀린 말이 되고 맙니다. 우선은 주님이 주신 말씀을 설교자의 권위로 깎아 내리는 우를 범하게 되고요, '내가 너희를 사랑한 것 같이'에 대한 의미도 사라지게 합니다. 이것이 적용의 단계로 넘어가서 형제에게 빚 독촉을 하지 않아야 한다고 하거나 아픈 성도 심방 가는 것이 사랑이라고 하면, 예수님의 사랑은 사라지고 말지요.

　기독교의 논리는 '빛과 소금의 역할'에서 성립되지 않습니다. 기독교의 논리는 '빛과 소금이다.'라고 하신 말씀에서 성립합니다. 이 논리가 바로 서지 않으면 '빛과 소금이 되어라.'로 변질되고, '세상의 빛과 소금이 되겠습니다.'로 반응하게 됩니다. 이런 기독교인들로 인해 기독교는 못 믿을 종교가 되고 말지요. 기독교인들의 삶은 신앙이 아닙니다. 기독교인들을 향한 하나님의 사랑이 신앙입니다.

7
커피와 설교

저는 천국에 커피가 없을까봐 걱정이 될 정도로 커피를 좋아하는 사람입니다. 예전에는 달달한 맛에 라떼나 마끼야또를 좋아했었지요. 봉지커피나 자판기를 이용하면 200원으로 해결될 수 있는 커피를 3000원 이상을 주고 마셔야 하는 부담감이 커서 아무 때나 마실 수는 없었습니다. 다른 사람이 사 주실 때 한 번씩 마시거나, 집회를 마치고 돌아오는 길에 휴게소에 들려 제게 주는 상으로 마시곤 했었지요.

개척 후 아내와 함께 집회를 마치고 돌아오는 길에 아무 생각 없이 카페라떼 한 잔 들고 차에 올랐다가 타박을 받았습니다. 개척교회 목사가 정신이 있냐는 말을 들었지요. 300원이면 될 커피를 3000원씩 주고 마실 형편이냐는 것입니다. 그 후 2년 정도 라떼를 마시지 못했습니다. 커피에 대한 한이 맺히고 말았지요.

그 후에 누군가가 밥을 사 준다고 하면 밥 대신에 커피를 사 달라고 했었습니다. 지금 생각해 보면 꽤 초라해 보였을 것 같습니다만, 덕분에 제 주변 목사님들이 제게 늘 커피를 권해 주십니다.

 저희 교회 인근에 '에스플러스'라는 카페가 생겼습니다. 목사님 부부가 하시는 카페이고 교회에서 가깝다보니 자주 갑니다. 아메리카노 한 잔을 주문하면, 늘 과일을 내어 주시고 드립 커피도 한 잔 권해 주십니다. 카페에 앉아 목사님과 담소를 나누면서 과테말라에서 케냐AA까지 다양한 커피를 마시고 텀블러에 아메리카노 한 잔 가득 담아 나옵니다.

 드립커피를 마시면서 문득 든 생각이, 커피는 내려 마시는 것이었는데 그동안 마셨던 커피는 녹여 먹었다는 것입니다. 인스턴트 커피를 마실 때는 티스푼으로 저어서 마셨는데 드립은 그냥 마시는 것이 이상하다는 생각이 들었던 것이지요. 커피는 원두를 사다가 볶아서 분쇄한 후 머신으로 내리거나 핸드드립을 해서 내립니다. 이렇게 해서 나온 커피 원액에 물을 타서 마시는 것이 아메리카노이지요. 그러나 원액을 건조시켜서 가루로 만들면 인스턴트커피가 됩니다. 인스턴트 커피는 원액을 건조시킨 것이니 물에 녹여 마셔야 했던 것입니다.

 커피는 맛도 중요하지만 향이 중요한 음료이지요. 인스턴트커피를 만들 때 향이 사라지기 때문에 향을 따로 저장하는 장치를 갖추게 됩니다. 그렇게 해서 만든 가루와 향을 잘 배합시켜서 우리가 마시는 봉지커피가 만들어집니다. 가격경쟁력을 갖추기 위해 이런 봉지커피에는 커피원액이 10%미만인 것이 많습니다. 캔커피의 경우 원액을 1%만 넣고 커피향을 이용해 감히 커피라는 이름을 도용하지요. 그것도 눈속임하느라 1.00%라고 기록합니다.

요즘은 커피를 직접 내려 마시는 목사님들이 많습니다. 실제로 바리스타 자격증까지 갖추신 분들이 많아졌고 교회에서 커피교실을 운영하는 곳도 많습니다. 커피가격이 로스팅한 것과 분쇄한 것의 차이가 많이 나다보니 로스팅한 원두를 사다가 직접 분쇄해서 마시는 경우가 많습니다. 이제는 아예 원두를 사다가 로스팅을 해서 드시는 고수들도 많아졌습니다. 예전에는 교회에 초 향기가 많았다면 이제는 커피향이 많아졌습니다. 저희 교회도 주일 날 청년이 먼저 와서 커피를 내려놓고 있기에 커피향이 진하게 납니다.

커피는 그 종류도 굉장히 많습니다. 이름조차 외우기 힘들지요. 커피 원액을 에스프레소라고 합니다. 에스프레소를 기본으로 물을 부으면 아메리카노가 되고 우유를 넣으면 라떼, 우유거품을 많이 넣으면 카푸치노, 우유와 초코시럽을 넣은 것을 모카라고 하구요, 우유와 카라멜시럽을 넣으면 카라멜 라떼나 카라멜 마끼야또가 됩니다. 에스프레소에 아이스크림을 넣은 것을 아포카토라고 하는데 제가 좋아하는 커피입니다. 그 밖에 우유와 커피의 혼합비율로 도피야나 콘파냐등이 있지만 별로 대중적이지는 않습니다. 카페 로얄, 아이리쉬 커피, 카페 깔루아, 파리제 등은 커피에 술을 넣어서 만든 것들입니다.

커피를 찬 물로 오랫동안 내린 커피를 더치커피라고 합니다. 카페인이 비교적 적다고도 하구요. 그 맛이나 향이 진해서 '커피의 와인' 혹은 '커피의 눈물'로 불립니다. 일반 카페에서 마실 수 있는 커피 중 제일 비싸기도 합니다. 더치커피에 사이다를 부어 마시는 것을 더치소다라고 하는데요. 저는 한 번 마셔보고 다시는 안 마시는 커피입니다. 그러나 더러 더치소다를 즐기시는 목사님들이 계신 듯합니다.

커피가 맛과 향으로만 즐기던 시대에서 이제는 눈으로 즐기는 시대로 발전하고 있습니다. 커피아트라고도 불리는 라떼아트의 시대가 열린 것이지요. 라떼의 우유거품을 이용해서 그림을 그리는 것입니다. 나뭇잎이나 하트 같은 간단한 것에서, 곰돌이 푸우나 고양이 그림 같은 고난이도의 다양한 작품을 볼 수 있게 되었습니다. 달인들은 입체 캐릭터도 그려내고 심지어 커피 주문한 사람의 초상화까지 그리는 사람이 있다니 가히 예술가라고 할 수 있겠습니다.

커피의 종류가 아무리 다양하고 멋지고 예쁜 작품까지 만들 수 있다고 해도 저는 아메리카노가 맛있는 집이 좋습니다. 좋은 원두를 쓰고 원두에 맞게 섬세하게 로스팅한 다음, 신선하게 내린 질 좋은 커피를 제일 좋아하지요. 이런 기본을 무시한 채 달달한 맛이나 예쁜 그림으로 내놓는 커피는 금방 질려 버립니다. 기본에 충실하면서 손재주가 좋은 바리스타가 있다면 금상첨화이겠지요. 하지만 그런 분들을 주변에서 만나기는 어렵습니다. 그럴 바에는 손재주 있는 분들보다 투박하고 느려도 기본에 충실한 바리스타가 더 좋습니다.

커피처럼 설교에서도 기본에 충실하시고 손재주도 뛰어나신 설교가들이 계십니다. 그런 분들의 설교를 들으면, 복음적이면서도 지루하지 않고 참 재밌습니다. 하지만 많은 목사님들의 설교는 복음적이다 싶으면 졸립고, 재밌다 싶으면 남는 게 없을 때가 많지요. 설교는 이 둘 사이의 적절한 조합이 필요해 보입니다.

신학교에서 공부할 때는 설교의 내용을 이루는 신학을 배웁니다. 하지만 졸업하고 목회 현장에 나오니 세미나 같은 곳에서 내용보다 스킬을 더 많이 배우게 됩니다. 설교를 구성하는 방법에서 다양한 설교의 형태, 효과적인 언어 전달법, 미디어 사용법 등 다양한 방법론을 배우게 됩니다. 그리고 정작 설교의 내용은 세미나에서 나눠 주거나 다른 목사님들의 것을 표절하기도 합니다. 그러다 보니 어느덧 설교의 내용보다 형식이 더 중요한 것처럼 느껴지기도 합니다. 아무리 좋은 내용을 전한다 해도 듣지 않으면 아무 소용이 없으니, 내용보다 전달력이 더 중요하다고 할 수 있습니다. 성경적이고 복음적인 설교를 할 때 교인들이 졸아 버리면 무슨 의미가 있겠습니까? 그러니 졸지 않고 들을 수 있도록 하기 위해 유머나 예화도 자극적인 것을 사용하고 영상도 틀고 연극도 보여주고 원맨쇼도 하게 되는 것 같습니다.

한국교회 현실상 목사님들이 설교 준비에 많은 시간을 투자할 수 없습니다. 교회에서 주는 사례비로 먹고 살기 힘들어진 시대라 목회 말고도 다른 일을 하시는 경우가 많습니다. 교회에만 전념한다고 해도 일주일에 8번에서 12번 정도 설교해야 하는 일은 결코 쉬운 일이 아니지요. 전도사님 한 분 없이 혼자서 교회 일을 다 꾸려가야 할 경우, 설교를 위해 책 한권 읽어내는 일도 결코 쉬운 일이 아닙니다. 목사님들이 할 수만 있으면 성경을 연구하고, 말씀을 깊이 묵상하는 일에 보다 많은 시간을 써야하는데, 오히려 영상을 편집하고, 미디어를 만들고, 유머나 예화를 찾는 일에 시간을 더 많이 소비하고 있습니다. 어쩌다가 좋은 예화를 만나면 예화를 살리기 위해 설교 본문을 바꿔 버리기까지 합니다.

바리스타라 해도 좋은 원두를 볼 줄도 모르고 로스팅도 전혀 못하는 사람이 많이 있습니다. 그저 로스팅 된 원두를 사다가 갈아서 우유 넣고, 카라멜 시럽 넣고, 예쁘게 그림이나 그려내는 바리스타가 더 많지요. 바리스타는 그래도 상관없습니다. 하지만 목사가 성경을 제대로 연구할 줄 모르고 묵상하는 힘도 없이, 그저 다른 사람의 설교를 가져다가 예쁘게 흉내만 낸다면 사람들의 귀는 즐겁게 할 수 있을지 몰라도 영혼은 힘을 잃게 되고 맙니다.

재밌고 좋은 설교를 들을 수 있다면 제일 좋겠지만, 그럴 수 없다면 재밌는 설교보다는 좋은 설교가 듣고 싶습니다. 설교를 듣는 동안 시간이 어떻게 흘렀는지 모르게 지나가는 것보다, 설교자가 얼마나 치열하게 연구하고 묵상했는지를 느낄 수 있는 설교가 더 좋아진 것입니다.

손재주를 가르쳐 주는 세미나보다 좋은 원두를 고를 줄 알고 그에 맞게 로스팅하는 법을 배울 수 있는 세미나가 많아졌으면 좋겠습니다. 설교자의 고뇌가 설교의 형식보다 내용에 담겨졌으면 좋겠습니다.

7-1 환장하겠다

전 하 영
(발안초 3학년)

전하영은 전재훈목사의 딸입니다. 저긴장성 척추측만을 앓고 있는 아이지요.
CBS '당신을 믿습니다' 12편에 소개되었습니다.

부모님께서 나와 어린 동생 두고 외출하신다.

엄마 아빠 가지 마요!

애를 나 혼자 어떻게 돌봐요!

부모님 나가시자마자 운다.

환장하겠네.

달래고 한참 잘 노는데

안 돼~!

오마이갓.

기저귀에 실례를 하고

울어대네.

나 기저귀 갈 줄 모르는데

환장하겠네.

기저귀 할 수 있는 대로

갈아줬는데 계속 우네.

혹시나 해서 젖병 물리니 뚝! 울음 그치네.

우유다 먹고는 새근새근 잘도 자네.

자는 모습이 천사같이 어찌나 귀엽던지

환장하겠네.

울 땐 얄밉지만 천사 같은 내 동생

사랑해!

하영이가 쓴 이 시 때문에 저희 집에 아기가 있는 줄로 오해 하시는 분들이 계십니다.
저희는 하영이, 하경이 남매 쌍둥이만 있습니다.
이 시는 하영이의 상상만으로 쓰여진 시입니다.

8
목회와 공포심리학

　설득의 기술 중에 공포환기라는 것이 있습니다. 상대에게 특정 공포를 심어주고 그 대안을 제시해 주는 방법이지요. 예를 들어, 고3 여학생 교실에 못생긴 개그맨의 사진과 잘생긴 꽃미남 사진을 걸어두고 급훈에 '공부하자.'라고 써 두는 것입니다. 금연하도록 하기 위해 담뱃갑에 폐암말기 사진을 붙이는 것도 그 중 하나입니다.

　공포를 적절히 잘 사용하는 직업이 아마도 보험판매사가 아닐까 싶습니다. 보험판매사의 말을 듣다 보면 정말 암에 걸릴 것 같고 교통사고가 날 것만 같고 화재가 날까 두려움이 생깁니다. 보험에 가입하지 않으면 내 가족이 위험해 질 것 같은 생각이 들죠. 이런 예는 얼마든지 있습니다. 블랙박스를 차에 설치하는 이유도 공포에 기인하구요. 각종 항균제품들도 이런 공포를 이용해서 장사를 합니다. 정치도 공포가 있고 미국 증권가에서도 공포를 적극 활용한다고 합니다. 공포는 사람들을 다루는 아주 손쉬운 방법 중에 하나입니다.

예전에 우리 교단은 이혼한 사람에게 목사 안수를 주지 않던 시절이 있었습니다. 그 시절 제 아내가 주로 써 먹던 말이 '나한테 잘하지 않으면, 확 이혼해 버린다.'였습니다. 저한테는 꽤 잘 먹히는 공포였습니다. 저는 우리 교단이 그 조항을 없애 준 것에 대해 매우 감사하고 있습니다.

공포를 가장 잘 이용하는 사업은 뭐니 뭐니 해도 종교사업입니다. 종교에는 이름만 들어도 오싹할 만한 공포언어가 수두룩하죠. 어느 유명한 절에 갔다가 문 입구에 있는 괴기스러운 사천왕의 모습을 보고 흠칫 놀란 적이 있습니다. 법을 수호하는 사방의 신이라는 데 어쩜 한결같이 무서운 형상을 하고 있습니다. 법을 지키지 않으면 안 될 것 같은 공포를 느끼게 해 주죠.

어디 절뿐이겠습니까? 교회 안에도 이런 공포언어는 넘쳐납니다. 지옥, 심판, 유황불, 귀신, 마귀, 사단, 죽음의 권세, 하나님의 저주, 진노, 형벌, 출교 등등 그야말로 공포언어의 천국이 교회입니다. 이런 공포언어를 잘 쓰면 교인들을 다루기가 비교적 수월해집니다. 선악과를 따 먹고 쫓겨난 아담의 가족 이야기부터 노아의 방주, 소돔과 고모라, 애굽의 10가지 재앙, 미리암의 나병, 악귀 들린 사울, 바벨론 포로기, 지옥엔 간 부자, 자살한 가룟유다, 요절한 아나니아와 삽비라, 충이 먹은 헤롯 등등 공포를 조장할 수 있는 본문들은 너무나 많습니다. 이런 본문들을 잘 활용하면 설교라는 근사한 도구로 성도들에게 극도의 공포감을 심어 줄 수 있습니다.

그런데 이 정도로만 하면 아마추어 소리를 듣습니다. 프로가 되려면 우리가 사는 세상을 완전 말세의 때로 둔갑시키는 기술을 연마해야 합니다. 이스라엘의 독립을 말세의 징조로 우기고 이스라엘과 팔레스타인의 전쟁을 아마겟돈으로 포장하고 늘 있어왔던 자연재해를 심판의 전조라고 가르치고 바코드로부터 시작된 666 짐승의 표를 신용카드를 넘어 베리칩으로까지 연결시켜야 합니다. 이 정도는 프로 중에서도 하수이고 고수는 모든 음악, 영화에서 악마적 코드를 기가 막히게 뽑아서 설교합니다. 싸이의 음반도 프리메이슨이고 아이폰 6도 프리메이슨의 전략이라고 설명합니다. 그래서 성도로 하여금 이 세상은 하나님의 통치보다 악마의 통치가 더 강하게 역사하는 곳으로 인식하게 만듭니다.

그러나 진정한 프로는 따로 있습니다. 공포와 축복을 교묘히 섞어서 공포인지 모르고 두려움을 갖게 하는 분들입니다. '너희 보물을 하늘에 쌓아두라'는 말씀을 통해서 정말 열심히 헌금하지 않으면 천국에서 거지가 될 지도 모른다는 두려움을 안겨 줍니다. 과부의 두 렙돈 이야기를 가지고 아무리 가난해도 헌금하지 않으면 뭔가 크게 잘못될 것 같은 느낌을 심어 주어 전세 사는 교인을 월세 살게 하지요. 심지어 구원의 확신 같은 것도 공포의 도구로 만들어 버립니다. 아무리 구원의 확신이 있어도 대화 몇 마디에 그 확신을 잃어버리게 만들고 자신만의 방법으로 재무장 시키는 기술로 매우 고급 기술입니다.

아브라함의 중보기도를 적절히 활용하여 기도하지 않으면 가족이나 지인들 중 한명이 다칠 것 같은 느낌을 심어 줍니다. 더 나아가 중보 기도팀을 조직하여 목사님을 위해 기도하면서 목사님에게 헌신하게 만들지요. 이들은 나중에 목사님이 무슨 잘못을 하면 목사님의 방패막이로 사용됩니다. 자신들이 목사님을 위해 제대로 중보하지 못했다는 죄책감을 심어 주면서 말입니다.

 십일조 열심히 하면 하늘의 축복을 받는다고 하면서, 끝에 살짝 십일조 떼먹고 다리 부러진 권사의 이야기를 해 줍니다. 하나님의 일 열심히 하면 하나님이 나의 일을 해 주신다고 하면서 자그마한 사고 하나에도 자신의 게으름으로 인한 하나님의 저주로 느끼게 합니다. 그런 성도들은 새벽예배 하루만 빠져도 애가 다친다고 생각합니다. 새벽 예배 안 빠졌는데 애가 다치면 자기가 새벽에 졸았기 때문이라고 생각하지요.

 공포를 이용한 스킬 중에 단연 으뜸으로 보이는 것이 하나님에 대해 왜곡된 신앙을 갖게 하는 것입니다. 사랑의 하나님보다 진노하시는 하나님이 더 돋보이게 만듭니다. 용서하시는 하나님보다 심판하시는 하나님을 부각시키지요. 지키시고 보호하시는 하나님을 감시하시고 기록하시는 하나님으로 느끼게 만듭니다. 심한 경우에는 하나님을 조폭보다 더 조폭 같고 완전 밴댕이 소갈딱지마냥 속이 좁은 분이며, 어린애 보다 더 잘 삐치고 이해와 관용을 폐기처분한 몰상식한 분으로 느끼게도 합니다. 이런 분들의 특징은 하나님께서 성도에게 값없이 선물로 주시는 모든 은혜에 특정 조건을 달아 둡니다. 소위 은혜

받을 만한 짓을 해야 은혜를 받을 수 있다는 논리입니다. 그리고 은혜는 갚아야 하는 것으로 만듭니다. 하나님께 받은 은혜와 사랑 앞에서 자연스럽게 반응하여 나오는 예배와 찬양과 헌신과 감사를 하나님께 복 받기 위한 행동이거나 은혜를 갚기 위한 행동으로 여기게 합니다.

　이는 다양한 방법론들까지 도출시킵니다. 기도 응답을 빨리 받는 방법, 하나님을 기쁘시게 하는 방법, 예배의 성공자가 되는 방법, 성령 안에서 사는 방법, 구원의 확신을 얻는 방법, 자녀가 축복을 받는 방법 등 온갖 종류의 방법들이 등장하지요. 이런 방법들은 내가 어떻게 하느냐에 따라 하나님이 축복하게도 만들고 진노하시게도 만들 수 있습니다. 이런 분들에게는 불가항력적 은혜나 무조건적인 은혜 같은 것은 없습니다. 이런 분들에게는 기독교 교리보다 '진인사 대천명'이나 '지성이면 감천'이라는 교리가 있지요. 심지어 탁월하신 분들은 '아브라타카브라'나 '야발라바히기야' 같은 주문도 존재합니다. 이분들 덕분에 한국교회에는 아직도 '짝퉁면죄부'가 잘 팔리고 있습니다.

　예수전도단에서 주최한 목회자 제자훈련세미나에서 이런 설문조사를 한 적이 있었습니다. '만약 교회가 부흥하는데 마귀의 도움이 필요하다면 당신은 그 도움을 받으시겠습니까?' 라는 질문이었는데 꽤 많은 분들이 '그렇다'라고 답했다고 합니다. 예수전도단이라는 것과 제자훈련이라는 타이틀이 붙은 곳에 모이신 분들의 대답이 이랬다면, 아마도 한국교회로 확장했을 때는 그 퍼센트가 올라가지 않을까 싶습니다. 부흥과 관련된 세미나에 목회자들이 문전성시를 이루는 것을 볼 때 영 틀린 말도 아닐 듯싶습니다.

공포심리학은 교회가 부흥하는데 필요한 학문이 되어 버렸습니다.

9
목회와 사행성사업

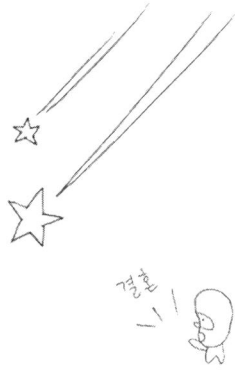

떨어지는 별을 보고 소원을 빌면 소원이 이루어진다고 합니다. 진짜일까요? 저는 진짜일거라고 생각합니다. 별이 떨어질 때는 예고하고 떨어지지 않습니다. 또한 떨어지는 시간도 순식간에 지나가 버립니다. 우연한 기회에 하늘을 봤는데 별이 떨어지는 것을 목격했고 그 순간 자신의 소원을 말하기란 매우 어려운 일입니다. 떨어지는 별을 보고 소원을 빌 수 있는 사람은 그 소원에 대한 간절함이 대단히 크기 때문에 별이 소원을 들어주지는 않더라도 자신의 간절함과 열정이 그 소원을 이루어 낼 거라고 믿기 때문입니다.

저는 살면서 단 한 번도 떨어지는 별을 보고 소원을 빌 수 있는 사람을 본 적이 없습니다. 많은 학생들을 만나면서 소원을 물어보면 3초 이내에 대답하는 학생이 없습니다. 거의 대부분 '음~' 또는 '글세요~'라고 대답합니다. 어른들이라고 다르지 않습니다.

수로보니게 여인을 만나 '네 믿음대로 될지어다.' 하신 예수님을 설교하면서 '실제로 예수님이 우리 일생에 딱 한번 우리를 찾아오셔서 단 하나의 소원을 들어주신다면 어떤 소원을 빌겠습니까?'라고 물었을 때, 소원다운 소원을 말씀하시는 분들도 만나보지 못했습니다. 그 일생일대의 천운을 고작 관절병 고쳐달라고 하겠다는 어르신들부터 기껏해야 집 팔리게 해달라는 수준이 전부입니다. 그마저도 한참 생각한 후에 대답하지요.

 떨어지는 별을 보고 소원을 빌 수 있으려면 자신의 소원에 대한 진지함과 간절함이 있어야 합니다. 또한 그 소원을 이루기 위해 온갖 애를 쓰고 있는 사람이어야 하지요. 예를 들면, 죽어가는 어머니를 살리겠다고 산삼을 찾으러 아들이 몇 날 며칠을 배고픔과 졸음과 싸우며 산을 헤매다가, 울면서 하늘을 봤는데 그 순간 별이 떨어져야 '산삼 좀~~~!' 하고 외칠 수 있는 것입니다.

 신앙생활을 잘 하면 정말로 성공할 수 있을까요? 저는 성공할 수 있다고 생각합니다. 주일성수와 십일조를 철저히 하는 사람은 반드시 성공할거라고 생각합니다. 주일성수를 하기 위해서는 자신의 시간관리를 잘해야 합니다. 6일 동안 자신에게 주어진 업무를 책임 있게 감당하고, 주일에는 하나님께 제대로 집중할 수 있는 사람이라면 그는 성공할 가능성이 높은 사람입니다. 십일조를 제대로 하려면 자신의 돈관리가 철저해야 합니다. 수입과 지출을 정확히 알고 있어야 하고 돈의 노예가 아닌 돈의 주인이 되어 돈을 다스릴 줄 알아야만 십일조도 할 수 있습니다. 이 정도로 돈관리가 되는 사람이 흔치 않은 시대이니, 돈 관리 되는 사람이 성공할 가능성도 있는 법입니다.

남자들은 대의명분을 매우 중요하게 여깁니다. 또한 자신을 알아주는 사람에게는 목숨 바쳐 충성하는 경향이 있습니다. 왕을 모반하면 3족을 멸하던 시절에도, 대의명분이 있고 자신을 믿어주는 사람만 있으면, 칼을 차고 왕실에 뛰어 들어 갈 수 있는 것이 남자입니다. 남자를 움직이게 하는 이 대의명분의 극대화가 하나님의 명령입니다. 하나님이 내게 명하신 일이라고 믿는다면 풀무불에도 들어가고 사자굴에도 들어가고 끓는 기름 가마에도 들어가는 것이 신앙입니다. 이런 사람이 신의 뜻으로 알고 최선을 다해 그 인생을 살아간다면 성공할 가능성이 매우 높은 것이지요.

주일성수와 십일조에 철저하고 하나님의 비전을 소유한 사람이 성령님의 도우심까지 받는다면 그야말로 불가능한 일도 해낼 수 있습니다. 빌사일삼(빌립보서 3장 13절)의 원리 즉 '**내게 능력주시는 자 안에서 내가 모든 것을 할 수 있느니라.**'가 실제로 가능한 진리가 됩니다. 이런 사람이 리더가 될 때 공동체가 살아나고, 이런 사람이 회장이 되고 사장이 될 때 경제가 회복되는 것입니다. 하다못해 이런 사람이 만드는 붕어빵이 사람을 살리고 지역을 살리는 기적의 빵이 됩니다.

그러나 이것이 역행하는 순간 사행성이 된다는 사실이 문제입니다. 사행성이란 '요행을 바라거나 노리는 성질'이라는 뜻을 가지고 있습니다. 자신의 노력보다 어떤 운에 기대어 특별한 이익을 얻고자 하는 행위를 말하지요. 도박, 경마, 경륜, 복권 등이 대표적 사행성 사업입니다. 아주 작게는 행운권 추첨도 이에 해당됩니다. 단순 게임의 일종 같지만 보물찾기게임도 사행성 심리에 근거한 게임입니다. 이런 사행성심리는 모든 인간이 다 가지고 있습니다. 사행성을 '공짜 좋아하는 심리'라고 표현하면 목사라고 해서 이런 마음이 없을 리가 없지요.

떨어지는 별을 보고 소원을 빌면 그 소원이 이루어진다고 해서 별 떨어지기를 기다리며 마냥 하늘만 쳐다보고 있는 사람이라면, 그런 사람의 소원이 이루어질 리가 없지요. 요즘은 소원이라는 것이 대부분 돈과 직결되어 있어서 떨어지는 별을 보고 소원을 빌기보다 떨어지는 위치를 추적해서 그 돌을 줍는 것이 소원을 이루는데 효과적인 시대가 되었습니다.

신앙생활도 마찬가지입니다. 주일성수하면 하나님이 복을 주신다고 하니까 6일 동안 자신의 할 일을 제대로 한 것도 아니면서, 주일에는 목에 칼이 들어와도 출근 안한다는 사람이 성공할 수는 없지요. 돈관리가 제대로 안되어 늘 빚을 지고 사는 사람이 십일조에 목숨 건다면, 그는 성공하는 것이 아니라 실패하는 사람이 됩니다. 자신의 욕심을 하나님의 비전이라고 우기는 사람 역시 성공과는 거리가 먼 사람입니다. 빌사일삼의 원리를 부적처럼 액자로 만들어 걸고 그것을 바라보며 기도하는 사람이 성공한다는 것은 있을 수 없는 일입니다.

사람들의 사행성 심리를 부추기는 방법은 그 일로 대박 난 사람들을 보여주는 것입니다. 복권이 잘 팔리게 하는 방법은 복권 당첨된 사이 호화요트에서 비키니 입은 미인들과 선상파티하는 사진 한 장 보여주면 됩니다. 도박도 마찬가지입니다. 잭팟을 터뜨린 사람의 이야기를 약간의 뻥을 보태서 알려주면 많은 사람들이 카지노로 몰려가지요. 이런 사행성 심리를 잘 활용하는 사람들이 다단계 사업자들입니다. 다단계에 빠지는 이유가 나도 누구처럼 고생하지 않고 단기간에 부자가 될 수 있다는 심리 때문입니다. 그래서 다단계에서 사람을 모을 때는 반드시 다단계로 성공한 사람을 내세워 간증을 하게 합니다. 그 간증을 듣다보면 자신도 그 사람처럼 될 수 있다는 기대감을 갖게 되지요.

교회 안에도 이런 사행성 심리를 부추기는 일들이 많습니다. 수능 때만 되면 100일 기도회가 열립니다. 그러면 모든 수험생 어머니들이 모여 눈물로 기도를 합니다. 그 어머니들의 믿음은 자신의 기도로 하나님의 능력이 자녀에게 임하여 자신의 실력보다 좋은 점수를 얻게 될 거라고 생각합니다. '주여 찍어도 정답이게 하소서.'하는 거지요. 실제로 어느 집 자식은 그 어머니의 기도에 힘입어 내신 2등급으로 서울대 갔다는 소문이 퍼집니다. 어느 집사님 아들은 지방대 갈 실력이었는데 서울에 있는 대학에 들어간 것이 100일 기도회 덕분이라고 하지요. 이 두 분을 모시고 간증을 하게 하면 내년에는 더 많은 수험생 어머니들이 몰려올 것입니다. 심지어 안 믿는 어머니도 이 때만큼은 교회를 찾아오게 할 것입니다. 간증하시는 어머니들은 하나님께 자신의 정성과 간절함을 표현하는 방법으로 헌금을 언급합니다. 기도회를 올 때마다 정성껏 마음을 담아 '만원'씩 헌금했더니 하나님이 응답해주셨다는 것이지요. 목사님은 여기에 덧붙여 솔로몬이 일천번제를 드려서 하나님의 지혜를 얻게 되었다는 설교를 해 주시면 금상첨화가 됩니다.

이런 사행성을 부추기는 행태는 너무나 많습니다. 주일성수 열심히 해서 성공했다는 카터 대통령, 십일조를 열심히 해서 큰 부자가 됐다는 카네기 이야기들은 대표적인 사행성 아이콘입니다. 이런 이야기나 간증을 통해서 성도들은 자신들도 주일성수 잘하고 십일조 열심히 하면 카터 대통령이나 카네기가 될 수 있을 것이라는 기대를 갖게 됩니다. 이것이 갖는 문제는 순수하게 주일성수하고 십일조 잘하던 사람들도 목사님들의 이런 설교와 간증 때문에 신앙생활이 복 받기 위한 수단으로 변질된다는 것입니다.

도박과 같은 다른 사행성 사업과는 달리, 교회는 특별한 장점이 또 하나 있습니다. 주일성수와 십일조로 내가 복을 받지 못하면 자녀가 그 복을 받고, 자녀 역시 복을 못 받으면 그 복이 하늘에 쌓인다는 것입니다. 이런 논리는 사람들의 사행성 심리를 극대화시켜 줍니다. 마치 100% 당첨이라고 쓰인 복권을 판매하는 효과가 있는 셈이지요. 거기에 덧붙여 헌금 위에 신령한 목사님의 축복기도가 얹히고 헌금한 사람에게 안수까지 받게 한다면 사행성 심리는 말 그대로 믿음이 되고 맙니다.

사행성 사업이 발달한 교회에는 다양한 상품들이 존재합니다. 연초에 말씀카드 뽑기를 합니다. 그리고 그 말씀카드를 액자로 제작하여 목사님이 친히 대심방을 가십니다. 액자 들고 가서 그 말씀을 가지고 설교하고 그 집에 축복기도를 해 주면 감사헌금이 두 배가 됩니다. 개업예배 역시 한 상품으로 등록되어 있습니다. 목사님이 오셔서 개업예배를 드려주면 그 사업이 성공할 것이라는 기대감을 심어주는 것입니다. '네 시작은 미약하였으나 네 나중은 심히 창대하리라.'라는 액자를 필수적으로 들고 가야 합니다. 그 내용이 비록 욥에 대한 저주였음에도 불구하고 말이지요. 상품 개발을 잘 하는 목사님들은 본인이 기도하고 골라준 땅이나 집이 나중에 두 배로 뛴다고 믿게 하기도 합니다.

교회에서 하는 각종 기도회가 사행성 심리를 믿음으로 둔갑시키는 역할을 하기도 합니다. 자신의 욕심에 불과한 기도제목을 하나님이 주신 비전이라고 자기 세뇌를 시키는 방법이 기도입니다. 그래서 맨날 '주여, 믿~습니다!'만 연발하고 있습니다. 한 때는 주기도문을 만 번 외우면 소원이 이루어진다던 책도 불티나게 팔린 적이 있습니다. 그 책 부록으로 수동카운터기를 주기도 했습니다. 한 때 세계적인 베스트셀러가 됐던 책이 〈야베스의 기도〉입니다. 이 책도 성도의 사행성 심리에 기대어 장사해먹은 대표적인 책이었지요. 이 책은 어린이 문고판까지 가세하면서 사행성 심리의 조기교육을 담당했었습니다. 최근에는 '백화점 왕 워너메이커'가 문고판으로 만들어져서 어린이들의 조기교육을 합니다.

이 시대 하나님은 점점 바알이 되어가고 있습니다. 복을 주셔야만 될 것 같은 분위기 속에서 하나님이 하실 수 있는 선택은 별로 없어 보입니다. 수많은 예배와 기도와 찬양이 울려 퍼지는 이 땅에서 하나님은 영과 진리로 예배하는 자들을 찾으십니다. 하늘에서 별 떨어지기를 기도하며 기대하며 기다리는 사람들 틈 속에서, 떨어지는 별을 보고 그 아름다움과 신비함에 하나님을 찬양할 사람들이 바로 하나님이 찾으시는 예배자입니다.

베드로가 이르되
네가 하나님의 선물을 돈 주고 살 줄로 생각하였으니
네 은과 네가 함께 망할지어다
사도행전 8장 20절

10
목회와 목사의 **권위**

　예전에 자녀독서교육을 공부 할 때의 일입니다. 그때 그 모임을 이끌어 주시던 분이 중년의 아주머니셨습니다. 직업이 논술학원 원장님이십니다. 학원을 하시기 전에는 초등학교에서 교사를 하셨다고 합니다. 제가 원장님께 '학교 교사를 하시다가 학원을 하시니까 무엇이 제일 좋으세요?' 하고 여쭤봤습니다. 원장님은 조금도 주저하지 않으시고 대답하셨습니다.

　"아이들을 가려 받을 수 있어서 너무 좋아요."

　원장님이 학교 교사를 할 때는 아이들이 맘에 안 들어도 내 보내지 못하고 일 년은 끌어안고 있어야 했는데 그게 너무 힘드셨답니다. 그런데 학원을 하니까 그럴 필요가 없더라는 것입니다. 학원에서는 실력이 있는 아이들만 모집할 수도 있고 맘에 안 드는 학생이나 말썽을 부리고 사고를 치는 학생은 학원에 오지 못하게 할 수도 있어서 너무 좋으시답니다.

"학교에서는 아이들을 야단치고 화내고 하는 일이 많았어요. 아무리 잘 가르치고 싶어도 따라오지 못하는 몇 명의 아이들 때문에 더 많은 걸 가르칠 수도 없었구요. 그런데 학원을 하니까 쓸데없이 감정을 낭비하지 않아서 너무 좋아요. 뿐만 아니라 마음껏 가르칠 수 있다는 것도 큰 장점입니다. 제일 좋은 것은 교사로서 권위가 생긴다는 것입니다. 제대로 가르칠 수 있을 뿐만 아니라 맘에 안 들면 내 보낼 수 있으니 애들에게 제 말이 먹힙니다."

옛날에는 '군사부일체'라는 사상이 있어서 선생님의 그림자는 밟지도 않는다고 했을 만큼 그 권위가 있었지요. 한 동네에 배운 사람이 별로 많지 않던 시절이었으니 내 아이를 나보다 더 잘 가르칠 수 있는 선생님들은 존경의 아이콘이었습니다. 그래서 아이가 잘못하면 아버지도 아이의 선생님께 무릎도 꿇고 머리를 조아리곤 했습니다. 그 모습을 보는 아이들은 스승님께 함부로 대들지 못했습니다. 이를 두고 스승의 권위라고 불렀습니다. 그래서인지 '스승의 은혜'를 부르다 보면 자꾸 '어버이 은혜'로 빠지는 것이 아닌가 싶기도 합니다.

선생님의 권위는 학부모들의 학력이 높아지면서 점차 떨어지기 시작했습니다. 고학력을 가진 학부모들이 선생님을 존경하지 않으니 아이들도 선생님을 두려워하지 않게 되었습니다. 아이들이 잘못해서 선생님에게 맞기라도 하면 학부모가 찾아와서 항의하는 시대이니 선생님의 권위가 설 자리는 점점 좁아져만 갑니다. 설상가상으로 아이들을 체벌하는 것조차 금지되면서부터는 선생님들의 의지도 점점 없어지고 아이들도 선생님 말씀을 따르려고도 하지 않게 되어버렸습니다. 이런 시대를 두고 '권위가 땅에 떨어진 시대'라고 부르게 되었습니다.

아이들을 바르게 키우기 위해서라도 선생님들의 권위를 세워줄 필요가 있다고 주장하는 목소리들이 점차 힘을 얻고 있습니다. 그래서 나온 제도가 상벌 제도입니다. 직접 체벌은 금하고 상벌점을 주어 아이들이 선생님의 말씀을 듣게 하자는 것입니다. 그리고 선생님들도 점점 전문화 시켜서 특정 분야의 권위자가 될 수 있게 하려고도 합니다. 선생님의 최종학력이 점점 높아져가고 있는 것도 한 이유이지요.

목사의 권위도 교사의 권위와 상당히 비슷한 모습을 하고 있습니다. 저 어릴 적 목사님들의 권위는 선생님들의 권위와 비슷했습니다. 우리 부모님들보다 더 많이 배웠고 인품도 더 훌륭해 보였지요. 실제로 부모님이 해결하기 힘든 문제들을 목사님께 가져가면 척척 해결해 주시기도 했었습니다. 작게는 글을 모르는 분들에게 편지 읽어주기나 읍사무소에 함께 가는 일들부터, 크게는 아이들 결혼식에서 부모님 장례식까지 목사님들께서 척척 해결해 주시니 그 권위는 참으로 대단했습니다. 그래서인지 그 시절 목회는 권위주의로 할 수 있었지요. 권위주의로 목회하던 시절의 가장 큰 장점을 뽑자면 성도들을 이단으로부터 보호하기가 수월했다는 것입니다. 성경의 권위보다 더 높은 권위를 가진 교황처럼 '우리 목사님의 말씀이 무조건 옳아.' 하던 시절은 이단이 와서 함부로 교인을 미혹해 갈 수 없었지요.

그러나 목사의 권위가 점점 빛을 잃어가고 있습니다. 성도들의 학력 수준도 높아졌고 목사님께 말해서 해결될 일도 별로 없어지고 있습니다. 신학교는 대학 갈 실력이 없는 사람들이 가는 곳으로 인식되어 버렸습니다. 비인가 신학교가 난립하면서 오히려 성도보다 무식하고 무능한 목사들이 많아지고 말았지요. 더불어 일반 신문의 사회면을 장식하는 목사님들이 많아지면서 목사님들에 대한 존경심은 사라져 가고 있습니다. 스스로 성경을 연구할 수 있는 환경이 조성되었고 마우스 클릭 한 번만으로 더 좋은 설교를 골라서 들을 수 있는 시대이니, 우리 목사님의 권위에 순종해야 할 이유가 점점 사라지고 있습니다.

목사의 권위가 사라지면서 생겨나는 문제들은 교인들이 통제가 되지 않는다는 것입니다. 너무나 쉽게 교회를 옮길 수 있고 교회들은 이들을 환영해 주었습니다. 제자훈련과 큐티라는 것은 성도들의 마음에 또 다른 자만심을 심어 주게 했습니다. 목사님의 설교와 내 큐티가 다르면 목사님이 틀렸다고 말할 수 있게 된 것이지요. 이는 이단이 쉽게 침투할 수 있는 토대를 만들어 주었습니다. 여호와 증인들이 와서 '하나님의 이름이 무엇인지 알고 있습니까?'라고 물으면서 유혹하는 말에 홀랑 넘어가고 제칠일 안식교인들이 성경을 내어밀며 '안식일은 주일이 아니고 토요일이다.'라고 말하면 또 홀라당 넘어가 버립니다. 이제는 대놓고 성경공부하자면서 교인들을 빼가는 시대가 되어서 교회마다 '신천지 추수꾼들의 출입을 금합니다.'라는 스티커까지 붙여야 하는 시대가 되었습니다.

목사의 권위가 바닥에 떨어지면서 생겨나는 또 다른 폐단은 그 권위를 세워보겠다고 무리수를 두며 거짓 학위를 만들어 내는 것입니다. 미국에 한두 달 다녀와서 박사 학위 받았다고 하는 목사님들이 참 많았습니다. 목사가운인지 박사가운인지 헷갈리는 정체불명의 가운이 등장하기도 했고요. 그 덕분에 영어 한마디 제대로 할 줄 모르는 박사가 목사하는 나라라는 오명을 듣게 되었습니다. 그런데 문제는 이런 노력에도 불구하고 목사의 권위가 세워지지 못했다는 것입니다. 오히려 세상으로부터 손가락질 받는 대상이 되고 말았지요.

또 다른 한편으로는 영적인 권위를 세워보겠다고 무리수를 두었다는 것입니다. 예언이 난무하고 너나 할 것 없이 성령 집회를 한답시고 안수하는 일이 많아졌습니다. 술 담배 안하는 것이 뭐 대단한 것이라고 그것으로 교인들을 죄인 취급하기도 했고요. 심지어는 임파테이션이라는 것을 받았다고 하면서 자신들이 베드로처럼 수건만으로도 병을 고친다고 하고 금가루를 떨어지게 한다고도 하고 아말감을 금이빨로 바꾼다고 생난리를 쳤습니다. 목사의 권위에 도전하면 나병이 생긴다면서 협박도 서슴지 않습니다. 목사님 돈 떼먹고 죽었다는 성도 이야기나 목사님께 대들고 사업이 망했다느니 불치병에 걸렸다느니 하는 이야기도 참 많이 들었습니다.

떨어질 대로 떨어진 목사의 권위를 세워보겠다고 시도한 대부분의 일들이 오히려 상황을 악화시켰습니다. 최근 교황의 권위를 등에 업은 천주교는 급성장하고 있고 불교도 성철, 법정, 혜민, 법륜스님들의 권위로 꽤 성장을 하고 있습니다만 기독교는 마이너스 성장을 기록하고 있습니다. 가장 신뢰하기 어려운 집단이 목사 집단이 된 것도 전혀 이상하지 않은 일이 되었지요. 권위가 떨어질 대로 떨어진 기독교는 그야말로 개독교 신세가 되어 버렸습니다.

예수님 당시에도 이런 권위논쟁이 한번 있었습니다. 예수님이 예루살렘에 나귀타고 입성하시자 사람들이 종려나무가지를 흔들며 호산나를 외쳤습니다. 군중의 환영을 받고 입성하신 주님은 성전에서 장사하는 이들을 내어 쫓으셨지요. 그리고 맹인과 저는 자들이 성전에서 예수님께 치유를 받는 일까지 벌어집니다. 이 모든 일은 당시 권위를 독점하고 있던 대제사장들과 백성의 장로들의 심기를 불편하게 했습니다. 그런데 예수님이 다시 성전에 들어가서 가르치기까지 하는 모습을 보면서, 도대체 무슨 권위를 가지고 이런 일을 하는지 따져 묻기에 이릅니다. 소위 교사 자격증이 있냐는 것이지요. 당시에는 공인된 랍비만이 성전에서 가르칠 수 있었거든요. 이 권위논쟁은 예수님을 고발할 수 있는 좋은 흉계가 됩니다.

이 때 예수님이 대제사장들과 백성의 장로들과 이야기 하신 일을 두고 권위논쟁을 벌였다고 합니다. 이 논쟁은 뒤이어 나오는 세금논쟁과 부활논쟁, 그리고 큰 계명 논쟁으로 이어지는 시작점이 됩니다. 과연 예수님은 당신의 권위를 어떻게 세우셨을까요?

예수님은 권위논쟁에서 세례 요한의 권위를 근거로 저들의 흉계를 무너뜨리셨습니다. 그리고 예수님은 두 아들 비유를 말씀하셨습니다. 아버지의 명령에 큰 아들은 대답만 하고 순종하지 않았고 둘째 아들은 싫다하고 나중에 순종했다는 이야기입니다. 이 이야기를 통해 권위는 순종과 관계된 것이라는 주장이 가능케 하지요. 즉 하늘로서 받은 권위라도 순종하는 자에게나 그 권위가 통한다는 느낌을 갖게 합니다. 하지만 권위논쟁은 거기서 끝나지 않습니다. 뒤에 두 개의 비유가 더 등장합니다. 포도원 농부의 비유와 혼인 잔치의 비유입니다. 이 두 비유의 공통점은 권위에 순종하지 않는 자들은 진멸 당한다는 느낌이 담겨 있습니다. 다시 말해 권위가 불순종하는 자들에게는 징계하는 능력이 있음을 보여줍니다.

하지만 더 정확하게 말하면 예수님은 자신의 권위에 대해 답변하지 않았다는 것입니다. **'나도 무슨 권위로 이런 일을 하는지 너희에게 이르지 아니하리라'**(마21:27) 하셨습니다. 뒤에 나오는 3개의 비유는 예수님의 권위를 설명한 것이 아니라 권위가 어떤 것인지에 대해서 설명한 것입니다. 즉 권위는 순종을 기반으로 하고 불순종하는 이들에게는 징계가 따른다는 것입니다.

예수님의 권위논쟁을 제대로 이해하려면 좀 더 넓은 그림을 보아야 합니다. 권위논쟁에 앞서 무화과저주 사건이 일어납니다. 마가의 기록을 참조하면 성전에 들어가기 전 열매 없는 무화과나무를 저주하셨고 성전에 들어가 장사하는 이들을 내쫓으사 성전을 깨끗하게 하셨습니다. 그리고 다시 나오다가 무화과나무가 마른 것을 보게 되자 다음과 같은 유명한 말씀을 남기셨습니다.

'내가 진실로 너희에게 이르노니 만일 너희가 믿음이 있고 의심하지 아니하면 이 무화과나무에게 된 이런 일만 할 뿐 아니라 이 산더러 들려 바다에 던져지라 하여도 될 것이요 너희가 기도할 때에 무엇이든지 믿고 구하는 것은 다 받으리라'(마 21:21-2)

이 말씀은 기도할 때 믿음의 중요성을 강조하는데 많이 사용되었습니다. 기도는 믿고 구하여야 한다는 것입니다. 그래서 어떤 사람은 받은 줄로 믿고 미리 헌금을 한다고 해서 '선불집사'라는 희한한 단어까지 등장했었지요. 한국교회이기에 가능한 코미디입니다. 또한 이 말씀은 성도가 응답받지 못하는 이유를 믿음이 없기 때문이라며 성도를 정죄하는 일도 가능하게 만들었습니다. 산 옮기기 기도로 믿음 테스트를 하면 과연 누가 통과할 수 있을 거라고 그런 말들을 했는지 모르겠습니다.

무화과 저주에서 나오는 '이 산더러 들려 바다에 던져지라'는 말씀을 다른 각도에서 살펴보면 성전이 있던 시온산더러 들려 소돔과 고모라처럼 사해 바다에 던져지라는 뜻이 들어 있습니다. 당시의 예루살렘 성전은 열매 없는 무화과나무와 같았습니다. 하나님의 집이어야 할 성전이 강도의 소굴이 되어 있었거든요. 무화과나무를 저주하여 말라 죽게 하신 것처럼 주님이 말씀 한마디로 시온산을 심판하실 수도 있었습니다.

예수님은 말씀 한마디로 심판하실 수 있는 그 시온산에서 재판받고 십자가에 달려 죽으셨습니다. 예수님이 죽기 전 십자가에서 '**아버지 저들을 사하여 주옵소서. 자기들이 하는 것을 알지 못함이니이다**'(눅 23:34)라고 기도하셨습니다. 예수님이 말씀하신 '저들' 중에 시온산의 권위를 가지고 있다던 대제사장과 백성의 장로들과 바리새인과 서기관들이 있었습니다. 예수님은 그들을 자신의 권위로 징벌하시지 않으시고, 오히려 그들의 손에 죽으시면서 그들을 위한 변호를 하셨습니다. '악함' 때문이 아닌 '알지 못함' 때문이니 용서해 달라고 말입니다.

사도행전을 보면 주목할 만한 기록이 나옵니다. 6장 7절 말씀입니다.

'**하나님의 말씀이 점점 왕성하여 예루살렘에 있는 제자의 수가 더 심히 많아지고 허다한 제사장의 무리도 이 도에 복종하니라**'

놀랍게도 하나님의 말씀이 심판받을 시온산에 널리 퍼져서 저들도 알게 되자 '제사장의 무리'가 자신들이 죽인 예수를 믿었다는 기록입니다. 그것도 '허다한' 제사장의 무리가 말입니다. 하나님의 말씀이 전파되자 놀라운 일이 벌어진 것입니다.

예수님은 권위논쟁 이후에 연이은 논쟁들 즉 세금논쟁, 부활논쟁, 큰 계명 논쟁들에서 계속해서 찾아오는 바리새인들과 사두개인들, 그리고 제사장들을 외면하지 않으시고 끝까지 가르치시려고 하셨습니다. 덕분에 세금논쟁을 벌였던 이들은 '말씀을 듣고 놀랍게 여겼'고 부활논쟁을 벌인 이들은 '그의 가르치심에 놀랐'으며, 큰 계명 논쟁을 벌였던 이는 '선생님이여 옳소이다.' 하였고 예수님도 그에게 '네가 하나님의 나라에서 멀지 않도다.'라고 답하셨습니다.

예수님이 가지신 권위는 하늘로부터 부여된 권위였습니다. 그 권위에 바람과 파도가 순종했고 군대귀신도 꼼짝 못했습니다. 때가 되지 않아 열매가 없었던 무화과나무도 그 권위에 순종합니다. 말씀 한마디로 병든 자를 고치고 죽은 자를 살리시는 놀라운 권세를 가진 권위였습니다. 예수님이 그 권위로 열두 령도 더 되는 천군천사들을 불러 시온산을 불바다로 만드실 수도 있으셨습니다.

예수님은 포도원 농부의 비유를 들어 권위논쟁을 벌이던 자들에게 질문하셨습니다. 주인이 보낸 종들을 죽이고 아들마저 죽인 이들을 포도원주인이 어떻게 하겠느냐는 것입니다. 이에 저들은 '**그 악한 자들을 진멸하고 포도원은 제 때에 열매를 바칠 만한 다른 농부들에게 세로 줄지니이다**'(마21:41)라고 답합니다. 대제사장들과 바리새인들도 권위가 어떤 것인지 알고 있습니다. 그래서 저들은 그 악한 농부가 자기들을 가리켜 말씀하신 것임을 잘 알고 있었습니다.

예수님은 이어서 왕의 혼인 잔치를 비유로 다시 권위를 설명하십니다. 왕의 초청에 응하지 않은 자들에게 왕은 그의 권위로 '**임금이 노하여 군대를 보내어 그 살인한 자들을 진멸하고 그 동네를 불사르고**'(마22:7) 했던 것입니다. 심지어 예복을 입지 않아도 손발이 묶여서 바깥 어두운 데에 내던져지게 됩니다. 권위란 바로 이런 것입니다.

예수님이 만약 저들의 권위논쟁에서 자신의 권위가 하나님이 보내신 권위임을 말씀하셨다면 저들의 결말은 '진멸당함'입니다. 예수님은 저들이 그렇게 되길 원하지 않으셨습니다. 이에 예수님은 스스로 권위 없는 자가 되어 권위 있다는 자들에 손에 붙들려 십자가에서 죽으셨습니다. 저들이 당해야 할 '진멸당함'을 본인이 대신 당하셨습니다. 모세가 십계명 돌판을 받아들고 시내산에서 내려왔을 때 이스라엘 백성들은 금송아지를 만들고 그 앞에 절하고 있었습니다. 이 때 모세는 하나님이 쓰신 거룩한 두 돌판을 깨뜨립니다. 비록 그 일로 다시 40일을 금식하며 십계명을 다시 받아 와야 하는 수고로움을 하더라도 말입니다. 모세가 두 돌판을 깨지 않았다면 우상 숭배한 이스라엘은 그 돌판에 쓰인 하나님의 거룩한 계명에 의거해 결코 하나님의 진노를 면할 수 없었기 때문입니다. 이는 온유함이 지면의 모든 사람보다 승하였던 모세이기에 가능한 일이었습니다.

예수님은 모세보다 더 온유함이 승하신 분이십니다. 물론 권위도 훨씬 더 크신 분이셨지요. 예수님이 권위논쟁에서 답을 회피하신 이유가 바로 그 권위 앞에 진멸당할 저들에 대한 사랑 때문이었습니다. 권위를 앞세우면 저들은 심판의 대상이지만 사랑을 앞세우면 저들은 '변호'의 대상이 되는 것입니다.

이 시대는 탈 권위의 시대입니다. 가부장적인 아버지보다 친구 같은 아버지가 대세입니다. 선생님들도 권위를 찾으려고 하기보다 아이들의 친구가 되려고 노력하는 분들이 존경을 받는 시대입니다. 교황도 예전의 알던 권위를 앞세우기보다 스스로를 낮춰 아기들하고도 눈높이를 맞춤으로써 존경을 받고 있고 스님들도 절에만 머무르기보다 법륜스님처럼 산에서 내려와 즉문즉설을 하며 민초들과 함께 웃고 함께 울면서 존경을 받고 있습니다. 권위를 내세우면 시대를 역행하는 꼴이 되고 맙니다. 한국 기독교가 권위를 세우려다 도리어 망한 케이스입니다.

 권위는 스스로 내려놓기가 참으로 힘든 것입니다. 하나님은 한국교회에 새로운 기회를 주고 계십니다. 어차피 땅에 떨어진 권위입니다. 누더기가 된 권위를 다시 주워 입으려 하지 말고 이 참에 예수님을 본받아 조금이라도 남은 권위마저 내려놓고 성도들의 친구가 되어 주는 것이 한국교회가 살 길입니다.

 수원의 어느 교회 홈페이지에 들어가면 '짱목사의 방'이라고 쓰여 있는 카테고리가 있습니다. 거기를 클릭하면 학위와 학벌과 경력을 자랑하는 양복 입은 담임목사님의 사진이 있는 것이 아니라 가족들과 함께 등산복을 입고 장난스럽게 찍은 담임목사님의 가족사진이 걸려 있습니다. 권위를 내세우기보다 친근함을 내세운 사진이지요. 실제로 그 교회에 가보면 담임목사님이 양복을 입고 계신 모습보다 본인 교회 카페에서 반바지 차림으로 있는 목사님을 뵐 때가 더 많습니다. 그 목사님은 본인 교회에서 '어린왕자'로 불리고 계셨습니다.

 그 교회를 거쳐서 교회를 개척하신 박목사님이 저희 동네에 계십니다. 지역 목사님들의 연합회에서 만났는데 그 목사님의 이야기로 본 글을 마무리하려고 합니다. 연합회 임원회의에서 권위를 중요하게 여기시는 목사님이 매우 화가 나신 상태로 교인들을 성토하고 계셨습니다. 교인 중 청년 하나가 교회 소파에 길게 누워 있었는데 담임목사님이 들어갔는데도 슬쩍 한번 쳐다보더니 일어나 인사하는 것이 아니라 그대로 누워 있더라는 것입니다. 그러면서 이 시대가 말세라고 마구 흥분하시는 것이었습니다. 다들 그 목사님에게 맞장구를 치며 그래서 복을 못 받으니, 그래서 망하는 거니하며 다같이 흥분하셨는데 박목사님만 이렇게 말씀하셨습니다.

"뭐 그런 일로 흥분하고 그래요? 발로 소파를 툭 차면서 '안인나, 엉!' 하면 되는 것을."

목사가 흥분하면 교인을 죄인 만들지만 목사가 권위를 내려놓으면 친구가 될 수 있습니다.

너희 안에 이 마음을 품으라 곧 그리스도 예수의 마음이니
그는 근본 하나님의 본체시나 하나님과 동등됨을 취할 것으로 여기지 아니하시고
오히려 자기를 비워 종의 형체를 가지사 사람들과 같이 되셨고
사람의 모양으로 나타나사 자기를 낮추시고 죽기까지 복종하셨으니
곧 **십자가의 죽으심**이라
빌립보서 2장 5-8절

11
GOOD-NEWS

복음을 영어로 하면 GOSPEL 혹은 GOOD-NEWS라고 하지요. 그래서인지 우리도 복음을 풀어서 복된 소식, 좋은 소식, 기쁜 소식으로 표현합니다. 세례문답집에서도 교회생활에 대한 안내 3번째 제목이 '기쁜소식(복음)과 신앙에 대하여'입니다. 가스펠gospel의 사전적 의미는 '그리스도의 가르침'입니다. 그런데 이 말이 쉬운 말이 아니지요. 신앙의 연륜이 있으신 분들이야 그리스도가 뭔지, 그의 가르침이 뭔지 알기 때문에 그냥 가스펠이라고 해도 되지만 믿지 않는 사람들에게 전도할 때는 외계어처럼 들려질 수 있습니다.

클라이언트라는 말은 사회복지에서 쓰는 용어입니다. 우리말로 번역하면 '내담자' 혹은 '의뢰인'쯤 되는데, 이것이 그쪽 계통에 종사하는 사람이 아니면 당최 무슨 말인지 알아들을 수가 없습니다. 복지상담사들에게 와서 상담을 하는 사람들을 가리켜 클라이언트라고 하는데 그런 내담자들 중에 워낙 장애인들이 많다보니 클라이언트를 장애인이라는 뜻으로 알고 있는 사람도 있습니다. 컴퓨터 계통에서는 '서버에서 정보를 제공받는 컴퓨터'를 클라이언트라고 합니다. 생소하시죠?

한국에서 제일 전도하기 힘든 사람들이 청각장애인입니다. 국내에 청각장애인은 35만여 명으로 추산하고 있고 그 중 기독교인은 1만여 명으로 3%만이 전도가 된 상태입니다. 그래서 청각장애인 선교를 '선교사각지대'라고 표현합니다. 청각장애인 선교가 어려운 이유가 복음을 수화로 표현할 수 없다는 것입니다. 믿는 사람들이야 얼마든지 복음의 언어를 수화로 대화하지만 믿지 않는 사람들에게는 그냥 외국어일 뿐이거든요. 복음이라는 말도 잘 쓰지 않는 불신자들에게는 어려운 용어이다 보니 전도하기 위해 복음이라는 말보다 '기쁜 소식'이라는 말을 쓰게 된 것입니다. 복음선교회라는 말보다 기쁜소식선교회가 알아듣기 좋지요.

복음을 굿뉴스Good-news로 사용하다 보니 이상한 현상이 생기기 시작했습니다. 예수님의 십자가 사건이 이제는 뉴스가 되지 못한다는 것입니다. 뉴스는 새로운 소식이어야 하는데 누구나 다 아는 이야기가 왜 뉴스냐는 것이지요. 거기에 덧붙여 좋은 소식이어야 할 복음이 불신자들에게는 전도를 위한 뻔한 이야기로 받아들여져서 그게 왜 '좋은' 소식이냐는 반감을 사게 되었습니다. 복음은 죄인을 구원하시기 위하여 십자가를 지신 예수님의 이야기입니다. 그러나 '죄인'이라는 용어가 불신자들에게는 상당히 거부감을 느끼게 했습니다. 그래서 굿뉴스는 기분 나쁜 뉴스news로 취급되었지요. 불신자들을 전도하기 위한 목적으로 이런 용어들을 다시 고치는 일까지 벌어졌습니다. '나 같은 죄인 살리신' 이라는 찬양을 '나 같은 영혼 살리신'으로 바꿔 부른 것입니다.

전도가 지상최대의 명령이라고 믿기 때문에 이런 용어로 인해 불신자들이 교회에 들어오는 것을 막게 된다면 이를 고쳐야 한다는 생각이 큰 지지를 얻었습니다. 소위 교회의 문턱을 낮춰야 한다는 것입니다. 그래서 생겨난 것이 구도자 예배였습니다. 구도자 예배는 불신자들에게 거부감을 줄 수 있는 요소들을 제거했습니다. 종을 치지도 않고, 사도신경도 하지 않습니다. 예배는 가급적 공연 같은 느낌을 줄 수 있도록 꾸며야 했습니다. 단상도 치우고 십자가도 가렸습니다. 경우에 따라서는 찬송가 대신 건전가요를 불렀습니다. 가운을 입은 목사님보다 청바지를 입은 강사가 나와 설교 대신 프레젠테이션을 했습니다.

한국교회는 이런 문화를 빠르게 수입하고 적용했습니다. 이미지전도법이라는 것이 생겨나서 불신자들이 교회에 친근감을 갖도록 하기 위해 굉장히 많은 신경을 썼습니다. 교회에서 문화공연을 유치하고 카페를 만들고 교회 주보와 승합차를 예쁘게 만드는데 많은 에너지를 쏟아 부었습니다. 지역 사회를 섬긴다는 미명아래 복지관도 하고 공부방도 하고 문화교실도 개설했습니다. 교회는 점점 예배하는 공간에서 쉴 수 있는 공간으로 탈바꿈 해 나갔습니다. 헬스클럽을 운영하기도 하고 몇몇 교회에서는 본당을 주중에는 실내체육관으로 활용했습니다. 수영장을 갖춘 교회도 제법 생겨났습니다.

전도라는 미명아래 행한 이런 일련의 일들은 부흥이라는 열매로 보상받았습니다. 재정이 넉넉한 교회는 교회 건물을 아름답게 꾸미고 확장시키는 일에 더 많은 신경을 쓰게 되었습니다. 소위 건물이 전도한다는 말을 만들어 내었지요. 그런데 이게 도가 지나쳐서 교회 재정만으로는 감당이 안 되자 은행에 빚을 지는 일이 많아졌습니다. 교회는 은행권에서 아주 좋아하는 고객이 되었습니다. 은행마다 교회 대출을 전담하는 부서가 생겨났고 한국 교회 웬만한 대형교회들은 모두 그 부채를 지고 있습니다. 한국교회의 문제 중 하나가 은행 빚이 너무 많다는 사실은 이미 다 드러난 이야기입니다. 아름답게 지어진 교회들이 경매 물건으로 쏟아져 나오고 있습니다. 크고 아름답게 건축만 하면 부흥할 것이라는 믿음이 부흥에게 배신을 당한 것입니다. 생각만큼 부흥이 되지 않았고 교인들은 연쇄 부도를 맞이하게 되었습니다. 연대 보증인으로 엮어 있거나 집을 담보로 제공한 교인들이 생각보다 많았습니다.

이런 일들은 큰 교회만 해당하는 일이 아닙니다. 개척하는 교회들도 똑같은 길을 가고 있습니다. 교회는 최소한 교인들 집보다 커야 하고 교인들 집보다 인테리어가 훌륭해야 했습니다. 그래서 천막에 거적때기 깔고 사과상자 갖다놓고 개척하는 일은 미련한 일이 되어버렸고 최소 5억 원은 있어야 교회를 개척할 수 있다는 생각을 하게 만들었습니다. 상가를 얻더라도 중심지 상가를 얻어야 한다고 생각했고 인테리어에 과도한 돈을 들이게 되었습니다. 자기 자본이 부족하다보니 은행에 대출해서 교회를 개척했는데 이것이 부메랑이 되어 돌아왔습니다. 상가 월세와 관리비에 은행 이자까지 얹혀서 보증금이 바닥나 2년 이내에 도산하는 교회가 되어 버린 것입니다.

상황이 이렇게까지 되자 굿뉴스는 복음을 담아내지 못하고 엉뚱한 소리를 하게 되었습니다. 교회가 돈을 투자한 일을 홍보하는 쪽으로 굿뉴스가 만들어졌습니다. 카페가 아름다운 교회, 주차장이 넓은 교회, 남자들이 좋아하는 교회, 아름다운 경관을 자랑하는 교회가 전도지에 도배되었습니다. 그 교회에 가면 무료로 운동을 할 수 있고 그 교회에 가면 분위기 좋은 카페에서 공짜로 커피를 마실 수 있고 그 교회에 가면 다양한 문화생활을 즐길 수 있고 그 교회에 가면 더 많은 것을 배울 수 있다는 것이 굿뉴스가 되어버린 것입니다.

이런 외형적인 것에 승부를 걸 수 없는 교회들은 다른 방향으로 굿뉴스를 만들어 살아남기 위한 몸부림을 쳐야 했습니다. 부흥하기 위해서는 귀신을 몇 마리 쫓아내야 하고 불치병 환자 몇 명 살려내야만 굿뉴스를 전할 수 있게 된 것입니다. 이런 은사마저 갖지 못한 교회들은 성공이라는 망령을 붙들어야 했습니다. 목적이 이끄는 삶, 긍정의 힘에 놀아나고 말았습니다. 이제 굿뉴스는 예수 믿으면 성공할 수 있다던가, 예수 믿으면 행복해 진다던가 하는 것들로 변질되었습니다. 교회성장학의 대부로 불리던 피터 와그너가 신사도 운동을 벌이면서 교회들은 저마다 예언하고 진동하고 쓰러지고 거품 물고 입신하고 병 고치고 물권을 열어주고 금가루를 뿌리고 하는 미치광이 짓에 휩쓸려 갔습니다. 알파 사역한다며 본당 의자를 바꿔 버리고 교회 안에 디너쇼가 가능하게 만들어 버렸습니다. 십자가에 환호해야 할 사람들을 금이빨에 환호하게 만들었습니다.

  예수님 당시에 십자가는 저주의 언어였습니다. 십자가라는 말만 들어도 재수가 없다고 해서 집에 돌아가 귀를 씻었다고 합니다. 사도들이 전하던 복음은 십자가를 빼고 말할 수 없었습니다. 유대인들에게 복음이란, 자신들이 저주의 상징인 나무로 된 십자가로 죽인 사람을 죄인이 아닌 하나님의 아들, 메시야였다는 말을 믿어야 하는 것이었습니다. 로마인들에게 복음이란, 자신들이 정복한 사람들을 다스리기 위해 가장 잔혹하게 만든 형틀에 죽은 사람이 자신들의 왕이었다는 사실을 믿어야 하는 것이었습니다. 이방인들에게 복음은 자신을 지옥의 불쏘시개로 쓰기 위해 만들었다는 신의 아들이 그런 불쏘시개들을 구원하겠다고 십자가에서 죽었다는 사실을 믿어야 하는 일이었습니다. 복음은 설득해야 하는 내용이 아니고 선포해야 하는 내용이었습니다.

  예수님 당시의 복음은 '굿뉴스Good-news'가 아니라 미친 소리에 불과했습니다. 그 복음을 받아들이고 믿는다는 것은 당장에 불이익을 가져다주었습니다. 자신의 신분을 속여야 했고 다른 이들로부터 조롱을 받아야 했으며, 잘못하면 붙잡혀가서 사자밥이 되어야 했습니다. 복음을 믿는 자들이 믿었다는 이유로 받아야 했던 고난과 핍박은 복음이 결코 '굿뉴스Good-news'가 아님을 증명해 주었습니다. 복음을 들은 이들은 하나님의 택하심과 강권하심이 없이는 결코 그 복음을 받아들일 수 없었습니다. 십자가의 도가 믿는 자들에게 하나님의 능력이 되는 이유가 바로 여기에 있습니다. 복음은 설득하는 것이 아니었습니다. 복음은 포장하는 것이 아니었습니다. 복음은 바뀔 수 없는 것이었습니다. 복음은 결코 '좋은 소식', '복된 소식', '기쁜 소식' GOOD-NEWS가 **아닙니다.**

우리는 십자가에 못 박힌 그리스도를 전하니
유대인에게는 거리끼는 것이요 이방인에게는 미련한 것이로되
오직 부르심을 받은 자들에게는 유대인이나 헬라인이나
그리스도는 하나님의 **능력**이요 하나님의 **지혜**니라

로마서 1장 23-24절

11-2 예쁜 동물 친구

전 하 영
(발안초 3학년)

멍! 아이 기분 좋아 멍!
꼬리 살랑거리는 예쁜 동물 친구
귀요미 강아지 새미

냥! 주인님~ 밥주세염 냥!
밥달라고 애교부리는 예쁜 동물 친구
식탐쟁이 고양이 냥이

짹! 나는 노래를 잘불러요 짹!
재잘대며 노래 부르는 예쁜 동물 친구
우리집 가수 잉꼬 삐삐

12
기도의 **유감** I

제 딸이 '저긴장성 척추측만'이라는 병을 앓고 있습니다. 태어날 때부터 근육에 힘이 없어 몸의 뼈들이 제 자리를 잡지 못하는 병이죠. 태어났을 때 손발이 오그라져 있더니 자라면서 점점 척추가 무너져 내려, 현재 왼쪽으로 휘어져 있습니다. 이 아이의 병은 현대의학으로 고칠 수 없다고 합니다. 많은 병원을 다녔고 현재는 척추가 더 이상 휘지 못하도록 막고 몸의 균형을 잡아주는 치료를 매일 받고 있습니다.

제 딸의 건강이 안 좋다 보니 기도를 참 많이 했습니다. 특별히 신유의 은사를 구하는 기도를 많이 하곤 했었습니다. 금식기도도 하고 보혈기도도 하고 선포기도도 하고 서원기도도 하고 별별 기도를 다 했었지요. 개척하면 하나님이 고쳐주신다고 하시는 예언가의 기도를 받고 현재 예향교회를 개척하여 9년째 목회를 하고 있습니다. 제 딸은 아직도 치료중입니다.

  저희 동네에서 기도를 무척이나 세게(?) 하시는 여자목사님을 만났습니다. 제 딸의 건강을 물으시고는 당신의 간증을 들려 주셨습니다. 아드님께서 어릴 적 크게 화상을 입어 얼굴에서부터 배꼽까지 화상자국이 있었답니다. 목사님은 낙심하는 대신 기도를 택하셨다고 해요. 매일 아이의 얼굴을 쓰다듬으며 예수의 이름으로 명령을 하셨답니다. 얼굴만이라도 화상 자국이 없어지게 해 달라고 말이지요. 그 결과 지금 몸에는 화상자국이 그대로 있지만 얼굴에는 전혀 화상 자국이 없다고 합니다. 그러니 저희 부부도 포기하지 말고 매일 딸의 허리에 손을 대고 예수의 이름으로 선포하라고 권면하셨습니다. 그리고 덧붙여서 그때 몸에 있는 화상자국까지 없애 달라고 기도하지 못한 것이 후회스럽다고 하시네요. 제가 그 목사님께 권면해 드렸습니다. 지금이라도 늦지 않았으니 아드님 몸에 손을 대고 예수의 이름으로 낫기를 선포하시라고요. 성경에는 아이들의 질병보다 어른들의 질병을 고친 사례가 더 많으니 포기하지 마시라고요. 한번 경험하셔서 믿음도 그 전보다 크실 테니까 더 잘 고쳐지지 않겠냐고 했습니다. 그 목사님이 황당해 하시는 표정이 생생합니다.

  저는 어릴 적부터 심장병을 오래 앓았습니다. 저희 어머니는 저를 고칠 병원비가 없으셔서 저를 데리고 신유집회를 많이 다니곤 하셨습니다. 당시에 신유집회는 기도원이 최고였습니다. 기도원에서 기도하면 하나님이 잘 들어주신다고 해서 일 년에 여러 차례 3일씩, 혹은

4일씩 다녀왔었습니다. 제가 갈 때마다 기도원은 늘 인산인해를 이루었습니다. 심지어 앞자리가 금자리라고 해서 앞자리 쟁탈전이 전쟁 수준이었습니다. 어머니의 기도는 무서울 정도였습니다. 거의 목숨을 내건 수준이었지요. 갈 때마다 금식하셨고 저 역시 덩달아 금식하곤 했었습니다. 그 때 다녔던 기도원이 한얼산 기도원, 할렐루야 기도원, 믿음 기도원, 오산리 기도원이었습니다. 저는 여전히 심장이 안 좋습니다.

　기도원에 가면 항상 보는 것이 '기도는 만사를 변화시킨다.'라는 현수막이었습니다. 저는 그것이 성경말씀인 줄 알았습니다. 지금도 적지 않은 성도님들이 '자살하면 지옥 간다.'라는 말과 함께 '기도는 만사를 변화시킨다.'가 성경구절인 줄로 아십니다. 정말로 기도원에 가서 기도하면 만사가 변화될 것만 같았습니다. 교회를 개척하고 한참 힘들어 할 때 요즘 뜨는 기도원이 있다고 그곳에 가자는 분들이 참 많았었습니다. 그 기도원에서 기도하고 오면 교회가 부흥하게 된다고까지 하셨습니다. 제게 권하셨던 분들 중에 현재 부흥하고 계신 분은 아직 안 계십니다.

　예전에 성지순례 코스로 통곡의 벽을 다녀온 적이 있었습니다. 전 세계에서 많은 사람들이 그곳에 와서 기도하고 있었습니다. 저희 일행도 거기에서는 매우 진지하게 기도들 하셨는데 저는 기도보다 통곡의 벽에 꽂혀 있던 쪽지들이 더 관심 있었습니다. 기도제목이 적혀 있을 것만 같은 그 쪽지의 내용이 무척이나 궁금했습니다. 그래서 그 중에 두 개를 뽑아서 가이드 하시는 분께 해석해 달라고 했습니다. 하나는 집주인이 전세 값을 터무니없이 올린다고 전세값 못 올리게 해 달라는 기도였고 또 하나는 남편이 바람을 피는데 남편과 내연녀가 잘못되었으면 좋겠다는 내용이었습니다. 그런 기도를 왜 통곡의 벽에 와서까지 하는 거냐고 하니까, 그곳이 기도 응답이 잘 되는 곳이라고 믿기 때문이랍니다. 소위 기도의 명당이라는 거지요.

어떤 목사님은 주기적으로 프랑스에 있는 떼제 공동체에 다녀오신다고 합니다. 그곳에 가면 하나님의 임재를 강하게 느낄 수 있기 때문이라고요. 한국에서는 그렇게 강력한 하나님의 임재를 경험할 수 있는 곳이 없어서 프랑스까지 가신다고 하십니다. 힘이 들거나 해결하기 어려운 기도제목이 있을 때 그곳에 다녀오시면 모든 것이 해결이 된다고 하십니다. 특별히 기도응답이 잘 되는 장소나 공동체가 있는 모양입니다.

최근에 40일 금식기도만 10번이 넘게 하신 목사님 이야기를 들은 적이 있습니다. 그 분은 아무리 어려운 문제라도 40일 금식기도만 하면 해결이 된다고 하셨습니다. 저희 교회와 가까운 곳에서 큰 교회를 목회하시는 선배 목사님도 40일 금식기도 하니까 하나님이 교인들을 통해 땅을 주시고 건축비도 주셔서 지금의 교회를 지을 수 있었다고 하십니다. 그 분은 금식기도의 능력을 확신하고 계셨습니다. 그리고 다른 목사님들에게도 한번 해 볼 것을 권면하셨지요.

어떤 분은 제게 기도 응답이 잘 되는 신령한 목사님이 계신다고 소개해 주시더군요. 그 목사님이 기도해 주시면 해결 안 되는 문제가 없다고 하십니다. 워낙 유명하셔서 한국에 계실 때가 별로 없고 그나마 한국에 계실 때도 기도 받으러 몰려오는 성도님들 때문에 쉽게 뵐 수도 없다고 합니다. 그 분이 그 신령한 목사님에게 특별히 약속을 잡아 놓겠으니 제 딸과 함께 와서 기도 받으라고 하셨어요. 제겐 그런 믿음이 없어서 안 갔습니다.

어떤 권사님은 기도를 많이 하시던 권사님이셨다고 하십니다. 저녁밥 차려놓고 교회 가서 다음날 새벽까지 기도하시기를 몇 십 년 하셨다고 해요. 지금은 손자 돌보느라 기도를 잘 못하는데 그 때 쌓아둔 기도로 지금 살고 계시는 거라고 간증하셨습니다. 기도의 분량이 있는데 미리 미리 쌓아둬서 사는 것이라고요. 저는 그 분께 손자 보시면서도 얼마든지 기도할 수 있다고 말씀드렸습니다. 손자 밥 해먹이면서 하늘의 양식을 구할 수 있고, 손자 씻기면서 자신의 죄악도 씻어 달라고 할 수 있고, 손자 기저귀 갈아 주면서 본인의 아픔과 상처도 치유해 달라고 할 수 있다고요.

금년 초 쯤 태백산에 다녀왔습니다. 태백산 정상에 가보니 천제단이라는 기도단이 있었습니다. 사람들이 더러 기도하고 계시더군요. 산 반대편으로 내려와 차 있는 곳으로 가느라 택시를 탔습니다. 택시 기사 분께서 그 천제단이 기도응답이 잘 되는 신령한 곳이라고 하시면서 저희 일행보고 기도하고 왔냐고 물으셨지요. 그래서 제가 그 기사 분께 다음에 그 천제단에 가시면 남북통일을 위해서 기도해 달라고 부탁을 드렸습니다. 기사분이 정색하시면서 기도도 될 만한 것을 기도해야지 그런 기도가 응답이 되겠냐고 하시네요.

절에서 기도하시는 분들을 보면 교회에서 기도하는 모습과 다른 점이 있었습니다. 교회에서 기도하는 모습은 대부분 가만히 있는 정적인 모습인데 비해 절에서 하는 기도는 매우 동적인 기도였습니다. 앉았다 일어서기를 반복하는 것이 기도라는 것이지요. 그게 아니면 탑 주위를 빙빙 도는 것이 기도였습니다. 가만히 보면서 이런 생각이 들더군요. 저들은 기도 응답이 안 되더라도 '살은 빠지겠구나. 다리는 튼튼해지겠구나.'하는 생각이 들었습니다. 절하면서 기도하시는 분들은 적게는 108번을 하고, 많게는 삼천배를 하신다는데 뱃살이 안 빠지는 게 이상하다 싶을 정도였습니다. 삼보일배하시는 분들은 아주 튼튼하실 것만 같았습니다. 한국교회가 벤치마킹을 할 필요가 있어 보입니다.

과연 기도에 무슨 명당이 있거나, 특별한 공동체가 있거나, 기도빨(?) 잘 듣는 특정 방법이라는 것이 있을까요? 성도가 기도하면 응답이 잘 안되고, 성도의 기도제목을 목사님이 하면 더 잘 되는 것일까요? 밥 다 먹고 하는 기도는 응답이 느리고, 굶으면서 하는 기도는 응답이 빠를까요? 심지어 삼천번제처럼 무엇인가 예물을 드리면서 하는 기도가 가장 효과가 좋은 걸까요? 무슨 흡혈귀도 아니고 말끝마다 보혈을 뿌려대면 그게 기도인가요? 심지어 어린아이들의 기도를 하나님이 가장 잘 들어주신다고 믿는 분들도 계시던데 그게 맞다면 어린이 중보

기도단을 만들어 한국교회의 회복과 부흥을 위해 기도하게 해야 하지 않을까요? 혼자서 하는 기도는 힘이 약하니 합심해서 기도해야 한다고 하던데, 그러면 아마도 교회들의 부익부 빈익빈 현상이 더욱 심해지지는 않을까요? 한번 기도해서는 안 되고 응답이 될 때까지 기도해야 한다고 하는 사람들의 하나님은, 조르면 되는 그런 하나님일까요? 훤한 대낮에는 주무시고 계시는 양 새벽미명이나 한밤중에 하는 기도가 응답이 빠르다는 분들은 하나님을 어두울 때 능력이 더 세지는 귀신으로 알고 있는 건 아닐까요? 천국보좌를 흔들어 대고 하늘 문을 벌컥 열어 버리겠다고 하는 사람들은 예의라는 것을 알까요?

  오늘 밤 여러분이 기도하시는 곳은 터가 좋은 곳입니까? 기도하시기에 너무 저녁을 많이 드시지는 않으셨나요? 함께 기도할만한 사람들과 같이 계십니까? 하나님께 드릴 예물은 충분하신가요? 지구는 여러분께 맡기고 저는 오늘 밤 누운 채로 하나님께 속으로 간단하게 하루를 감사하고 자렵니다.

13
기도의 유감 II

어느 심리학자가 기도의 유익에 대해서 세 가지를 들어 설명한 글을 본 적이 있습니다. 그 글에서 기도의 유익은 첫째는 기도할 때 문제가 무엇인지 분명해진다는 것이고 둘째는 기도하는 사람은 혼자가 아니라는 느낌을 갖게 되며 셋째는 문제를 해결하기 위해 노력하게 된다는 것입니다. 저는 이 심리학자가 외국인일 거라는 확신이 듭니다. 한국 성도들이 하는 기도를 보면서 이런 생각을 하기 매우 힘들 것 같기 때문이지요. 위의 세 가지 유익을 얻으려면 생각하는 힘과 묵상하는 힘이 있어야 하는데 한국형 기도는 밤낮 부르짖는 기도이기 때문입니다. 실제로 기도 열심히 하는 분들과 대화하다보면 자주 듣는 이야기가 '뭐 그렇게 복잡하게 생각해. 그냥 기도하면 하나님이 다 해주실 텐데.' 하는 것이었지요.

기도를 아주 무섭게 하시는 분들은 하나님이 '환난 날에 부르짖으라'고 명하셨기 때문이라고 하십니다. 그분들에게는 현재 우리가 하나님의 축복 속에 사는 것이 아니라 환난 날을 살아가고 있다고 여깁니다. 공의가 사라지고 정의가 무너지면서 범죄가 날로 더 악해지고 있다는 것입니다. 또 하나는 하나님이 이 시대에 '기도의 용사'를 찾고 계신다고 믿고 있으며, 자신들이 바로 그 용사라고 여기시지요. 그분들에게 세상은 악한 영과 공중의 권세 잡은 자들에 의해 농락당하고 있다고 믿습니다. 상태가 심각한 분들은 감기도 귀신이 들렸기 때문이고 각종 문명의 혜택은 666이거나 프리메이슨라고 주장합니다. 이런 분들은 전투의지가 아주 높으셔서 마치 전쟁광을 보는 듯합니다. 이런 분들은 '영적도해'가 있다고 하시면서 제가 살고 있는 이곳 화성에도 악한 영이 판을 치고 있다고 하시지요. 우리가 깨어 저들과 영적전쟁을 선포하지 않으면 이 땅은 아무런 희망이 없다고 하십니다. 실제로 저희 동네에는 이런 영적전쟁을 선포하시고 모여서 기도하시는 목사님들이 계십니다.

말씀에 근거해서 기도해야 한다고 주장하시는 분들도 많습니다. 사무엘 선지자께서 '기도를 쉬는 죄'를 언급하신 덕에 믿는 자들이 기도하지 않는 것을 죄라고 여깁니다. 또한 '쉬지말고 기도하라'는 바울의 권면도 밤낮 부르짖는 분들이 좋아하는 성경 구절입니다. 과연 그분들이 성경의 말씀에 순종하느라 기도하고 계신 것일까요? 오히려 그분들은 너무나도 뚜렷하게 기도하는 시간과 그렇지 않은 시간이 구별 됩니다. 제가 보기에는 그분들이 기도하는 시간보다 쉬는 시간이 월등히 많은 것으로 보입니다. 바울의 권면을 따르려면 항상 기뻐하고 범사에 감사하는 것과 함께 쉬지 말고 기도해야 하지요. 그것이 밤낮 부르짖는 사람들에게 아무런 딜레마 없이 적용될 수 있다는 것이 신기합니다. 울며불며 소리 높여 기도하시는 그 모습 속에서 '항상 기뻐'하는 모습을 찾기는 어렵습니다. 더군다나 그분들의 기도의 내용이 '범사에 감사'가 아닐 것임은 분명하지요. 감사의 기도를 기쁨으로 드리는 사람이 먹지도 않고 자지도 않고 목이 쉬어가면서 광적으로 기도하진 않지요.

기도하시는 분들에게 힘을 주는 구절 중에 엘리야의 기도가 있습니다. **'엘리야는 우리와 성정이 같은 사람이로되 그가 비가 오지 않기를 간절히 기도한즉 삼 년 육 개월 동안 땅에 비가 오지 아니하고'**(약 5:17)

엘리야는 자신의 기도로 인해 비가 오지 않는 것이라고 믿었을까요? 당시의 유대인들도 비가 오지 않는 이유가 엘리야 때문임을 알았다면 엘리야는 생명을 보장 받지 못했을 것입니다. 엘리야는 자신의 뜻을 이루기 위해 기도라는 방법으로 하늘의 문을 닫아 버린 것이 아닙니다. 하나님이 엘리야를 통해 일하신 것이지, 엘리야가 하나님의 능력을 원격조종한 것이 아닙니다. 하지만 기도하시는 분들은 자신들의 기도로 하나님을 통제하려고 합니다. 하나님의 전지하심을 무시한 채, 하나님이 현재의 상황을 모르기라도 하실까봐 문제를 나열하고 그 방법을 제시하며, 속히 이루실 것을 명합니다. 그리고 무엇인가 변화의 기미가 보이면 하나님께 영광을 돌리기 보다는 자신들이 기도했기 때문이라고 주장합니다. 하나님께 돌아가야 할 영광을 가로채지요. 이런 분들의 하나님은 램프의 요정 지니와 별반 다르지 않습니다.

기도하시는 분들은 기도의 행위가 믿음의 행위라고 여깁니다. 이런 분들에게 풀무불은 무조건 예수의 이름으로 꺼 버려야 합니다. '그리 아니하실지라도'와 같은 태도는 믿음 없음을 증명하는 것이라고 여깁니다. 무조건 이루어질 줄로 믿어야 한다는 것이지요. 다니엘의 세 친구가 한국형 기도의 용사들을 만났다면 십중팔구 책망 받았을 것입니다. 바울도 예외는 아닙니다. 유라굴로 광풍을 만났을 때, 예수의 이름으로 명하여 바람과 파도를 잠잠케 했어야 하는데 믿음이 부족하여 풍랑 중에 죽을 고생을 했다고 할 것입니다. 바울을 괴롭히던 육체의 가시가 안질이든, 간질이든 무조건 포기하지 말고 다 나을 때까지 기도해야지, 세 번 기도하고 포기하는 것은 결코 믿음이 아니라고 하겠지요. 더군다나 육체의 가시가 '사탄의 사자'라고 하면서 그것을 하나님이 은혜로 주신 것이라는 바울의 고백은 아예 이해불가일 것입니다. 그분들에게 '귀신'은 무조건 내어 쫓아야 하는 대상입니다.

뜨겁게 기도하시는 분들의 성경에는 '**무엇을 먹을까, 무엇을 입을까, 무엇을 마실까 염려하지 마라. 이는 이방인들이 구하는 것이요**'라는 구절이 없어 보입니다. 중언부언 하지 말라는 말씀도, 다락에 들어가 기도하라는 말씀도 다 소용 없습니다. 하나님은 우리의 모든 필요를 아시는 분이시며, 그 필요를 채우시는 분이라는 사실은 주님이 가르쳐 주신 기도로 방어합니다. 주님께서 '일용할 양식' 구하는 기도를 가르치셨기 때문이라고요. 기도하시는 분들이 정말로 '일용할 양식'을 구하고 있는 것일까요? '일용할 양식'이 아니라 '일평생 양식'을 구하고 있는 것은 아닌가요? 그분들이 '일용할 양식'을 구해야만 살 수 있는 상황이 돼봐야 그 말씀이 무엇을 의미하는지 알게 되지 않을까 싶습니다.

뜨겁게 기도하시는 분들의 중심에는 '정과 욕심'이 자리 잡고 있습니다. 십자가에서 못 박아 죽어 버렸어야 할 '정과 욕심'을 기도라는 명목으로 다시 살려내어서 '비전'이라는 이름으로 둔갑시켜 버렸습니다. 그분들은 바울이 고백한 '나는 날마다 죽노라'를 전혀 이해하지 못합니다. **'욕심이 잉태한 즉 죄를 낳고 죄가 장성한 즉 사망을 낳느니라'** 가 성경구절인 것을 알까 의심스럽습니다.

한국 기독교의 가장 큰 특징은 '기복신앙'입니다. 정안수 떠놓고 자연신에게 빌던 기도가 고스란히 이름만 바뀌어 교회 안으로 들어왔지요. 달이나 나무가 신은 아니니 참 신이신 하나님께 기도하는 것만으로 엄청난 발전이었지만 딱 거기까지였습니다. '기복신앙'은 자신들이 알던 신보다 더 힘이 센 신에게로 신앙의 대상이 바뀐 것뿐입니다. 그러니 하나님을 믿는다 하면서도 추가로 점도 보고 부적도 만들고 제사도 지냈습니다. 그런 상황에서 목사님들은 계룡산에서 10년 수행한 도인보다 더 용한 예언가가 되어야 했고 귀신과 접신하여 무당이 된

강신무보다 더 탁월한 성령과 접신한 사람이 되어야 했습니다. 삼각산에서 밤 새워 기도하시던 목사님들이 계룡산에서 도 닦던 도인들과 별로 다른 점이 없었습니다. 도인들이 밤에 기도하는 이유가 낮에는 너무 바빠서가 아닙니다. 밤에 귀신들의 활동이 더 강하다고 믿었기 때문입니다. 정안수를 떠놓고 기도하는 시간이 새벽이었던 이유도 귀신들이 가장 힘이 세질 때가 바로 동틀 녘이라고 믿었기 때문이지요.

샤머니즘이라는 말의 사전적 의미는 '병든 사람을 고치고 저세상과 의사소통을 하는 능력을 지녔다고 믿어지는 샤먼을 중심으로 하는 원시 종교'라는 뜻입니다. 우리나라의 '샤먼'들은 무속인이었습니다. 그러나 지금은 기도를 세게 하시어 목이 항상 쉬어 계시는 신령한 목사님들이 그 '샤먼'의 역할을 하고 계십니다. 말이 좋아서 기독교이지 그냥 샤머니즘을 다르게 표현한 것 밖에 되지 않습니다.

정안수 신앙이나 샤머니즘에서 신의 개념은 '숭배'의 대상이 아니라, 그저 어르고 달래서 그 신의 능력을 자신의 목적을 위해 '이용'해야 하는 대상입니다. 그래서 그들에게는 여러 종류의 신들이 필요했습니다. 산신령부터 아기를 점지해주는 삼신할매와 조왕신으로 불리는 부뚜막신까지 다양하게 필요했습니다. 바다에 가면 용왕님께 제사해야 했고 다른 마을에 들어갈 때는 그 지역신인 성황당에 먼저 인사하고 들어가야 했습니다. 그 많은 신을 일일이 기억하기도 힘들고 때마다 제사를 지내야 하는 일도 쉬운 일이 아니었습니다. 하지만 하나님은 그 모든 신을 대체할 만한 아주 좋은 신이었습니다. 그렇게 해서 샤머니즘도 아닌 것이, 그렇다고 기독교도 아닌 이상한 광신도 종교를 만들어 냈습니다. 그들에게는 구원하시는 하나님, 다스리시는 하나님의 개념은 필요 없습니다. 그저 복 주시는 하나님이 가장 최고의 신일뿐이지요.

이런 기복신앙을 우려하는 목소리가 한 때 힘을 얻었던 적이 있었습니다. 하지만 그것도 잠시 뿐이었고 조용기 목사님의 3중복음이 대 히트를 치면서 인간의 욕심은 믿음이라는 것으로 바뀌어 다시 활개를 쳤습니다. 그때의 믿음이란 '바라는 것들의 실상' 그 이상도 그 이하도 아니었습니다. 믿음이 좋다는 것은 '방언'을 할 수 있느냐와 '범사에 잘되고 강건한가'로 증명되었습니다. 사람들은 저마다 '라라라'를 외쳐 되기 시작했고 방언을 가르치는 교회들까지 등장했었습니다. '라라라'는 바라는 것들을 얻게 해 주는 좋은 주술이 되었고 병까지 고치는 마법의 언어가 되었지요.

이런 한국적 분위기에 '야베스의 기도'가 불을 질렀고, 3중복음은 '라라라'를 넘어서서 '4차원영성'으로까지 승격되었습니다. 국제적으로는 로버트 슐러 목사님이 수정교회를 목회하시면서 '번영신학'의 기초를 놓고, 조엘 오스틴 목사님께서 '긍정의 힘'를 초대형베스트셀러로 만들면서 한국의 기독교 기복신앙과 샤머니즘은 엄청난 부흥을 맞이하게 되었습니다. 서점마다 자기계발 서적이 불티나게 팔리고 이름만 다르지 결국은 같은 내용을 담은 기독교 서적들이 큰 인기를 차지하게 되었습니다. 사람들의 관심사는 오로지 성공과 웰빙 두 가지 뿐이었습니다. 한국교회의 자랑은 세계적으로 가장 큰 교회가 한국에 몇 개 있다 하는 것이었습니다. 목사님들은 부흥에 눈이 멀고 교회는 건축 붐을 타게 됐던 것이지요.

과연 밤낮 부르짖는 한국형 기도의 용사들이 섬기는 하나님은 성경에서 말하는 하나님일까요? 혹시 바알이나 맘몬을 이름만 하나님이라고 부르는 것은 아닌지요? 계시된 하나님이 아니라 자신의 욕심이 만들어 낸 하나님은 아닙니까? 하나님을 부르고 하나님께 기도한다고 기독교가 아닙니다. 예수의 이름을 자기들의 욕심에 따라 들먹이고 그 보혈을 함부로 뿌려대는 그들이 예수님의 제자일 수 없습니다. 이제는 '샤먼'과 '목사'를 구분할 필요가 있습니다.

14
기도의 유감 Ⅲ

현대 사회는 개인의 삶이 부모로부터 규정되어지는 시대가 아닙니다. 아버지가 농사꾼이었다고 자식도 농사꾼으로 살아야 하는 것은 아닙니다. 자신이 무엇을 하고 살지 스스로 정할 수 있습니다. 더 이상 부모가 결정해 주는 배우자와 결혼하지 않습니다. 자녀의 이름을 아버지에게 물어보는 사람도 점점 드문 시대이지요. 심지어 자녀의 이름에 돌림자를 안 쓰는 사람들도 많습니다. 부모가 한국인이라고 자신도 한국인으로 살아야 하는 건 아닙니다. 남자로 태어났다고 해서 반드시 남자로 살아야 하는 것도 아니지요. 국적도 바꿀 수 있고, 성 정체성도 바꿀 수 있는, 선택의 자유가 보장된 세상이 되었습니다.

현대 사회가 개인의 선택을 존중해 주어야 하는 시대이다 보니 종교도 부모의 종교를 그대로 따르지 않습니다. 종교 역시 개인의 선택의 문제입니다. 저희 집안은 불교를 믿는 집안이었는데, 부모님 세대에서 기독교로 개종했고 제가 목사가 되었습니다. 저와는 반대인 경우도 있지요. 하버드대학을 졸업하고 회계사로 일하다가 숭산스님을 만나서 스님이 되셨다는 파란 눈의 현각스님은 집안이 천주교집안이었습니다. 지금은 요셉스님이 개그의 소재로 쓰이고 절에서 나쁜 짓을 하는 기독교인들을 지칭하는 용어이지만 앞으로는 실제인물이 될 수도 있습니다.

30대 초반에 개척한 저는 40대 초반인 지금까지 노회에서 막내목사입니다. 조금만 더하면 10년을 채울 듯합니다. 처음 노회 가입할 때 선배목사님께서 예언해 주신대로 되어가고 있습니다. '전목사는 앞으로 10년간 막내일 거야.' 하셨거든요. 제가 막내인 이유는 그저 30대 목사님들 중 개척하시는 분이 안 계시기 때문입니다. 담임목사 청빙은 45세 이상을 뽑으니 제가 40대 중반을 넘어가야 막내를 벗어날 수 있게 되겠죠.

개척하는 것도 쉽지 않지만 담임으로 청빙 받아 가도 어렵긴 마찬가지입니다. 청빙 받으신 분들이 가장 힘들어 하시는 것이 담임목사의 정체성에 관한 부분입니다. 자신이 목사인지, 월급사장인지, 헷갈린다는 것입니다. 장로님들이 목사님을 세운 것이 아니라 면접을 통해 뽑은 것이라 목사님에 대한 특정 기대가 있습니다. 담임목사 경쟁률이 보통 100대 1은 예사로 넘어가니 장로님들은 그 중에 가장 실력 있는 목사님을 뽑으려고 애쓰셨겠지요. 그런데 문제는 실력을 무엇으로 입증할 것이냐 하는 겁니다. 실력을 평가할 때, 목사님이 새로 오셔서 교인이 몇 명 늘고 헌금이 얼마가 늘었는지가 객관적 판단 기준이 됩니다. 그런데 교인이 늘기는커녕 오히려 줄어들고 재정상황도 전보다 더 나빠진다면 장로님들은 목사님을 내보내고 다른 목사님을 청빙하겠지요.

항상 무엇인가를 선택할 때는 선택의 기준이 되는 기대가 있기 마련입니다. 이 기대에 못 미치거나 실망을 할 때는 다시 다른 선택을 할 수 있습니다. 예전에는 배우자만큼은 다시 선택 못한다는 분위기가 있었습니다. 하지만 지금은 배우자조차도 얼마든지 바꿀 수 있는 시대가 되었지요. 자녀가 있다는 것이 이혼을 막지 못하고, 자녀가 있는 사람과 재혼하는 것도 큰 문제가 되지 않는 시대입니다. 이런 시대에 한번 선택한 종교를 죽을 때까지 믿을 이유가 없습니다. 교회가 맘에 안 들면 다른 교회 가고, 교단이 기대에 못 미치면 다른 교단 가버립니다. 또한 기독교가 맘에 안 들면 천주교로 얼마든지 바꿀 수 있지요. 하나님이 맘에 안 들면 이단으로 넘어가거나 부처님 혹은 알라신으로 바꿀 수 있습니다.

이런 시대에서의 전도는 하나님을 선택하라는 것입니다. 그러면서 하나님을 선택하면 어떤 좋은 점이 있는지를 설명합니다. '하나님을 만나면 행복해집니다. 하나님을 만나면 인생의 방황이 끝납니다. 하나님을 만나면 축복을 받습니다.' 이런 메시지가 전도지의 헤드라인을 장식합니다. 천국과 지옥도 선택의 문제라고 가르치고 선포합니다. 당신이 예수를 믿기로 선택하면 천국에 가고 안 믿기로 선택하면 지옥에 간다는 것입니다. 8자로 표현하면 '예수천당, 불신지옥'이지요.

　천국과 지옥도 더 이상 내세의 문제가 아닙니다. 이 땅에서의 삶을 천국이라고 표현하고 지옥이라고 표현하는데 아무 문제가 안 됩니다. 예수천당은 예수님을 믿어서 천국 간다는 개념보다 예수 믿어서 천국 생활을 한다는 개념으로 바뀌고 말았습니다. 목사님들은 그것을 증명하기로 작심하신 듯, 예수 믿은 나라들이 다 복을 받아 경제 강국이 되었다고 하십니다. 예수 잘 믿은 링컨은 대통령이 되었고 카네기는 부자가 되었다고 세뇌시키지요. 예수 믿은 집안의 자녀들을 추적하여 누구의 집안은 10대를 넘어가면서 대통령이 몇 명, 의사가 몇 명, 목사가 몇 명, 재벌이 몇 명이었다는 식의 통계를 보여줍니다. 반대로 예수 안 믿은 누구의 집안은 10대를 넘어가면서 알코올중독으로 몇 명이 죽었고, 살인자가 몇 명이며, 이들 후손에 의해 죽은 사람이 몇 명이고, 얼마의 피해를 입었으며 하는 식으로 설명합니다.

　이런 선택지의 문제 앞에서 복을 받으려고 예수를 믿게 되는 것은 당연합니다. 그런데 막상 예수를 믿어도 딱히 복 받는 것 같지도 않고, 삶이 천국이 되는 것 같지도 않다면 교회를 계속 다닐 이유가 없어집니다. 교회는 그렇게 해서 이탈되는 교인들을 막으려고 다양한 축복성회를 열고 복 받는 방법을 가르치고 복 받기 위한 훈련을 시킵니다. 점점 더 복은 현세에서 객관적으로 측정 가능한 것들로 계속 변질되어버립니다. 얼마나 돈을 벌었는가? 얼마나 승진했는가? 어느 대학에 들어갔고, 어느 집안과 사돈이 되었는가? 하는 것들이 바로 복이 되어버리지요. 교회도 교인이 몇 명이고 평수가 얼마나 크고 교회 버스가 몇 대인지 하는 것들이 복 받은 교회의 기준이 되었습니다. 심지어 목사를 평가할 때도 성도수가 계급장이고 그가 타는 차가 목사의 수준으로 인정됩니다.

교회가 해야 할 일은 하나님을 믿기로 선택한 일이 얼마나 탁월한 선택이었는가를 입증하는 일이 되었습니다. 목사님들이 보여줘야 할 일은 교인들이 복 받게 하기 위해서 얼마나 기도하고 있는가 하는 것입니다. 교회의 부흥은 바로 여기에서 승패가 갈립니다. 하나님이 축복해 주시지 않으면 인맥으로라도 복을 받아야 하기에 큰 교회로 성도가 집중됩니다. 권력을 이용해서라도 자신들의 복을 지켜야 하고, 정치권에 아부해서라도 특혜를 따내야 합니다. 이 시대 목사님들은 복을 받기 위해서라면 갈멜산에서 바알과 아세라 선지자 850명이 자기 몸에 칼질해 가면서 기도하던 모습을 따라갈 각오가 되어 있습니다.

생사화복을 주관하시는 하나님을 말씀대로 믿기보다 그 하나님을 주관하려고 드는 기도를 드립니다. 생사화복을 하나님이 주권적으로 선택하시는 것을 인정하지 않습니다. 선택에 도움이 될 만한 일들을 하고, 그것을 기준으로 생사화복을 결정하시라고 강요합니다. 자신의 생각과는 달리 선한 사람들이 화를 당하고 악한 이들이 복을 받는 것처럼 보이면 하나님을 불의하시다고 하거나, 하나님조차도 공의를 버렸다고 우기고 아예 하나님이 어디 계시냐고 따집니다. 니체의 '신은 죽었다'가 진리가 되어 버리지요.

기독교가 다른 종교랑 다른 것은 내가 신을 선택한 것이 아니라 **하나님이 나를 찾아와 주셨다**는 것에 있습니다. '나를 지으신 이가 하나님, 나를 부르신 이도 하나님, 나를 보내신 이도 하나님, 나의 나 된 것은 다 하나님 은혜라'는 고백이 복음성가 가사로만 존재해서는 안 되고 기도의 내용 속에도 포함되고 목사님의 설교 속에서도 선포 되어야 할 내용입니다. 출발부터가 잘못된 한국 기독교는 복음의 본질에서 점점 더 벗어나 이제는 아예 다른 종교가 되어 버렸습니다.

교회가 회복하려면 내가 선택한 하나님이 아닌, 나를 택하사 부르신 하나님을 가르치고 선포해야 합니다. 고난과 질병도 싸워야 할 대상에서 하나님이 성도들을 다루시는 연단의 도구로 믿게 해야 합니다. 세상은 하나님이 통치하는 세상임을 인정해야 하고 하나님이 더 이상 성도들의 종이 아닌 만유의 주, 만왕의 왕이심을 선포해야 합니다. 고통 가운데 신음하는 성도들에게 고통을 이길 방법을 알려 주는 것이 아니라, 고통 가운데 계신 하나님을 발견할 수 있게 해야 합니다. 더 이상 전능하신 하나님의 능력을 바라보며 기도하게 하지 말고 '모든 지각에 뛰어나신 하나님'께 기도할 수 있도록 도와야 합니다.

이 땅에서 잘되고 성공하고 부자 되는 것에 관심을 두지 말고 '하나님의 평강이 그리스도 예수 안에서 우리의 마음과 생각을 지켜주시기'를 기도해야 합니다. 하나님이 한 번도 우리를 떠나신 적이 없으시고 우리를 버리신 적이 없으시고 졸지도 않으시고 주무시지도 않으셨으며, 눈동자와 같이 우리를 보호하고 계심을 선포하고 기도로서 임마누엘 하나님을 만날 수 있게 도와주어야 합니다. 나의 어떤 상황에도 불구하고 하나님이 선하신 분이심을 깨달아 알 수 있게 해야 합니다. 하나님의 사랑은 결코 변함이 없으시며, 그 사랑이 내 안과 밖에 가득하고 교회에 가득하고 온 우주에 충만함을 선포해야 합니다.

우리는 연약한 인간이라 우리의 결핍에서 기도가 시작되지만, 목사가 해야 할 일은 성도들이 그 결핍을 바라보게 할 것이 아니고 그 결핍까지도 다루고 계시는 사랑의 하나님을 바라보게 해야 합니다. 기도가 나의 환경을 바꾸고 만사를 변화시키는 도구가 아니라, 하나님 앞에서 '하나님이 나의 주 나의 왕이 되심'을 인정하고 그 앞에 자신을 굴복시키는 도구가 되어야 합니다. 모든 기도의 행위가 하나님을 협박하거나 설득하는 행위가 되어서는 안 되고, 하나님 앞에서 자신을 낮추며, 하나님이 사용하시는 도구가 되기 위한 행위가 되어야 합니다. 결국에는 나의 원함을 이루기 위해 시작된 기도가 **하나님의 원하심을 이루어 드리는 기도**로 바뀔 수 있게 해야 합니다.

여러분이 지금 눈물로 기도하고 계시다면, 그 기도로 인해 하나님의 평강에 사로잡히시길 원하며, 함께 아파하시는 하나님을 만나실 수 있기를 바라고 하나님의 사랑을 확신하는 계기가 되시기를 바라며, 하나님께서 그대를 존귀하고 보배롭게 여기시고 계신다는 사실을 확인하는 시간이 되시기를 기원합니다.

15
믿음의 유감 Ⅰ

2012년에 개봉한 〈도둑들〉이라는 영화가 있습니다. 전지현이 참 예쁘게 나왔던 영화였죠. 그 영화에서 김수현과 전지현이 했던 대화가 인상적이었습니다. 전지현은 물건을 훔치는 역할이고, 김수현은 완강기 줄을 이용해 전지현을 빼내는 역할입니다. 둘의 호흡이 잘 맞아야 할 수 있는 일이죠. 김수현은 줄을 당기기 전에 전지현에게 묻습니다.

"혹시 너 나 믿냐?"

"믿어야지 이런 상황에서는"

"그럼 혹시 너 나 사랑하냐?"

"이따 올라가서 얘기 해 주면 안되냐?"

둘의 대화에서 '믿음과 사랑이 함께 가는 건 아니구나.' 싶기도 했지만, 믿음이 상황에 따라 달라진다는 것을 느꼈습니다. 전지현이 김수현을 언제나 믿는 건 아니고 그 상황이니까 믿는다는 것이지요. 영화를 보면서 개인적으로 판단하는 거지만, 전지현이 김수현을 믿는 건 그의 실력을 여러 차례 경험한 바 있으니 믿는다는 것이 아니고 전지현이 가지고 있는 돈 때문에 믿는다는 것입니다. 그 돈을 김수현도 필요로 하니까 최선을 다해 줄을 당겨줄 거라는 생각이 믿음을 가질 수 있게 합니다. 다르게 표현하면 믿음의 근거가 김수현의 실력에 있는 것이 아니라, 자신이 가지고 있기 때문에 믿는 것입니다. 만약 전지현이 도둑질에 실패했고 사고로 다시는 줄을 타지 못할 정도로 다쳐서, 그 팀에 필요 없는 존재가 되기라도 했다면, 김수현이 최선을 다해 자신을 구해줄 거라는 믿음을 갖지 못했을 것입니다. 김수현이 전지현을 당겨 주면, 공범으로 잡힐 것 같은 상황이라면 전지현은 절대 김수현을 믿지 못했을 것입니다. 도둑들에게 전적인 신뢰나 전적인 믿음 같은 건 없습니다. 하다못해 의리도 돈 앞에 무용지물이 되고 맙니다. 심지어 도둑들은 돈을 한 푼이라도 더 갖기 위해 서로를 죽이기도 하지요.

　예전에 제가 다니던 교회에서 걸핏하면 들었던 말이 '지금 죽으면 천국에 갈 자신이 있느냐?'였습니다. 소위 구원의 확신이 있느냐는 것이었죠. '아니요.'라고 말하면 길고 긴 설교를 또 들어야 하니까 별 생각 없이 '예.' 하곤 했었습니다. 간혹 '글쎄요.'라고 답하는 사람이 있으면 영락없이 그 옆에 있다는 이유로 같은 말을 들어야 했습니다. 지루하게 느껴졌던 설교의 요지는 '자신의 감정을 믿지 말고 성경의 말씀을 믿어라. 성령으로 말미암지 않고는 예수를 주라 할 수 없고 입으로 예수를 주로 시인하면 구원을 받는다고 했으니 그냥 믿어라.'하는 거였습니다. 그리고는 믿을 것에 대한 순종을 강요했습니다. 그래도 솔직히 못 믿겠다 하면 일은 걷잡을 수 없이 커지고 맙니다. 성경을 읽어야 하고 구원의 확신과 관련된 구절을 암송해야 하고 기도원에 들어가서 나무 하나 붙잡고 믿어질 때까지 기도해야 합니다. 안찰기도라는 것이 있던 시절이라, 믿어질 때까지 여럿이서 등짝을 때리며 기도하니 웬만하면 '믿는다.' 해야만 했었습니다.

저는 구원의 확신이 개인의 감정과 상관없다는 말이 이해되지 않았습니다. 믿음이라는 말은 감정언어라고 생각했기 때문이지요. '머리로는 이해가 되지만 마음으로는 믿어지지 않는다.'라는 말이 있잖아요. 믿음이라는 것은 내 마음에서 나오는 건데 이게 왜 개인의 감정과 상관없이 믿어질 수 있습니까? 오히려 그 반대로, 머리로는 이해가 되지 않지만 그냥 믿어지는 경우가 있지요. 예를 들어, 태양이 지구를 도는 것이 아니라 지구가 태양 주위를 도는 것이라는 말 같은 경우가 그랬습니다. 해가 아침에 떴다가 저녁에 지는 것을 매일 매일 보는데도 지구가 돈다는 말은 희한하게 믿어졌습니다.

사람들은 하나님이 자신을 구원해 주시는 것에 대해 맹목적인 믿음을 갖기가 참 힘듭니다. 성경이 아무리 우리의 죄를 위해 주님이 십자가에 달려 죽으셨다고 해도 나에게도 구원받을 만한 이유가 있어야만 구원의 확신을 갖게 됩니다. 교회를 한 번도 다녀본 적 없고, 기도 한 번 해 본적이 없는 사람이 구원을 받을까요? 뿐만 아니라 일생을 통틀어 착한 일을 한 번도 한 적 없는 사람이 구원을 받을까요? 아마도 거의 99% 이상이 아니라고 할 것입니다. 죽기 전에 영접기도 시켰더니 끝까지 아멘하지 않은 사람을 천국에 갔다고 말할 사람은 없을 것입니다. 오히려 반대로 지옥 갔다고 확신해 버리죠. 그만큼 구원의 확신은 자신의 조건과 상관없이 가질 수 있는 것이 아닙니다.

교회를 다니고 예수를 믿는다고 입으로 시인해도 믿음의 문제는 해결되지 않습니다. 부흥회 때마다 듣던 천국 가는 사다리 비유나 요단강 건너가는 징검다리 비유는 구원의 확신을 갖지 못하게 만들었습니다. 주일 한번 빼 먹을 때마다 사다리의 칸 하나가 사라지고 징검다리의 돌이 하나씩 빠진다고 했으니, 모태신앙이 아닌 사람들과 교회를 띄엄띄엄 다녔던 사람들, 절기 때만 얼굴을 보이던 사람들이 천국가긴 애초에 글러 먹은 일이 되지요. 목사님들이 설교할 때 십일조 떼먹는 사람은 하나님의 것을 도둑질하는 사람이고 주일을 지키지 않는 것도 하나님의 시간을 도둑질 하는 것이라는 말까지 서슴없이 하셨습니다. 거기에 덧붙여 전도하지 않는 사람이 어떻게 예수 믿는 사람일 수 있냐는 설교까지 들으면 믿음은 완전히 소멸되고 말지요. 이런 분위기에서 믿음은 주일예배를 철저하게 지키고 십일조를 정확하게 하며, 한명이라도 전도한 사람이나 가질 수 있는 것이었습니다.

목사님들이 가르쳐 주시는 믿음은 굉장한 매력이 있습니다. 믿음이 곧 능력이고 믿음이 곧 상이 되는 것입니다. 목사님들은 믿음이 겨자씨 한 알 만큼만 있어도 산을 옮길 수 있고 믿음이 있어야 병도 고치고 죽은 자도 살려낸다고 하며, 믿음으로 천국을 유업으로 얻는다고 하셨지요. 믿음이 없으면 상 주시는 하나님을 기쁘시게 할 수 없다고도 설교하거든요. 믿는 자에게는 능치 못함이 없다고 찬양하고 울어도 못하고 힘써도 못하고 참아도 못하는 일을 믿으면 한다는 찬송가는 부흥회 때마다 하는 애창곡이었습니다. 믿음으로 대학 갔고 집샀고 교회 지었고 믿음으로 기업을 일으켰고 믿음으로 유학 가서 박사 되고 유명해 졌다고 하고 믿음으로 불가능한 모든 일을 했다는 간증이 넘쳐 났습니다. 그야말로 믿음은 만능열쇠 같은 것이었습니다.

성도들이 이런 설교를 계속 듣다 보면 만능열쇠와 같은 믿음을 갖고 싶어지게 됩니다. 그래서 열심히 주일을 지키고 헌금도 하고 전도도 합니다. 각종 훈련 프로그램에 참여하고 주기적으로 기도원도 다녀옵니다. 그렇게 해서 믿음을 가질 수만 있으면, 그것이 곧 만능열쇠를 갖게 되는 것이었지요. 아이러니하게도 믿음으로 인해 열심히 교회를 다니고 기도를 하는 것이 아니라, '믿음의 능력'을 갖기 위해 교회를 다니는 일이 벌어졌습니다. 목사님들은 '믿음은 들음에서 나온다.'는 말씀을 가지고 성도들이 설교를 열심히 들으면 믿음이 생기고 믿음이 자라는 것처럼 생각하게 만들었습니다. 그 덕분에 믿음은 말씀을 얼마나 많이 들었느냐로 증명할 수 있는 것처럼 이해시켰습니다. 새벽예배를 비롯해서 모든 공예배를 다 드리고 부흥회, 수련회, 성경공부, 방송설교, 심지어 목사님의 설교 테이프를 틀어놓고 살면 믿음이 좋다는 인식을 하게 만들었습니다.

그러다가 어느 순간 자기 암시에 성공하는 사람들이 나타납니다. 자기는 믿음이 있다는 것이지요. 그 증거로 헌금을 많이 합니다. 전도도 열심히 합니다. 찬양할 때 손을 들고 기도할 때 방언을 합니다. 술, 담배를 끊고 제사도 거부합니다. 그래서 한국교회에서는 3가지를 잘하고 3가지를 안 하면 믿음이 좋다는 말을 듣게 됩니다. 한국에서 장로가 되려면 주일성수와 십일조와 전도를 열심히 하고 술과 담배와 제사를 안 하기만 하면 됩니다.

자기 암시로 믿음을 가진 사람들은 믿음의 근거가 자기에게 있습니다. '행함이 없는 믿음은 죽은 믿음'이라는 야고보의 말씀을 '행함이 있으면 살아 있는 믿음'으로 이해합니다. 이렇게 믿음을 가지게 되면 보상심리가 생겨서 자신은 반드시 축복을 받아야 하고 존경을 받아야 한다고 생각하죠. 그리고 자기보다 '열심'이 부족한 사람들을 가르치려고 하고 더 나아가 정죄하기까지 합니다. 이런 사람은 자신보다 '믿음'이 적어 보이는 사람들이 복을 받으면 질투에 휩싸입니다. 자기보다 적게 헌금하는데 먼저 안수집사 되고 자기보다 전도도 적게 하는데 먼저 장로라도 되면 십중팔구 교회에 분란을 일으킵니다. 새벽예배도 안 드리는 사람이 어떻게 권사가 될 수 있냐는 인식도 생겼습니다.

한국교회는 마치 집단 최면에 걸린 듯합니다. 그동안 한국교회는 믿음에 대해 이상한 환타지를 심어주어 믿음이 자신에게서 나오는 것처럼 만들어 버렸습니다. 믿음이라는 것이 노력하면 얻어지는 것인 줄 알게 했습니다. 믿음이라는 것이 교회에 충성하기만 하면 크게 자랄 수 있는 것처럼 만들었습니다. 행위로 믿음을 증명할 수 있는 것인 줄로 알게 했습니다. 그 결과, 믿음을 주시는 하나님을 바라봐야 할 성도들이 믿음이 주는 능력을 바라보고 하나님보다 자신의 행위를 더 신뢰하는 현대판 바리새인들이 되어버리고 말았습니다.

16
믿음의 유감 II

　예수님 당시에 제사장 그룹은 사두개인이었습니다. 이들은 영도 없고 천사도 없고 부활도 없다고 주장하지요. 영도 없고 부활도 없으면, 죽어서 천국가고 지옥가고 하는 개념 자체가 없어집니다. 그런데도 이런 사람들이 종교지도자를 하고 있으니 신통방통하지요. 당시 종교지도자들이 가지고 있는 무기는 현세의 축복이었습니다. 그것도 물질과 건강과 명예와 권력으로 이루어진 그야말로 세상적 가치기준에 근거한 복이었습니다. 제사장들은 백성들에게 복을 받고 싶으면 하나님께 예물을 잘 드려서 축복을 받아야 한다고 가르칩니다. 고르반이라는 제도까지 만들어 복 받고 싶은 사람들의 주머니를 짜내는데 탁월한 사람들이었습니다. 이들과 한 통속이었던 서기관들도 율법을 자기들 뱃속 채우는 방법으로 이용해 먹었습니다. 이들 종교지도자들에게 순진하게 당했던 한 과부는 자신의 전 재산인 두 렙돈까지 헌금합니다. 이를 두고 예수님은 '과부의 가산을 삼키는 자들'이라며 이런 서기관들을 삼가라고 말씀하셨습니다.

내세관이 없는 사람들이 종교지도자가 될 수 있었던 이유는 사람들이 아무리 영적인 성도일지라도 내세보다 현세를 더 좋아하기 때문입니다. 똥 밭에 굴러도 이승이 좋다고 하지요. 나이 99세 드신 권사님이 하늘나라 빨리 가는 것이 소원이라고 하셔도 그 앞에서 목사가 하나님께 오늘 밤이라도 데려가 달라고 기도해서는 안 됩니다. 그냥 3대 거짓말 중에 하나일 뿐입니다. 하늘의 소망을 둔 사람은 이 땅에서 조금 가난해도 괜찮다고 생각합니다. 조금 아파도 되고 조금 억울해도 되고 조금 불편해도 괜찮습니다. 이 땅에서의 삶은 잠깐이고 하늘나라는 영원하니까요. 하지만 죽음을 염두 해 두고 살아가는 사람들이 아니라면 천국은 확인된 것도 아니고 가본 것도 아니고 증명할 수 있는 일도 아니니 피부에 와 닿는 이야기가 못됩니다. 당장 지금의 삶이 발등에 떨어진 불입니다. 우선 삶의 문제부터 해결해야 하는 사람들은 이 문제를 해결해 줄 수 있는 방법이 더 좋아 보이고, 더 솔깃해지는 것이 사실이죠.

눈앞에 당면한 문제를 해결하는데 있어서 기독교가 썩 좋은 종교가 아닙니다. 차라리 조상신이 더 낫지요. 남묘호렌게쿄나 옴진리교가 좀 더 현실적입니다. 하지만 한국교회는 '믿음'이라는 것으로 삶의 문제를 해결할 수 있는 만능열쇠를 만들었습니다. 믿음만 있으면 어떤 풍랑이 와도 이겨낼 수 있고 믿음만 있으면 물과 같은 내 인생을 포도주와 같은 인생으로 바꿀 수 있다고 생각합니다. 한국기독교 안에는 이런 믿음을 가지고 장사하는 교회가 많이 있습니다. 예수님 당시의 제사장들, 서기관들과 별반 다르지 않아 보입니다. 오히려 현세의 복을 더 중요하게 만드는 기술까지 갖췄습니다. 중세 천주교가 면죄부를 팔았다면, 오늘 날 한국교회는 믿음을 팔고 있는 것입니다.

한국교회에서 가장 믿음이 좋다는 사람은 집을 팔아 건축헌금하는 사람들입니다. 가난한 과부가 자녀의 대학등록금을 헌금하거나, 큰 병을 앓고 있는 성도가 병원 수술비를 헌금하면 최고의 믿음으로 인정해줍니다. 집을 팔아서 헌금한 사람이 천국을 소망했을까요? 아닙니다. 그냥 투자한 것입니다. 집 팔아서 헌금하고 그 집의 몇 배의 해당하는 복을 받았다는 간증들에 속아 자신도 더 큰 집을 받을 거라는 기대를 가지고 했을 뿐입니다. 예수님 당시의 제사장들과 서기관들은 최소한 아이들의 돈까지 바치게 하진 않았습니다. 하지만 오늘 날은 어린이들의 저금통까지 바치게 하는 기술을 가졌습니다. 16세 이하의 어린이는 믿음의 고백을 인정하지 않아서 세례조차 주지 않는 한국교회가, 아이들이 내는 헌금에는 믿음을 보증해 주기까지 합니다. 이런 아이들이 커서 훌륭한 사람이 된다고 가르칩니다.

어느 시대든 종교는 통치의 한 수단으로 작용합니다. 헤롯이 유대인들을 통치하는 방법도 바로 이 종교를 이용하는 것입니다. 그래서 대제사장직이 자녀승계직임에도 불구하고 헤롯이 임명하는 방식으로 바꿔버립니다. 헤롯은 대량학살로 백성을 협박하고 또 한편으로는 성전을 멋지게 지어주어 그들을 회유합니다. 제일 좋은 통치방법은 왕을 신으로 숭배하게 하는 것입니다. 피라미드가 불가사의로 알려진 이유가 그 큰 돌을 어디서 구했을까 하는 것도 있겠지만, 당시의 기술력으로 어떻게 높이 쌓았는지가 불가사의에 해당합니다. 일하는 사람들에게 일당을 많이 줘도 안 되고 아무리 채찍을 휘둘러도 안 되는 일이지만 유일하게 가능한 방법이 종교적인 믿음을 이용하는 것이었습니다. 피라미드를 쌓는 것이 영생을 얻게 한다고 하면 됩니다. 군인들이 전쟁에서 목숨 걸고 싸우게 하는 방법도 왕을 위해 싸우다 죽은 군인은 천국에 간다고 하면 되지요. 십자군 전쟁은 이를 매우 잘 활용한 케이스입니다.

 백성을 통치할 때 착하게 살면 낙원에 가고 악하게 살면 지옥에 간다는 믿음을 심어주면 말을 잘 듣게 되지요. 종교지도자들만 잘 컨트롤하면 백성을 다스리는 건 일도 아닙니다. 거기에 가끔 한 번씩 카니발(축제)을 열어주면 쌓여있던 백성의 울분과 분노를 해소하게 만듭니다. 즉 종교적인 믿음은 통치의 기본 매뉴얼입니다. 한국교회에 이런 믿음을 잘 활용하는 목사님들이 계십니다. 성도들에게서 제왕과 같은 권위를 누리지요. 이들은 하나님과 비스무리한 존재입니다. 자신들의 기도로 복을 주기도 하고 자신들을 잘 섬기면 복을 받고 천국에 간다는 믿음을 심어줍니다. 모세의 잘못을 지적하여 나병에 걸린 미리암 이야기는 뽕나무에 올라간 삭개오 이야기만큼이나 한국교회에서 유명한 이야기입니다. 천국에서 사찰집사님은 진수성찬을 드시고 장로님은 자장면을 드시고 목사님은 배달 다니신다는 유머가 목사님들을 겸손하게 만들기는커녕, 도리어 성도들로 하여금 더 열심히 목사님을 섬기도록 만드는 실화 같은 이야기가 되어 버렸습니다.

한국교회에는 아주 분명한 내세관이 있습니다. 예수 믿는 이유를 물어보면 십중팔구 천국가기 위해서라고 대답할 만큼 부활과 영생을 믿고 있지요. 하지만 예수 믿는다고 다 천국가지는 못하게 만든 곳이 교회입니다. '성령을 훼방하는 죄'를 강조하면서 목사를 성령의 반열에 올려놓습니다. '너희 보물을 하늘에 쌓아두라.'는 말씀으로 돈을 보물로 보게 만드는 기술을 가졌지요. 차라리 '황금보기를 돌같이 하라.'가 더 종교적인 듯싶을 정도입니다. 천국은 들어가기만 하면 되는 곳이 아닙니다. 한국교회가 만들어낸 천국은 분당 위에 있는 천당 수준입니다. 천국에도 서열이 있어서 충성도에 따라 금면류관에서 개털모자까지 다양한 계급이 존재합니다. 또한 이 땅에서 얼마나 헌금했느냐에 따라 빈부의 격차도 더 크게 벌어집니다. 어떤 이는 대궐보다 더 큰 아방궁에서 살고 어떤 이는 개집에서 살거나 노숙자가 된다고 가르칩니다.

한국교회에서 십자가는 구원을 이루는데 완벽하고 완전하게 작용하지 못합니다. 십자가보다 더 큰 진리가 '천국은 침노하는 자들의 것'이고 '두렵고 떨림으로 너희 구원을 이루라.'는 말씀이 더 중요한 구절이 됩니다. '도리어 버림을 당할까 두려워' 했다는 바울의 고백을, 바울의 느낌이 아니라 하나님의 말씀으로 선포해 버립니다. 목사님들은 '그래가지고 천국이나 가겠어?'라는 말로 성도들을 다스립니다. 한국교회에서는 하나님의 종이라 자처하는 목사님들이, 하나님의 자녀 된 성도들을 종으로 삼는 아이러니가 자연스러워 보일정도입니다. 한국교회에서의 믿음은 십자가에 달리신 예수님을 바라보게 하는 것이 아니라, 담임목사님과 교회를 바라보게 하는 것입니다. 예수님의 몸 된 성전이라고 우기는 교회건물에 충성하는 것이 믿음이요, 예수님과 같은 반열에 앉아 선한 목자임을 주장하는 목사님에게 충성하는 것이 곧 믿음이 되어 버렸지요.

17
믿음의 유감 Ⅲ

어느 집사님이 집에 안 좋은 일이 생겨서 한숨을 쉬니까 예수 안 믿는 옆집 아주머니가 '예수 믿는 사람이 왠 한숨을 쉬고 그래?' 하시더랍니다. 믿음은 어려운 일 앞에 걱정하는 것이 아니고 '다 잘 될거야.' 하는 것이라고 여깁니다. 이건 그냥 '긍정의 힘' 그 이상도, 그 이하도 아닙니다. 믿음이 있어도 미래가 불안하니까 저축도 하고 보험도 들고 합니다. 한 때 보험광고 모델을 목사님이 하시던 적도 있었습니다.

저수지 물을 논에 댈 때 집사님 차례가 오니까 아래 논 주인이 새치기를 하면서 '너는 예수 믿는 사람이니까 양보해.' 하더랍니다. 집사님은 '예수 믿는 사람이니까'라는 말에 아무 말도 못하고 말았답니다. 믿음이라는 것이 양보도 하고 손해도 보고 해야 하는 일인 것인 양 설교되어집니다. 이것은 그냥 사회정의에 해당하는 문제일 뿐입니다.

믿음이 있다는 이유로 양보해야 되거나 손해를 참아야 하는 것은 아닙니다. 오히려 양보할 것이 아니라 공의를 세워야 합니다. 손해 본 것이 있으면 정당한 방법으로 보상을 받아내야 하지요.

〈밀양〉이라는 영화에서 보면 믿는 사람은 자식을 죽인 사람일지라도 용서해야 하는 것처럼 묘사하고 아무리 하나님께 용서를 받았다 하더라도 피해자에게 용서를 구하지 않으면 아무 소용이 없는 것처럼 묘사했습니다. 믿음이 있다면 피해자는 용서해야 하고 가해자는 용서를 구해야 한다는 것은, 마치 믿음이 없으면 안 그래도 된다는 것처럼 되어 버립니다. 이건 믿음의 문제가 아니고 그 사람의 됨됨이에 대한 문제일 뿐입니다. 믿음이 성인군자를 만드는 것이 아닙니다.

믿음이라는 것이 마치 증명하거나 측정할 수 있는 것처럼 말한다면 그건 믿음이 아닙니다. 믿음은 보이지 않는 것이고 사람의 믿음은 결코 측정할 수 있는 것이 아닙니다. 오죽하면 '열 길 물속은 알아도 한 길 사람 속은 모른다.'라고 하겠습니까? 야고보서에 보면 **'어떤 사람은 말하기를 너는 믿음이 있고, 나는 행함이 있으니 행함이 없는 네 믿음을 내게 보이라 나는 행함으로 내 믿음을 네게 보이리라 하리라'** (약2:18) 라는 말씀이 있습니다. 마치 야고보가 행함으로 믿음을 보일 수 있다고 말씀하신 것처럼 보이지만 야고보가 그랬다는 것이 아니라 '어떤 사람'이 그렇게 말했다는 것입니다. 이 말을 오해하니까 행함이 진짜 믿음인양 받아들입니다. 그렇게 되면 유대교 율법주의자들이 가장 믿음이 좋은 것이 되어버리지요.

믿음이 성경 많이 읽고 기도 많이 하고 헌금 많이 하는 것이라는 생각에 반발하시는 분들 중에 더러는 가난한 자들을 도와주고 고아와 과부를 환난 중에 돌보는 것이 믿음이라고 주장하십니다. 고아와 과부를 돌보는 것은 믿음의 문제가 아니라 경건에 관한 문제입니다.(약 1:27) 경건도 그냥 경건이 아니라 '하나님 아버지 앞에서 정결하고 더러움이 없는' 경건입니다. 이런 경건한 사람은 한국교회에서 찾아보기 어렵습니다. 하지만 고아와 과부를 돌보아 주는 사람은 있습니다. 그런 사람들이 전부 하나님 앞에서 경건한 사람들일까요? 흉내만 내고서 경건한 척 하는 사람들만 있을 뿐입니다. 이런 사람들은 〈도가니〉라는 영화의 배경이 될 뿐입니다.

믿음은 민주주의도 아니고 사회정의도 아니고 더 나아가 도덕이나 양심도 아닙니다. 믿음이 선한 행실로 증명할 수 있는 것처럼 생각하니까 믿음이 점점 더 이상한 개념으로 변질되는 것입니다. 믿음을 행위와 연관시킬 때 믿음은 점점 더 울타리 안에 갇히는 꼴이 되고 맙니다. 신호위반하거나 싸움을 하거나 하면 왠지 믿음이 없어 보입니다. 믿음이 있어도 자신의 행위가 교회가 만들어 논 기준에 미치지 못하니까 믿음 그 자체를 부정해 버리고 맙니다. 믿음이 있다고 말하고 싶어도, '믿는다는 사람이 고작 그렇게 사냐?'하는 말을 들을까봐 숨기게 됩니다.

예루살렘 공의회는 이방인 할례문제로 시작되었습니다. 이방인들이 유대교에 호감을 갖고 유대교의 하나님을 믿고 싶어도 가장 큰 걸림

돌이 되는 것이 할례였습니다. 그래서 할례 받지 못하고 유대교에 호의적인 사람들을 '경건한 이방인'으로 불렀습니다. 유대교는 율법이 팔팔하게 딱 버티고 있는 종교이니 쉽게 들어갈 수가 없지요. 하지만 기독교는 전혀 그럴 필요가 없었습니다. 할례를 받고 안 받고는 아무 문제가 없습니다. 그런데 유대교 기독교인들이 할례를 받아야 구원을 받는다고 하니까 문제가 생긴 것입니다. 할례 받지 못한 이방인 기독교인들은 항변하고 싶어도 '예수님은 너를 위해 십자가에서 죽어주기까지 했는데, 넌 믿음이 있다고 하면서도 고작 포피 하나 못 자르냐?' 하면 아무 말도 할 수가 없었지요. 바울은 이런 할례파와 언성을 높이며 싸웠습니다. 그리고 공의회를 거쳐 공식적으로 율법의 멍에를 지우지 말자는 결론을 얻어 냅니다. 율법과 믿음이 공존하는 것이 아님을 천명했지요.

하지만 한국교회는 성경에 기록까지 된 최초의 공의회가 내린 결정을 다양한 방법으로 번복시켜 버렸습니다. 믿음이 있다면 술도 마시지 말아야 하고 담배도 끊어야 하고 헌금도 많이 해야 하고 전도도 해야 하고 요즘은 큐티도 해야 하고 착하게 살아야 하고 용서해야 하고 손해도 감수해야 하고 사회정의에 동참해야 하고 욕하면 안 되고 불평해도 안 되고 더 심하게는 아파서도 안 되고 사업에 실패해도 안 됩니다. 믿으라는 말입니까? 믿지 말라는 말입니까? 차라리 할례 받고 그것으로 믿음을 입증하는 편이 훨씬 쉽습니다.

18
믿음의 유감 IV

한국교회에서 주일학교를 야간으로 나오지 않는 한, 툭 건들면 나오는 것들이 있습니다. '예수님은 어떤 분이십니까?' 하면, '주는 그리스도시오, 살아계신 하나님의 아들'이라고 대답합니다. '사람의 제일 되는 목적이 무엇입니까?'에는, '하나님을 영화롭게 하고 그분을 영원히 즐거워하는 것이다.' 하지요. 사랑을 물으면 고린도전서 13장을 외우면 됩니다. 그와 같이 믿음이 무엇인지 물으면, '믿음은 바라는 것들의 실상이요 보이지 않는 것들의 증거'라고 대답합니다. 히브리서 11장 1절 말씀이지요. 히브리서 11장에는 믿음의 사람들 16명의 이야기가 나옵니다. 그래서 히브리서 11장을 '믿음장'이라고 부릅니다.

히브리서 11장을 통째로 외운다 해도 믿음을 이해하는 것은 어렵습니다. 믿음이 '바라는 것들의 실상'이라고 하니까, '자기가 갖고 싶은 것을 갖는 능력' 쯤으로 이해합니다. 아벨의 예물과 노아의 방주, 아브라함의 이삭 바친 사건 정도로만 믿음을 이해하고 나머지에 대한 이해는 거의 전무한 것이 한국교회의 실상입니다. 사라가 믿음으로 잉태할 수 있는 힘을 얻었다고 표현한 말을 이해하시는 분이 몇 명이나 있을까요? 사라는 하나님이 아들을 주시겠다는 말에 비웃었다가 아들의 이름이 웃음이라는 뜻의 '이삭'이 되게 한 장본인입니다. 또한 16명의 믿음의 선진들 중에 기생 라합이 끼어 있다는 사실을 의아해 하실 분들도 많을 것입니다.

'믿음이 무엇입니까?'라고 물었을 때, **'유일하신 참 하나님과 그가 보내신 자 예수 그리스도를 아는 것'**(요17:3)이라고 대답하면 그나마 다행이겠습니다만 이것은 믿음의 정의가 아니라 영생의 정의입니다. 한국교회는 영생과 믿음을 구분하지 못합니다. 믿음이 있다고 하면, 그것이 곧 구원의 확신이 있다는 말처럼 이해합니다. 믿음은 있으나 구원의 확신이 없을 수도 있습니다. 초대 교회의 핍박받던 성도들은 하나님과 그의 아들 예수 그리스도를 믿고 또한 예수님의 수난과 부활도 믿었습니다. 그러나 자신이 구원 받을 것이라는 사실을 믿기는 쉽지 않았습니다. 순교를 눈앞에 두고 두려워하고 있는 자신을 보면서 구원에 대한 의문을 갖게 됩니다. 뿐만 아니라, 자신은 이방인으로 태어나 너무나 많은 시간동안 우상을 숭배하였고, 선한 행위를 별로 하지 않았을 뿐더러 할례도 받지 않았고, 율법의 내용도 모르고 있습니다. 이럴 때 바울이 해준 위로가, 율법의 의나 선한 행위로 구원을 받는 것이 아니고 '마음으로 믿어 의에 이르고 입으로 시인하여 구원에 이른다.'고 하였습니다. 우리만 보더라도 하나님을 믿고 예수님도 믿어서 교회에 다니며 예배도 하고 찬양도 하고 헌금도 하고 봉사도 했었지만 구원의 확신을 갖지 못했던 시절이 있었습니다.

'믿음의 결국 곧 영혼의 구원을 받음이라'(벧전1:9)는 말씀으로 믿음과 구원은 같다고 하실 수 있으나 '믿음'이 구원이라는 말이 아니라 '믿음의 결국'이 구원이라는 말입니다. 즉 믿음이 있으면 나중에는 구원을 받을 것이라는 말이지요. 이 말 역시 믿음과 구원을 연결시키지 못했던 베드로 공동체의 단면을 보여 주는 말입니다. 구원의 확신이 믿음이고, 믿음이 곧 구원이라는 도식을 버리지 못하는 한, 믿음에 대한 이해는 점점 더 멀어질 수밖에 없습니다. 이런 분들은 '믿음이 없으면 구원을 받지 못한다.'라고 하실 것입니다. 반대로 '구원을 받으려면 믿음을 가져야 한다.'고 하시겠죠. 이런 분들의 성경에는 **'주 예수를 믿으라 그리하면 너와 네 집이 구원을 얻으리라'**는 사도행전 16장의 말씀에 형광펜이 그어져 있을 것입니다. 그러면서도 아버지가 대표로 믿어서 가족이 구원을 얻는 건 아니라고 하실 것입니다.

한국교회가 '믿음'을 이해하는데 있어서 가장 큰 걸림돌은 '내가 믿음을 가질 수 있다'라는 생각입니다. 믿음을 갖기 위해 많은 시간과 돈을 들여 수고와 노력을 했다고 생각하지요. 이렇게 해서 믿음을 가진 분들은 구원도 받는다고 믿습니다. 그러기에 구원도 믿음과 같이, 자신이 많은 시간과 돈을 들여 수고와 노력을 통해 받은 것으로 여기고 싶어 합니다. 은혜와 삶을 구별하실 수 있다면 이것이 얼마나 잘못된 것인지 금방 알 수 있습니다. 믿음이나 구원은 은혜에 해당하는 말입니다. 수고와 노력의 대가인 삶과는 전혀 다릅니다. 은혜가 자격이나 조건에 전혀 상관없이 주어지는 것이라는 걸 이해하지 못하는 분들은, 은혜조차도 그냥 받기를 거부합니다. 한국교회는 은혜를 받았기에 예배하시는 분들보다 은혜를 받기 위해 예배하시는 분들이 워낙 많으니까요. 이런 분들의 문제는 내가 받은 것 중에 아무런 수고나 노력이 없이 거저 주어진 것이 너무나도 많다는 것을 알지 못한다는 것입니다. 오직 자신이 열심히 기도하고 예배하고 봉사한 후에 받은 은혜만 하나님이 주신 것으로 이해하지요.

 믿음을 이해하지 못하게 하는 것 중에 또 하나가 '믿음은 내 안에서 나온다.'고 생각하는 것입니다. 믿는다는 분들 중에 많은 분들은 진짜 하나님을 믿는 것이 아니고 믿고 싶은 하나님을 상정하고 그것을 믿는 사람들입니다. 다시 말해, 자신의 욕심에 근거한 믿음을 믿으려는 마음이지요. 복 주시는 하나님, 원수를 갚아 주시는 하나님, 나를 치료하시는 하나님, 나를 지키시는 하나님 같은 것들을 믿고 싶어 하고 그것을 믿으려고 애를 쓰십니다. 좀처럼 믿어지지 않으니까 자신의 귀에 '믿습니다.'를 연발하여 자기 세뇌를 시키지요. 설교와 간증을 통해 자기 세뇌는 자기확신을 넘어 확신강화 수준으로 나아갑니다. 이쯤 되면 흔들림이 없는 견고한 믿음으로 자리를 잡습니다. 반석 같은 믿음의 소유자가 되시는 거지요.

'예수를 왜 믿습니까?' 하고 물으면 '천국 가기 위해서' 혹은 '복 받기 위해서' 혹은 '성경에 쓰여 있으니까' 라는 식의 대답을 하시는 분들과 '나도 내가 왜 믿는지 모르겠다. 그냥 믿어진다.' 하시는 분들이 있습니다. 앞의 분들은 자신이 믿어야 할 이유를 갖고 있는 것이고 뒤의 분들은 믿음의 근거가 자신에게 전혀 없는 것입니다. 무엇을 얻으려고 믿는 것과 이해와 상관없이 믿어지는 것의 차이입니다. 믿음은 신비의 영역입니다. 믿음은 성령으로부터 주어지는 것이고 믿음은 하늘로부터 부어지는 것입니다. 이 믿음은 자신의 능력이나 선함과 무관하며, 영화와 부귀와 구원과도 별개입니다. 아무런 노력이 없이 믿어진 것뿐인데 이를 의로 여겨주시니 감사하고 구원해 주시니 은혜인 것이지요. 이런 믿음을 가지신 분들이 '나는 아무 공로 없으나' 하고 찬양합니다. '내 지은 것 죄뿐이니'라고 고백할 수 있지요. 오직 하나님께만 영광을 돌릴 수 있는 이유이기도 합니다.

믿음이 좋으신 분들이 십자가를 진다고 표현하시지만 실제로 십자가 앞에 서면 믿음이 흔들려 버립니다. 십자가를 선택할 수 있는 믿음 같은 건 없습니다. 내 믿음을 부정할 수 없으니 십자가로 죽는 것이지요. 십자가는 지기 싫지만 예수를 부정할 수 있는 능력이 없어서 어쩔 수 없이 십자가를 지게 되었다는 것입니다. 사자 밥이 되기를 선택한 것이 아니라 믿음을 부정할 수가 없어서 사자 밥이 됐다는 말입니다. 이런 분들에게는 순교도 자신의 의가 되지 않습니다.

애정드라마에 종종 나오는, '내가 너를 못 믿는게 아니라, 네가 그동안 내게 한 짓을 생각해 봐. 내가 널 어떻게 믿겠어? 믿음을 줬어야 할 거 아냐?'라고 하는 이 말에 동의가 되시지요. 믿음의 또 다른 측면은, 믿음이란 믿음의 대상이 내게 주는 것이지, 나의 노력으로 믿음의 대상을 믿는 것이 아닙니다. 믿고 싶어서 믿는 것이 아니라, 믿게 하시니까 믿는 것입니다. 하나님이 내게 어떤 일을 행하셔서 내게 믿음이 있는 것이지, 내가 무엇을 열심히 해서 믿음을 가지고 있는 것이 아니라는 말입니다. 하나님은 만홀히 여김을 받지 않으십니다. 참 믿음과 거짓 믿음을 구별 못하시는 분이 아니지요. 참 믿음은 오직 참되신 하나님에게서만 나옵니다.

매일 괴롭히기만 하는 군대 선임이 '너 내게 사랑 고백해봐.'하고 명령하자 후임병이 하트를 그리며 큰 소리로 '사랑합니다.'라고 할 수 있습니다. 안 하면 또 어떤 방법으로 자신을 괴롭힐지 몰라서 하지요. 하지만 속으로는 '미친 놈' 할 수 있습니다. 사람은 하트에 속을 수 있지만, 하나님은 하트가 아니라, '미친 놈' 하는 속마음을 보십니다. 무엇을 얻기 위해서 하거나, 그렇게 안하면 벌 받을 것 같아서 하는 예배나, 찬양이나, 감사나, 헌신이 결코 믿음이 아닙니다. 믿음은 상을 바라고 하는 것이 아닙니다. 하나님의 은혜를 깨달은 후에 나오는 나의 반응이 예배요, 찬양이요, 감사가 됩니다. 그것이 비록 서툴고, 어설프고, 속으로만 하는 것일지라도 말입니다. 바리새인의 기도와 세리의 기도에 그것이 잘 나타납니다. 세리가 의롭다 함을 얻고 내려가서 세리라는 직업을 버렸다는 이야기가 아닙니다. 하나님은 행위를 받으시는 분이 아니라는 말이지요.

　믿음은 겨자씨 한 알 크기만 있어도 된다고 하지요. 겨자씨 한 알 크기라는 말은 존재가, 크기나 무게보다 더욱 중요하다는 말입니다. 큰 믿음, 강한 믿음, 견고한 믿음 이런 것이 대단한 것이 아닙니다. 믿음은 '있느냐, 없느냐'의 문제이지요. 무엇을 이루어 내는 것이 믿음이 아니라 하나님을 하나님 되게 하는 것이 믿음입니다. 하나님이 나를 구원하셔서 예배하는 것이 아니라 하나님이 누군가를 십자가로 구원하셨다는 사실이 믿어져서 예배합니다. 그것이 꼭 나여야만 한다는 것은 하나님을 하나님으로 인정하지 않는 행위입니다. 예배와 기도와 찬양이 내가 하는 일이라면, 축복과 저주와 구원과 유기는 하나님이 하시는 것입니다. 하나님이 하시는 일에 감내라 밤내라 하는 것은 그냥 교만일 뿐입니다. 믿음이 커지면 커질수록 믿음의 이유가 내게 있는 것이 아님을 느끼게 됩니다. 점점 더 겸손해 져서, '만삭되어 나오지 못한 자'에서 '작은 자보다 더 작은 자'가 되었다가, '죄인의 괴수'로까지 가게 됩니다. 하나님이 주시는 믿음은 나를 더욱 작아지게 하고, 하나님이 더욱 커지게 합니다. 믿을수록 자신의 의가 점점 더 넘쳐나는 한국교회의 믿음과는 전혀 차원이 다르지요.

　하나님이 주시는 이런 믿음이 한국교회에 없다는 말이 아닙니다. 이런 믿음이 하나님을 알게 하고, 교회를 나가게 하고, 예배할 수 있는 힘이 되지요. 그런데 설교를 듣다보면 점점 그 믿음이 행위로 가야할 것 같은 생각이 들게 합니다. 한국교회의 설교는 거의 대부분 행위설교이기 때문입니다. 본문하나에 기본적으로 3개 정도의 해야 할 일을 가르칩니다. 설교가 하나님이 하신 일을 선포하기보다, 인간이 해야 하는 일에 더 큰 관심을 가지고 있지요. 복음을 선포해야 하는 자리에서, 가르치고, 교육하고, 훈련하는 일을 하고 있습니다. 신학용어로 말하자면, 케리그마(선포)와 디다케(교육)를 혼동하여 설교합니다. '하나님이 전도(케리그마)의 미련한 것으로 믿는 자들을 구원하시기를 기뻐하셨다.'는 말씀을 우리가 길거리에서 하는 형태의 그런 전도(미시오)로 알고 있습니다. 복음을 선포해야 할 일을, 설득 혹은 강요하고 있다는 말입니다. 복음을 선포함으로 어떤 사람이 변했다면 그건 복음이 역사한 것이지만, 어떻게 살아야 한다고 가르쳐서 그대로 따르면, 그건 가르친 사람이 공을 가져가게 됩니다.

풀무불 앞에서 하나님을 부정하지 못하는 것이 믿음이지, 풀무불을 꺼버리는 것이나, 꺼 주실 것을 기대하는 마음은 믿음이 아닙니다. 그런 기대는 '그리 아니하실지라도'에 속하는, 언제든지, 얼마든지 변할 수 있는 것입니다. '하나님은 나를 반드시 고쳐 주신다.' 혹은 '하나님은 나를 반드시 복 주신다.' 하는 것은 자신의 기대와 믿음을 혼동한 것에 불과합니다. 믿음이란, '하나님은 복 주시고자 하는 자에게 복을 주시고, 병을 고쳐주고자 하는 자를 고쳐 주시고, 구원하고자 하는 자를 구원하신다.'입니다. 하나님 앞에서 오지랖 떠는 것은 믿음이 아닙니다.

제게 아주 작은 믿음이라도 있다면 그것은 오직 하나님의 은혜일 뿐입니다. 그 믿음을 가질만한 자격이나 조건이 제게는 없습니다. 하나님이 저에게 행하신 일을 그 사람에게 행하셨다면, 그가 목사가 되었을 것입니다. 믿음이란 아무리 작은 것일지라도 내가 아닌 하나님이 하신 것을 의미합니다. 믿음의 주인은 오직 예수님이십니다.

믿음의 주요 또 온전하게 하시는 이인 **예수**를 바라보자
그는 그 앞에 있는 기쁨을 위하여 십자가를 참으사
부끄러움을 개의치 아니하시더니 하나님 보좌 우편에 앉으셨느니라

히브리서 12장 2절

19
전도의 유감

딸아이가 주 중 4번을 치료실에 갑니다. 요즘은 차에서 기다리지만, 전에는 저도 같이 들어가서 치료가 끝날 때까지 앉아 있다가 함께 나오곤 했었습니다. 치료실에는 아이들의 엄마나 할머니가 많이 계십니다. 아빠가 앉아 있는 걸 본 적이 거의 없습니다. 시간대가 아빠들은 직장에 있을 시간이지요. 저희 집은 반대로 아내가 직장에 있고, 제가 치료실에 갑니다.

하루는 권사님이신 할머니가 제게 상담을 해 오셨습니다. 저는 웬만해서는 상담을 안 해 줍니다. 특히나 저보다 연세가 많으신 분들은 거의 다 거절했었습니다. 제가 상담을 해 줄 만큼 인생의 연륜이 없다고 생각하기 때문이지요. 그러나 권사님은 집요하셨습니다. 뭔가 간절함 같은 것이 있으셨지요. 권사님의 상담내용은 전도에 관한 것이었습니다. 전도는 어떻게 하는 것이냐고 하셨지요. 저는 담임목사님께 여쭈

시라고 했습니다. 완곡하게 거절해도 계속 가르쳐 달라고 하셨습니다. 본인 교회에서 권사님들은 의무적으로 10명씩 전도하라고 했답니다. 그러면서 권사님은 전도하고 싶어도 방법도 모르겠고, 시간도 없고, 힘드시다고 합니다. 권사님은 손자를 데리고 치료실에 오십니다. 치료비가 워낙 많이 들어가다 보니 아이의 부모님들은 맞벌이를 하시고, 할머니가 치료실에 오시는 것입니다. 하루 종일 권사님은 아이를 돌보셔야 했습니다. 그리고 치료비가 많이 나가다보니 돈은 늘 부족해서, 여건이 되면 전도하러 나가기보다 일하러 나가셔야 하지요.

저는 권사님에게 전도하시지 말라고 했습니다. 권사님이 하실 일은 전도하는 것이 아니라, 하나님의 은혜를 누리는 일이 더 급하다고 했습니다. 아이 때문에 힘든 현실 속에서, 상한 마음과 지친 몸이 위로를 받아야 한다고요. 전도의 짐을 지고 계시면, 탈진하실 거라고 말씀드렸습니다. 그리고 어쩌다 권사님과 비슷한 아픔을 지닌 사람을 만나시거든, 그 때 권사님의 이야기를 해 드리라고 했습니다. 힘들고 어려울 때, 마음이 무너지고, 가슴이 답답할 때, 하나님께서 어떻게 평안을 누리게 해 주셨는지 전해 주라고요. 그러기 위해서, 지금은 전도하려고 하시지 말고, 그 마음부터 쉼을 누리실 수 있도록, 하나님의 은혜를 사모하시라고 했습니다.

저희 동네에 있는 대형마트 앞에서 전도지를 나눠주고 계시는, 연세가 많이 드신 할머니, 할아버지가 계십니다. 교회 띠를 두르고, 열심히 지나가는 사람들에게 허리 숙여 인사하시고, 전도지를 나눠주며 교회에 나오라고 하시지요. 처음 그것을 본 날, 저는 눈물이 났습니다. 감동의 눈물이 아닌, 분노의 눈물이었습니다. 그 어르신들이 자신의 신앙을 따라 길거리에 나오셔서 전도하시는 것일 수도 있겠습니다만, 왠지 교회가 어르신들을 학대하고 있다는 느낌이 강하게 들었습니다. 왜 저분들로 하여금 지나가는 젊은 사람들에게 고개를 숙이게 만드는지, 그것이 하나님의 감동이 되었건, 교회의 강요가 되었건, 너무나 싫었습니다.

전도는 믿는 사람들이 해야 할 당연한 의무라고 합니다. 예수님이 승천하시기 전에 하셨던 지상 최대의 명령이라고도 하지요. 사도행전은 이 명령으로 시작하고, 명령에 순종한 사람들의 이야기가 쓰여 있고, 이 시대 기독교인들이 사도행전의 29장을 기록해야 한다고 합니다. 어느 교회는 표어가 'Act's 29'입니다.

사도행전에 써있다는 명령은 1장 8절입니다.

'오직 성령이 너희에게 임하시면 너희가 권능을 받고 예루살렘과 온 유대와 사마리아와 땅 끝까지 이르러 내 증인이 되리라 하시니라'

저는 이 말씀이 명령이라고 주장하는 분들을 보면 답답함이 느껴집니다. 주님이 '되리라' 하신 것을 굳이 '되라'로 바꿔서 현수막을 걸기도 하고, 전도훈련책자도 만듭니다. 앞으로 될 일에 대한 예언의 말씀을 애써 글자까지 바꿔가며 명령으로 만들었습니다.

사도행전을 다른 말로 '성령행전'이라고 부릅니다. 그 이유는 사도들이야기라기보다 사도들을 통해서 역사하셨던 성령님의 이야기이기 때문이지요. 성경 자체가 사람의 이야기가 아니라, 하나님의 이야기를 기록한 책입니다. 하나님이 인간들의 삶 가운데서 어떤 일을 행하셨는지를 기록한 책인데도, 성령행전이어야 할 사도행전을 명령에 순종한 사람들의 이야기로 둔갑시켜 버렸습니다. 사도행전의 29장이 필요했다면 그것은 하나님이 기록하게 하셨을 것입니다. 기록하더라도 이 시대 특정 교회의 역사를 기록할 것이 아니라, 이미 100년 전에 한국에 들어와 순교의 피를 뿌리신 선교사님들의 이야기를 기록하는 편이 훨씬 낫습니다.

혹여, 성경을 잘못 읽고 말씀에 순종하여 전도를 하더라도, 먼저 성령이 임한 후에, 그 성령님의 권능을 받고서 해야 할 일이어야 합니다. 전도는 우리가 하는 것이 아니라 성령님이 하시는 그 분의 일이 되어야 하지요. 그리고 더 정확히 말해서, 전도하라는 것이 아니라 '증인'이 되리라고 하신 것입니다. 증인이란 법정에서 자신이 보고 들은 것에 대해 거짓 없이 진술하는 사람입니다. 그것이 길에서 전도지를 나눠주며 고개를 숙이는 일이 아닙니다.

과연, 교회가 '되라'와 '되리라'를 구별 못하고, '증인'과 '전도'를 구별 못해서 일어난 해프닝일까요? 아니면 의도적으로 교회의 수적 성장을 위해, 고객 확보를 위해, 교인들을 현혹시키고 있는 것은 아닐까요? 성경에 쓰여 있는 말씀이니까, 순전히 말씀을 지키기 위해 하는 일이라면, 왜 전도 많이 한 사람에게 전도왕의 타이틀과 함께 상품을 주고 있나요? 회사가 세일즈맨들에게 하는 방법과 교회가 하는 방법이 거의 완벽에 가까울 만큼 비슷합니다.

　전도왕이라는 타이틀을 가지신 분들이 꽤 됩니다. 한국교회는 그런 분들에게 강단을 너무 쉽게 내어 줍니다. 교단도 필요 없고, 신학적 검증도 필요 없고, 무조건 많이만 전도하면 그게 자격증이고, 학력이고, 신학이 되어 버렸습니다. 어떤 교회는 특공대까지 조직하여 전쟁을 치르고 있을 정도입니다. 전도 특공대, 기도 특공대… 할 말을 잃게 만들지요. 한국 교회에 전도왕과, 전도세미나와, 전도특공대가 요즘처럼 많던 시절이 없었습니다. 그럼에도 최근 한국 교회는 계속 하락세를 보이고 있습니다. 성도수가 매년 줄어들고 있습니다. 어떤 분은 목사님들의 설교가 딱 두 종류라고 하시는 분들도 계십니다. 전도에 관한 설교이거나, 성전건축에 관한 설교라고요.

　제가 중고등부 교육전도사로 있던 시절에 영화 '태극기를 휘날리며'가 큰 성공을 거둔 적이 있었습니다. 청소년들에게 원빈이라는 존재를 우상처럼 각인 시켰던 작품입니다. 이 영화가 한참 흥행을 하고 있을 때, 저는 이스라엘에서 성지순례를 하고 있었습니다. 한국으로 돌아오는 비행기 안에서 신문으로 이 영화에 대해 알았지요. 주일 날 아이들을 만났을 때, 저는 성지에서 느낀 감동으로 흥분해 있었고, 아이들은 원빈에 대한 감동으로 흥분해 있었습니다. 교회에서 두 흥분이 부딪혔는데 그 결과, 아이들이 성지에 관심을 갖게 되기보다 제가 '태극기 휘날리며'를 보게 되었습니다.

아이들이 영화제작사로부터 고용된 알바였을까요? 전혀 아닙니다. 순전히 자기들의 감동으로 저를 전도했습니다. 고용된 알바가 하는 말과 감동된 사람이 하는 말은 그 말의 힘이 다릅니다. 알바는 전도의 대가를 제작사에 요구하지만, 감동된 사람은 제작사에 고마운 마음을 갖게 됩니다. 치질에 걸려 고생하던 사람이 어느 병원에서 수술 받고 깨끗이 나았다면, 그 사람은 치질로 고생하는 친구를 만났을 때, 그 병원을 강력히 추천 할 것입니다. 그리고 친구가 그 병원에서 수술 받고 건강해지기를 기도하게 되지요. 친구가 완쾌하게 되면 병원에 수당을 요구하는 것이 아니라, 도리어 음료수 사들고 가서 의사선생님께 감사하게 될 것입니다.

전도하시는 분들은 본인들이 하늘에서 별과 같이 빛날 것이라는 기대를 가지고 계십니다. 다니엘서에 나오는 말씀 때문인 듯합니다.

'지혜 있는 자는 궁창의 빛과 같이 빛날 것이요 많은 사람을 옳은 데로 돌아오게 한 자는 별과 같이 영원토록 빛나리라'(단 12:3)

아마도 이 말씀을 가지고 '옳은 데로 돌아오게 한 자'가 바로 전도하는 자라고 배웠을 거라 여겨집니다. 구원의 감격으로 다른 이들에게 예수님을 전하기보다 별과 같이 영원토록 빛나고 싶어서 전도하고 있는 거지요.

한국교회에서의 전도는 교회 자체에도 상품이 걸려있고, 전도왕이라는 타이틀이 걸려 있습니다. 이도 저도 아니면, 하늘의 상급이라도 걸려 있지요. 전도한 사람은 자신이 전도했다는 자부심도 한 몫 합니다.

전도 받은 사람이 교회에서 신앙생활을 잘 하고, 헌금 많이 하고, 교회 일꾼이라도 되면, 자신이 전도한 사람이라고 자랑하고 다닙니다. 그 사람을 하나님께서 구원하신 것이 아니고 마치 자신이 구원한 것 같이 여기지요.

불신자들 중에 예수 믿으라는 말을 곧이듣는 사람은 별로 없습니다. 자기 교회 나오라는 말로 알아듣지요. 전도를 하는데, 예수님이 주인공이 아니고, 교회가 주인공이며, 도리어 주인공이어야 할 예수님은 교회를 빛나게 해주는 조연이 되고 말았습니다.

이 시대 교회들이 해야 할 일은, 전도 열심히 해서 **'내 집을 채우라'** (눅 14:23)하신 명령에 순종할 것이 아닙니다. 그것도 예수님이 제자들에게 하신 명령도 아니고, 예수님의 비유 속에 나오는 잔치 베푼 어떤 사람이, 청한 사람들이 오지 않아서 난감해지자 다급하게 사람들 모으느라고 자기 집 종들에게 했던 명령에 순종할 것이 아니라, 오히려 베드로 사도께서 베드로전후서 제일 마지막에 하셨던 말씀에 순종해야 할 것입니다.

오직 우리 주 곧 구주 예수 그리스도의 **은혜**와
그를 아는 **지식**에서 자라가라
영광이 이제와 영원한 날까지 그에게 있을지어다

베드로후서 3장 18절

20
하이요 나마스떼

'하이요 나마스떼'라는 인사말을 아십니까? 요가를 시작할 때 하는 인사말입니다. 요가는 힌두교에서 종교적/영적 수행 방법 중에 하나입니다. '나마스떼'라는 말도 종교적 언어로 '당신 안에 있는 아트만에게 인사합니다.'라는 뜻입니다. 아트만은 개개인의 영혼에 담긴 숨결 같은 개념이지만, 종교적으로 접근하면 영원불멸의 윤회하는 생명체로서 우주의 궁극적 근원이라고 여기는 브라만과 동일한 것으로 봅니다. 좀 단순하게 이야기하면 각 사람 안에 내재되어 있는 신을 아트만이라고 부릅니다. 따라서 '나마스떼'라는 인사는 '당신 안에 있는 신께 경배합니다.' 정도로 이해하시면 됩니다. 나마스떼의 의미는 알겠는데 '하이요'의 의미를 파악하기가 참 어려웠습니다. 주변의 여러 사람들에게 물어보았는데 그 중에 가장 설득력 있는 대답이 '하이'의 존댓말이라는 것입니다.

'하이요 나마스떼'라는 말에서 알 수 있듯이, 힌두교는 특정한 어떤 신을 섬긴다기보다 다신론적인 개념이 강합니다. 여러 신들 중에서 특별히 브라마Brahma, 비슈누Vishnu, 시바Shiva라는 신을 기본 신으로 하여 여러 남신들과 여신들을 섬기지요. 심지어는 개개인이 오랜 윤회 속에서 자신이 쌓은 업에 의해 살아가는 영원불멸의 신적인 존재가 됩니다.

요가가 최근 국내에서 크게 사랑받고 있는 이유는 건강에 도움을 준다는 것 때문입니다. 요가를 하면 몸이 유연해지고 근력과 지구력을 길러줍니다. 뿐만 아니라 명상을 통해 마음을 다스리는데 큰 도움을 준다고 여겨져, 심신이 피곤한 현대인에게 꽤 인기를 얻게 되었습니다.

아무리 건강에 도움을 준다고는 해도 요가가 힌두교의 종교적 수행 방법이고 '하이요 나마스떼'라고 인사하는 것도 종교적 인사말이지요. 그러니 젊은 세대들에게는 다소 거부감이 느껴질 것 같은데도 요가를 하는 사람들이 점점 늘어나고 있는 추세입니다. 심지어는 기독교인들 중에서도 많은 분들이 요가를 하고 계십니다.

젊은 세대들이 요가를 큰 거부감 없이 받아들일 수 있는 이유 중에 하나가 포스트 모더니즘적인 사상과 관련되어 있습니다. 이 사상은 고정화되고 정형화된 어떤 틀을 거부하는 사상입니다. 이성보다는 개인적인 느낌이 더 중요하게 여기는 사상이지요. 예를 들어, 과학이 발전하기 이전에는 태양이 돈다고 말했고, 이는 신앙이었습니다. 지구가 돈다고 말하면 이단이 되었던 시절입니다. 그런데 과학이 발전하면서 태양이 도는 것이 아니라 지구가 도는 것이라고 말했고, 이는 이성적 사고로 받아들여졌습니다. 그 때는 태양이 돈다고 말하면 미개인으로 취급했었습니다. 하지만 지금은 지구가 돈다고 하든, 태양이 돈다고 하든 상관없는 시대가 되었습니다. 각자가 느끼는 대로 표현할 수 있는 시대가 된 것입니다. '틀렸다'고 말하는 시대가 아니라 '다르다'고 말하는 시대입니다. 이 시대는 '눈snow이 따뜻하다'거나 '눈snow이 검다'라고 말해도 그걸 틀렸다고 할 수 없게 되었습니다.

종교적인 관점에서 살펴보면, 프리모더니즘 시대에는 어떤 신이 참 신인가 하는 논쟁을 벌였습니다. 그 때의 싸움은 신들끼리의 싸움이었습니다. 하지만 모더니즘 시대로 접어들면서 참 신에 대한 싸움보다 진짜로 신이 있느냐하는 싸움이 되어 버렸습니다. 즉 유신론자들과 무신론자들의 싸움이 된 것이지요. 이런 싸움은 결론이 쉽게 나지 않습니다. 싸우는 사람이 피곤해지고 말지요. 그래서 결국 포스트모더니즘 사회로 접어들면서 싸움은 휴전이 되었고 각자 알아서 살기로 해 버렸습니다. 그러다 보니 온갖 희한한 종교들도 생겨나기 시작합니다.

기독교 안에서도 모더니즘 시대에 종교개혁이 일어나 천주교로부터 갈라서고 장로교, 감리교, 침례교, 성결교 등 다양한 교단들이 생겨나면서 서로 간에 다투는 일이 생겨났습니다. 그러던 것이 현대로 들어오면서 싸움을 중단하고 서로를 인정하고 연합하자는 주장이 힘을 얻게 되었습니다. 더 나아가 타종교와도 얼마든지 교류할 수 있다고 여겨 불교나 천주교하고도 왕래하게 되었고 '종교다원주의'까지 생겨났습니다.

 기독교 안에 이런 포스트모더니즘 사상이 들어오면서 상대적으로 설 자리를 잃은 것이 교리입니다. 각자 교리를 고수하다보면 자꾸만 다투게 되니까 가급적 교리를 언급하지 않게 된 것이지요. 제가 속한 교단도 목사고시 시험과목에서 소요리문답을 삭제했습니다. 소요리문답을 가르치는 교회가 이제 거의 없다고 봐도 무방하지요. 교리는 목사님들의 설교에서도 사라져가고 있습니다. 교리를 설교하면 성도들이 거부감을 느끼기 시작했습니다. 그러니 자연스럽게 설교가 교리적 설교보다 윤리적 설교를 하게 되었고, 자기계발 강의 같은 설교가 인기를 얻게 되었습니다. 이런 설교는 교단을 넘어서 자연스럽게 강단교류가 가능해지게 만들었습니다.

 교리의 최후의 보루는 사도신경입니다. 하지만 이제는 사도신경의 고백 없이도 예배가 가능해 졌습니다. 소위 구도자 예배니, 열린 예배니 하면서 사도신경은 고수해야 하는 신앙고백이 아니라, 전도의 걸림돌이 되어 버렸습니다. 상황이 이렇다보니 빌라도의 풀네임이 무엇이냐고 물어도 성도들은 그걸 어떻게 아냐고 대답합니다. 더 당황스러운 것은 예수님이 다시 오실 때 어디로부터 오시냐고 물어도 모른다고 대답한다는 것입니다. 심지어 몸의 부활을 고백하면서도 죽으면 몸과 영혼이 분리되어 몸은 땅으로 가고 영혼만이 천국에 간다고 생각하는 성도들이 대부분입니다.

기독교 안에 교리가 사라지면서 그 자리를 꿰차고 들어온 것이 윤리와 더불어 느낌feel입니다. 그것은 성령을 재조명 하면서 더욱 탄력을 받았고, 교회 안에 은사개발이나 은사 찾기 같은 웃지 못 할 프로그램까지 생겨나게 했습니다. 성령집회나 성령운동을 한다면서 하나님에 대한 바른 교리를 가르치기보다, 어떤 느낌을 받게 하는데 더 집중하게 되었습니다. 설교시간보다 찬양시간이 점점 더 길어지고, 설교단은 무대가 되었습니다. 목사님들도 자연스럽게 '불'을 외쳐대기 시작했고, 성도들은 바람을 느꼈다거나, 속에서 어떤 뜨거움이 올라왔다거나 해야 은혜를 받았다고 여겼습니다. 방언은 필수가 되었고, 성령의 춤을 춘답시고 무당 굿판 비슷한 춤도 춰댑니다. 사람을 쓰러뜨리는 일은 신령한 목사의 기본 재능이 되었습니다. 입신하는 사람도 많아지고, 경쟁하듯 천국에 갔다 왔다고 주장하는 사람들이 넘쳐나게 되었습니다.

만인제사장설까지 가세하면서 평신도 사역자를 양성한다고 제자훈련과 큐티가 보편화되었습니다. 이제는 성도들이 각자가 알아서 성경을 통해 은혜를 누리고 살아가는 시대를 만들어 주었지요. 성경을 바르게 해석하는 것은 전혀 중요하지 않습니다. 말씀을 읽고 그 말씀을 내가 어떻게 느꼈느냐가 더 중요해 졌습니다. 정말 말도 안 되는 해석을 하고선 그것이 하나님의 응답이었다고 주장하기도 하고, 성령이 깨닫게 해 주었노라고 주장합니다. '레마신학'이라는 것이 등장하면서 이런 느낌feel도 깨달음으로 간주되고, 하나의 신학으로 인정받기에 이른 것입니다.

 기독교에서 섬기는 하나님은 성도들의 숫자만큼이나 다양해졌습니다. 겉으로는 유일신론 같지만 실제 속을 들여다보면 각자가 이해하고 깨닫는 하나님이 달라진 것입니다. 성경은 더 이상 기준이 되지 못하고, 윤리가 기준으로 자리매김을 하게 되었습니다. 다른 사람에게 피해만 주지 않으면 내가 어떤 하나님을 믿건 상관없습니다. 성경에 있는 하나님이 아닌, 내 마음에 있는 하나님이 참 하나님이 되었습니다. 성도들 각자가 자신이 느끼는 하나님을 설명합니다. 이제는 그것을 틀렸다고 하면 안 됩니다. 각자에게 주신 은혜가 다르다고 표현해야 합니다.

 요가에서 하는 '하이요 나마스떼'가 교회 안에서 해도 무방해졌습니다. 공동체가 고백하는 하나님이 아닌 개인적이 체험에 근거한 하나님을 인정해야 하기 때문입니다. 내 마음에 계신 하나님과 네 마음에 계신 하나님이 이젠 결코 같지 않기 때문입니다.

 예배당이 문화교실로 바뀌더니 카페로 바뀌어가고 있습니다. 앞으로 멀지 않은 날에 요가 비슷한 것이 이름만 바꿔서 교회 안에 들어올 것입니다. 온 교회마다 한 쪽 벽면이 거울로 가득차고, 의자나 방석대신 요가매트가 있는 것을 보게 될 것 같습니다. '할렐루야'라고 쓰고 '나마스떼'로 읽혀지는 날이 올까 두렵습니다.

20-3 으스스하네

전 하 영
(발안초 3학년)

어라? 왜 이리 춥지?
으스스하네

으앙~여기 너무 무서워
으스스하네

에취! 감기 걸렸나? 열이 나나?
으스스하네

으악 귀신이다
너무 으스스해.

21
헤베누 샬롬 알레켐

이스라엘은 신나고 즐거울 때 '헤베누 샬롬 알레켐'이라는 노래를 부릅니다. '하나님의 평강이 당신에게 있기를 원합니다.'라는 가사가 반복적으로 나오는 매우 밝고 경쾌한 곡입니다. 결혼식 때는 물론이고 파티와 같이 흥겨울 때에는 늘 부른다고 합니다. 그러나 제가 놀란 것은 장례식 때도 이 노래를 부른다는 것입니다. 평소보다 약 3배 정도 느린 속도로 엄숙한 분위기 속에서 차분하게 부르지요.

'샬롬'이라는 말이 가지는 독특한 의미 때문에 그들의 신앙과 맞물려 아침에도 저녁에도 '샬롬'으로 인사하고 죽음을 앞두고 죽어가는 아버지가 자녀들에게 하는 마지막 인사도, 자녀들이 곧 운명하실 아버지에게 하는 인사도 '샬롬'입니다.

사람이 짐승하고 다른 점을 직립보행이나 사회적 동물, 혹은 언어나 도구의 사용으로도 설명하지만 신앙적으로는 하나님의 생기가 부어져 있을 때 사람이라고 합니다. 즉 사람은 물, 불, 흙, 바람을 필요로 하지만, 거기에 덧붙여 하나님의 평강이 부어질 때 비로소 살아있는 영혼이 됩니다. 하나님의 평강이 없으면 '살아도 산 것이 아니다.'라는 한탄을 자주 하게 됩니다.

하나님의 평강은 눈에 보이는 것이 아니고 측정할 수 있는 것이 아니라서 쉽게 외면되고 무시되곤 합니다. 하나님의 평강이 무시되어진 곳에는 다른 것들이 대신 그 자리를 차지하게 되지요. 자신을 설명할 때 사람들은 돈에 기대어 부자나 가난한 자라고 하고 학력이나 권력이나 명예에 기대어 자신을 소개하기도 합니다. 전직 장관이나 교장선생님은 여전히 자신이 장관이고 교장이라고 소개하기도 합니다. 자신을 지탱할 수 있는 기반이 무너지면 사람들은 생명까지도 버리곤 합니다. 사업을 하다가 실패하거나, 권력을 잃어버리거나, 명예가 더러워지면 살 가치가 없다고 하면서 자신의 생명을 경홀하게 여깁니다. 비단 유명한 사람들만의 이야기가 아닙니다. 성적이 떨어졌다고 사고로 신체 일부를 잃었다고 사랑하던 사람이 잘못됐다고 우리는 너무나 쉽게 자신을 가볍게 여기고 살아갑니다.

하나님은 사람을 창조하시고 그들에게 살아갈 모든 환경과 여건을 마련해 주셨습니다. 하지만 인간은 하나님을 보지 못하고 다른 것에 시선을 빼앗겨 하나님의 마음을 아프게 하고 말았습니다. 하나님의 진노는 능히 인간들을 멸하시고 새로운 신인류를 만드실 수도 있으셨습니다. 노아의 방주를 통해 그 가능성을 보기도 하고 모세를 불러 새로운 이스라엘을 만드시려고도 하셨습니다. 하나님이 하시고자 마음만 먹으면 말씀 한마디로 모든 것을 '무'로 돌이키실 수 있었습니다. 거기에 7일만 더 투자하셔서 다시 재창조를 이루시고 다시는 인간이 하나님께 범죄하지 못하게 하실 수도 있으십니다.

　인간도 타임머신을 타고 자신의 과거의 어느 시점을 바꾸는 상상을 하면서 영화도 만들고 소설도 쓰곤 합니다. 인간에게는 불가능한 일이지만 하나님은 얼마든지 하실 수 있는 일이셨습니다. 다시금 창조의 때로 돌아가 하와가 선악과를 따 먹으려 할 때 홀연히 나타나 막으실 수도 있고 그 이전으로 돌아가 뱀을 창조목록에서 삭제하실 수도 있으십니다. 하지만 하나님은 그 합리적이고 효율적으로 보이는 일을 행하시지 않고 그 대신에 아들 예수를 이 땅에 보내시어 33년의 삶을 살다가 인간이 만든 가장 극악한 사형법으로 죽게 하시는 방법을 택하셨습니다.

　하나님이 아들을 통해 범죄한 우리에게 행하신 일은 우리가 상상할 수 있는 일이 아닙니다. 자녀의 죽음은 그 무엇으로도 위로 받을 길이 없는 가장 힘들고 아픈 일입니다. 그리고 그 아들의 생명으로 누군가를 자녀로 받는 일은 더더욱 이해하기도 납득하기도 어려운 일입니다. 그런데 하나님은 그렇게 하셨습니다. 당신의 아들을 십자가에 내어주고 죄인 된 우리를 자녀로 삼아 주셨습니다. 실로 이것은 놀라운 일입니다. 범죄한 인간을 쓸어버리고 새로운 인간을 만드시면 그 인간은 그냥 하나님의 창조물에 불과하지만, 당신의 아들을 주고 우리를 자녀로 삼으시면 우리는 창조물의 지위에서 자녀로 급상됩니다. 뿐만 아니라 우리의 가치는 단순히 입양된 둘째 셋째 아들쯤이 아니라 당신의 맏아들, 독생자 예수 그리스도의 가치에까지 이르게 됩니다.

하나님은 그렇게 우리를 사랑하셔서 높여 주셨습니다. 그리고 우리에게 성령을 부어 주셔서 하나님을 아버지라 부를 수 있게 해 주셨고 예수를 주라 시인하게 해 주셨습니다. 일주일에 하루를 구별하여 하나님께 예배하는 자가 되게 하시고 수입의 십분의 일을 능히 하나님의 일에 내어 놓을 수 있게 해 주셨습니다. 우리는 분명 믿지 않는 사람들과는 다른 삶을 살게 하신 것입니다. 우리는 존재 근원을 알게 되었고 존재 이유를 알게 되었으며, 존재의 목적을 갖게 되었습니다. 하나님이 나의 근원이시며, 내 삶의 이유이시며, 내 인생의 목적이 되십니다.

하나님은 성령을 통해 내 안에서 하시는 또 다른 일들에 대해서도 성령의 열매를 통해 이야기 해 주고 계십니다. 어릴 적부터 신앙생활을 하셨던 분들은 소위 '성령의 9가지 열매'라고 알고 있는 이야기입니다. 신학자들은 이 9가지 열매를 사랑이라는 한 가지 열매의 다른 표현들로 보기도 합니다. 우리는 이 9가지 열매목록을 외우고 그 열매가 내 삶에서 나타나기를 노력하고 이를 위해 기도하고 이를 위해 수고합니다.

그러나 그보다 더 중요한 것이 있습니다. 9가지 열매가 무엇인지 외우지 못해도 상관없습니다. 이를 위해 기도하지 않고 수고하지 않아도 상관없습니다. 정작 중요한 것은 이 열매는 내가 지식으로, 기도로, 수고로 맺어지는 것이 아니고 오직 성령께서만 맺어 주실 수 있는 열매라는 사실입니다. 또한 이 9가지 열매는 어떤 일의 근원이나, 동기나, 원인이 아닌 결과라는 사실입니다. 성령님은 우리 안에 이런 열매들이 맺히게 하셔서 우리의 신앙이 '육체와 함께 그 정욕과 탐심을 십자가에 못 박'은 자로 고백하게 하십니다. 이것이 하나님이 원하시는 자녀의 모습입니다. 이런 자녀가 되게 하시려고 성령을 통해 우리를 변화시키시며 새롭게 하십니다.

하나님은 우리가 어떤 일을 했는지, 얼마나 남겼는지, 얼마나 부를 쌓았는지, 얼마나 덕과 선을 행했는지, 얼마나 많은 양과 소로 예배를 드렸는지를 통해, 우리의 가치를 구별하거나 차별하지 않으십니다. 우리 자신이 연봉 얼마쯤으로 자신의 가치를 논할 때, 하나님은 우리를 아들의 생명으로 여기시고 당신의 성전이 되게 하시고 성령을 통해 열매를 거두는 밭이 되게 하셨습니다. 놀라운 것은, 성령의 9가지 열매는 가정이라는 울타리 안에서 조성될 때가 많다는 사실입니다. 부모님을 통해서, 때론 자녀들을 통해서, 형제와 이웃을 통해서 학습되고 훈련되고 함양되어집니다. 성령님은 내 안에 계시며, 내 주변에 계시며, 나와 가장 가까이에서 나를 돕고 계시고 이끌고 계셨던 것입니다.

내가 그 분을 알지 못할 때부터 내가 그 분을 외면하고 떠났을 때에도 내가 가장 힘들어 눈물로 바다를 하염없이 바라볼 때에도…. 여전히 주님은 내 안에, 내 곁에 계셔서 '샬롬'이 되어 주셨습니다.

22
보여주면 믿겠다

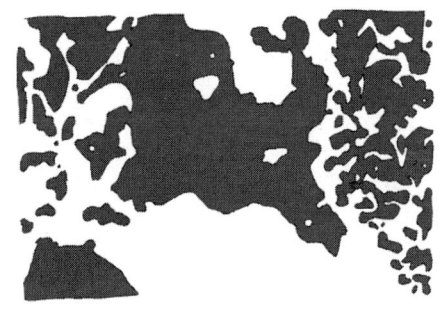

'눈 위에 찍힌 예수님의 얼굴'을 기억하시나요? 세계 2차 대전이 끝나갈 무렵에 중국 오지를 지나던 한 사진사가 찍었다는 사진으로 꽤 유명한 사진입니다. 사진사가 '보여주면 믿겠다.'고 기도하자 하나님이 들판을 찍으라고 했고 집에 돌아가 현상해 보니 거기에 예수님의 얼굴이 있었다고 하지요. 눈 위에 찍힌 예수님의 얼굴을 어떤 사람은 한 번에 알아보기도 하고 어떤 사람은 며칠이 걸려야 볼 수 있기도 했습니다. 한 번에 딱 알아보지 못하는 사람들에게 농담처럼 '믿음이 있어야 보인다.'고 하기도 했었습니다. 어떤 사람들은 예수님의 어깨 위에 한쪽은 천사가 있고 한쪽은 악마가 있다고도 했었습니다. 저는 믿음이 부족하여 아직도 천사나 악마의 형상을 못 보고 있습니다.

그 사진을 보면서 몇 가지 의문이 드는 것이 있었습니다. 과연 그 사진은 조작되지 않은 진짜일까요? 지금처럼 포토샵이 발달하지 않은 시대에 찍은 것이니 조작되지 않았을 수도 있겠지요. 그러면 그 사진에 보이는 사람의 얼굴이 정말 예수님이었을까요? 예수님이 맞는지 아닌지는 예수님을 본 사람만이 알 수 있을 것 같은데, 그 사진을 보는 사람들마다 대부분 예수님이 맞다고 하더군요. 그 사진을 설명하는 글을 보면, 눈 위에 찍힌 예수님 사진으로 많은 사람들이 주님께로 돌아왔다고 합니다. 그런데 저는 단 한명도 이 사진을 보고 예수를 믿겠다고 하는 사람을 보지 못했습니다. 이 사진 때문에 예수를 믿었다는 사람도 만나보지 못했습니다. 저도 많은 불신자들에게 보여 주며 전도했지만, 단 한명도 이 사진으로 전도하지 못했습니다. 혹 여러분들 중에서는 계신지요?

또 다른 신비한 사진으로는 6.25 전쟁 당시 서울을 폭격하려던 미군 비행단이 찍은 예수님의 사진입니다. 그 비행단에 종군기자가 동승했다가 찍은 사진이랍니다. 이 때 나타나신 예수님 때문에 비행단은 서울을 폭격하기를 포기하고 되돌아갔지요. 그 덕분에 미처 서울을 빠져나오지 못했던 수많은 사람들의 생명을 살릴 수 있었다고 합니다. 이 사진의 실체를 파헤쳐 보겠다고 MBC방송 프로인 서프라이즈에서 다뤘는데, 결론은 그냥 미스터리로 내렸습니다. 이 때는 예수님의 형상이 얼굴을 빼고 나머지 부분만 나타났습니다. 눈 위에 찍힌 예수님의 사진과 6.25 때 찍은 사진을 합치면 예수님의 완성된 모습이 될 것 같습니다. 조금 아쉬운 것은, 예수님이 미군비행단에 모습을 드러내실 것이 아니라, 이왕이면 북한군이 탱크를 앞세워 밀고 내려올 때, 그들에게 나타나셨으면 어땠을까 하는 생각이 듭니다.

이 후에 2007년 8월에 러시아 리페츠크 옐레츠의 상공에서 십자가를 지고 있는 예수 그리스도의 형상이 나타났으며, 2008년 4월에는 미국 레이크랜드 상공에도 십자가 형상이 나타났었습니다. 그러나 하늘에서 발견된 십자가 형상들은 모두 블루빔 프로젝트라고 하는 홀로그램을 이용한 사기로 밝혀졌지요. 이제 진짜 예수님이 나타나셔도 믿을 수 없는 시대가 되었습니다.

마태복음 24장에 보면 예수님이 제자들에게 말세의 징조를 설명하시는 장면이 나옵니다. 그 말씀들 중 다음과 같은 두 구절이 있습니다.

'그 때에 사람이 너희에게 말하되 보라 그리스도가 여기 있다 혹은 저기 있다 하여도 믿지 말라'(마 24:23)

'그러면 사람들이 너희에게 말하되 보라 그리스도가 광야에 있다 하여도 나가지 말고 보라 골방에 있다 하여도 믿지 말라'(마 24:26)

눈 위에 찍힌 예수님과 6.25 때 찍힌 예수님을 믿는 것이 신앙일까요? 안 믿는 것이 신앙일까요?

1992년 10월 28일을 기억하시나요? 다미선교회 이장림 사기꾼께서 그날 휴거할 거라고 생난리를 피웠더랬죠. 온 나라가 들썩거릴 만큼 빅뉴스를 만들어 주셨습니다. 다미선교회는 '다가올 미래를 준비하라.'는 이장림 사기꾼의 책에서 앞 글자를 따서 '다미선교회'라고 불렀습니다. 다미선교회에서는 꿈을 꾸었다는 학생들과 환상을 보았다는 어른들이 있었습니다. 그리고 집회 중에 성령님이 불같이 임하시는 모습이 사진에 찍히기도 하였고요. 어떤 사진에는 예수님의 손가락 세 개가 찍히기도 했었습니다. 나중에 그 사진들이 렌즈에 머리카락이나 실을 붙이고 찍은 사진들이라는 사실이 밝혀졌습니다. 종말론 사기를 쳤던 이장림은 사기죄로 1년을 언도 받았고 지금은 목사로 살고 계시다네요. 우리나라는 종교 사기꾼이 살기 좋은 나라입니다.

하지만 다미선교회 사건으로 인해 얻은 은혜도 있었습니다. 그것은 예수님이나 성령님을 보여주려는 시도는 사기라는 것을 알게 해준 것입니다. 이제는 집회 중에 어떤 신령한 사진을 찍어서 사기 치는 일이 없어진 것이지요. 홀로그램이 개발된 것만큼이나 감사한 일입니다.

그러나 여전히 '보여주면 믿겠다.'라는 주제는 생생하게 살아 있습니다. 최근에는 예수님의 피가 묻은 법궤나 성의가 나타나서 사람들을 현혹하고 있습니다. 천국이나 지옥을 보았다는 사람들의 주장도 같은 맥락입니다. 자기가 보았으니 자기 말을 믿으라는 것이지요. 오죽 성경을 못 믿었으면 실제로 보여 주셨을까 싶기도 하지만, 믿음이라는 것이 눈으로 본다고 해서 생기는 것이 아님을 간과한 것들입니다.

'보여주면 믿겠다.'의 또 다른 형태는 방언을 하거나, 기적같이 질병이 치유되는 형태들입니다. 한동안 알파에서 집회 중에 아말감이 금이빨로 변했다고 주장해서 시끄럽기도 했지요. 다양한 형태의 집회들에서 하나님이 살아 계시다는 사실을 증명하기 위한 시도들은 지금도 끊임없이 나타나고 있습니다. 하나님이 살아 계심을 증명한다고 해서 그것이 믿음을 만들어 내지 못합니다. 이런 신앙의 토대는 종교 사기꾼들에게 옥토와 같은 무대를 제공할 뿐입니다.

하나님을 증명하려는 욕구가 무척이나 강하다보니 보여주는 것을 포기하지 못하고 그리스도인다운 삶으로 예수를 보여 주려고 합니다. 보여주려고 시도하는 모든 일은 잘못되게 되어 있습니다. 그리스도인다운 삶을 보여주려 했던 사람들은 그것이 거짓이고 가식이었음이 많이 드러났습니다. 그런 분들이 사기도 치고 횡령도 워낙 잘해서 간혹 뉴스를 장식하고 있지요. 보여주려는 의도가 없이 그저 주님이 좋아서 이름도 없이 빛도 없이 사시는 분들은 별 문제가 없지만, 보여주기 위해서 살아온 분들은 꼭 결과가 안 좋을 때가 많습니다. 삶으로 하나님을 증명하려다가 오히려 하나님이 없음을 증명한 꼴이 되었지요.

삶으로 하나님을 보여주려는 시도들 중 대표적인 것들이 간증집회입니다. 특히 연예인 간증집회가 가장 인기가 좋지요. 연예인도 보고 간증도 들을 수 있으니, 보다 많은 사람들에게 하나님을 증명하려는 간증집회에 연예인만큼 좋은 분도 없지요. 하지만 연예인을 한 번 모셔본 경험이 있으신 분들은 이것도 하나의 사업이 되고 있다는 것을 아실 것입니다. 최근에는 서세원씨가 대 활약을 해 주신 덕분에 다소 주춤하기는 합니다만, 여전히 이 사업은 불황이 없습니다.

성경에 하나님이나 예수님의 외모에 대한 묘사가 거의 없습니다. 하나님이 남자인지 여자인지에 대한 것도 모르지요. 예수님이 곱슬머리인지 대머리인지도 모릅니다. 만약 보는 것이 중요했다면 이런 묘사들이 성경에 있어야 했을 것입니다. 기껏 해야, 이사야 53장에 나오는 **'고운 모양도 없고 풍채도 없은즉 우리가 보기에 흠모할 만한 아름다운 것이 없도다'** 정도가 있을 뿐입니다. 하지만 보여주려고 하는 것들은 이런 묘사와 너무나 동떨어져 있지요. '보여주면 믿겠다.'하시는 분들에게 진짜로 예수님이 나타나시면 도리어 믿기 싫어질 것 같아야 하지 않을까요?

이 시대에 예수를 믿는 많은 성도들이 예수를 본고로 믿는 것이 아닙니다. 보지 않았지만, 믿어지는 은혜를 받은 것입니다. 도마에게 하셨던 **'너는 나를 본 고로 믿느냐 보지 못하고 믿는 자들은 복되도다'** 하신 말씀을 이 시대가 다시 한 번 되새겨야 할 것 같습니다.

23
기대와 실망

신대원 입학 면접 때 교수님이 면접생들에게 '언제가 가장 기뻤느냐?'고 질문하셨습니다. 교수님이 원하시는 대답은 '구원을 확신했을 때', 혹은 '소명을 받았을 때'였습니다. 교수님의 의도를 몰랐던 한 면접생이 '월드컵 4강에 올랐을 때요.' 라고 답했습니다. 이 때 면접을 진행하셨던 교수님이 얼마나 황당하셨는지 채플 시간에 이 일화를 공개하셨습니다. 월드컵 4강은 신대원 입학 면접에 나올 만큼 대한민국의 큰 기쁨이였습니다. 저 역시 월드컵 4강이 혹시 꿈은 아니었을까 싶을 만큼 신기하고 대단했으며 굉장히 기뻤더랬습니다. 특히 이탈리아와의 16강전은 잊지 못할 명승부였습니다. 당시 이탈리아는 축구 강국이었고, 우승 후보로 점쳐지기도 했었습니다. 그런 이탈리아를 이겼으니 오죽 신났겠습니까?

이탈리아전을 특별히 좋아하는 이유는 우승 후보국을 이겼다는 것만이 아닙니다. 그 경기가 매우 드라마틱했기 때문에 좋아했습니다. 전반전에 패널티킥을 얻어냈을 때 한국의 함성은 엄청났지요. 안정환 선수가 키커kicker로 나섰고 모두가 안정환 선수의 이름을 외쳤습니다. 온 국민의 기대가 안정환 선수에게 집중된 시간이었습니다. 하지만 안정환 선수는 실축을 하고 맙니다. 제가 그 때 공원에서 단체관람을 하고 있었을 때였는데, 안정환 선수의 실축 이후로 응원하는 사람은 없었고, 혹여 누가 응원한다고 '대~한민국'을 외치면 싸움이 날 것 같은 험악한 분위기였습니다.

이후 이탈리아 선수가 한 골을 넣었고 분위기는 걷잡을 수 없이 험악해져 갔습니다. 후반 종료 직전 설기현 선수가 기적같이 한 골을 만회에 동점을 만들었고 경기는 연장전으로 들어갔습니다. 응원 열기도 다시 살아났습니다. 이것이 부활이구나 싶을 정도였지요. 당시 대표팀 감독을 맡았던 히딩크 감독은 안정환 선수를 연장전까지 뛰게 했습니다. 히딩크 감독의 기대는 빗나가지 않았습니다. 결국 안정환 선수가 골든골을 넣은 것이지요. 이 골든골로 인해 안정환 선수는 이탈리아에서 살해 위협을 받았고 소속 팀에서 방출되기까지 했지요.

16강을 넘어선 한국은 8강에서 무적함대 스페인을 물리치고 4강에 올랐습니다. 스페인전에서는 연반전까지 가고도 승부가 나지 않아, 승부차기를 하게 됐었지요. 이 때, 이운재 골키퍼의 세레머니와 마지막 키커 홍명보 선수의 세레머니는 온 국민의 마음을 환희에 차오르도록 하였습니다. 홍명보 선수는 이 때부터 '리베로libero'로 불리기 시작했습니다. 2002년 월드컵은 박지성 선수를 만들었고 축구의 문외한마저 맨유를 알게 하였습니다. 하지만 제 기억에서 최고의 선수는 안정환 선수였습니다. 그의 반지 세레머니는 초딩 축구에서도 쉽게 볼 수 있는 유행이었습니다.

안정환 선수의 이탈리아전은 많은 강사들에게 큰 이슈가 되었습니다. 히딩크 감독의 리더쉽을 상징하기도 했구요. '기대와 실망'이라는 주제에 단골 스토리가 되었습니다. 뿐만 아니라 많은 목사님들이 설교에서 안정환 선수의 경기를 예화로 많이 다뤘습니다.

10년 이상 지난 이 시점에 제가 다시 안정환 선수의 이야기를 꺼내는 것은 많은 성도들이 하나님 역시 기대와 실망을 하신다고 생각하시는 것 때문입니다. 하나님은 우리에게 그 어떤 기대도 가지고 계시지 않습니다. 또한 그 어떤 실망도 하시지 않으십니다. 이탈리아전에서 하나님을 빗대어 설명할 수 있는 위치는, 그에 대한 기대가 컸던 국민이나 감독이 아닙니다. 함께 전후반을 같이 뛰었던 동료도 아닙니다. 가장 근접하게 설명할 수 있는 위치는, 이탈리아전을 재방송으로 몇 번이나 돌려 보았던 시청자입니다.

이탈리아전 경기 내용을 전부 암기하는 사람이 다시 그 경기를 보면서 안정환 선수의 패널티킥을 기대하지 않습니다. 그가 비록 실축하기는 하지만 그로 인해 실망하지도 않습니다. 더 나아가 안정환 선수가 연장전에서 골든골을 넣어주기를 기도하지도 않습니다. 왜냐하면 그 모든 결과를 알기 때문이지요. 다만 안정환 선수가 실축한 뒤로 위축된 모습을 보이면 안타까워 합니다. 그리고 화면에다 대고 '괜찮아. 네가 다시 연장전에서 골든골을 넣을 거야. 힘내.' 하고 말하곤 했습니다.

 기독교가 믿는 하나님은 전지전능하신 하나님이십니다. 우리가 어떤 잘못을 하게 될지, 어떻게 살게 될지, 하나님은 그 모든 것을 아십니다. 우리가 더 잘 살게 하시기 위해 그 무엇이라도 하실 수 있는 하나님이십니다. 지혜가 부족한 자에게 지혜를 주시고 능력이 부족한 자에게 능력을 주실 수 있는 분이십니다. 그런 분이 하실 수 없는 말씀이 '네가 그럴 줄 몰랐다.'입니다. 그런데도 목사님들의 설교 속에서 너무나 자주 등장하는 말씀이 '하나님을 실망시키지 말아야 합니다.' 혹은 '하나님은 우리에게 큰 기대를 가지고 계십니다. 그 기대에 부응하는 성도들이 되십시다.'입니다. 심지어 복음성가 중 '기대'라는 찬양을 가지고 그것이 하나님께서 우리를 향해 기대하고 계신다는 느낌까지 가집니다. 마지막 가사인 '너를 통해 하실 일 기대해.'라는 것을 가지고 하나님은 우리를 기대하시고 계신다고 주장합니다. 가사 내용은 하나님이 우리를 기대한다는 것이 아니라, 우리가 너를 통해 하나님이 하실 일을 기대한다는 내용인데도 말입니다.

 성경에 보면 하나님이 실망하시는 것 같은 모습을 볼 때가 있습니다. 그 중 대표적인 것이 노아의 홍수 사건과 사울왕의 불순종 사건입니다. 성경은 노아의 홍수 사건 때 하나님께서 **'땅 위에 사람 지으셨음**

을 한탄하사 마음에 근심하시고'라고 기록해 두었습니다. 또한 사울왕이 아말렉과의 전투에서 불순종하였을 때 하나님께서 사무엘에게 '내가 사울을 왕으로 세운 것을 후회'한다고 하셨지요.

뿐만 아니라 성경을 보면 하나님이 기대하시는 분이심을 알게 하는 구절도 있습니다. 가장 대표적인 구절은 이사야 5장에 나오는 7절 말씀입니다.

'무릇 만군의 여호와의 포도원은 이스라엘 족속이요 그가 기뻐하시는 나무는 유다 사람이라 그들에게 정의를 바라셨더니 도리어 포학이요 그들에게 공의를 바라셨더니 도리어 부르짖음이었도다'

하나님이 이스라엘 백성에게 정의와 공의를 바라셨다는 것은 곧 그들에게 하나님의 기대가 있었음을 의미하지요.

하나님의 기대와 실망이 드러나는 구절들 앞에서 우리는, 하나님께서 우리에게 그 어떤 기대를 가지고 계시고 그 기대에 부응하지 못했을 때 실망하실 수도 있겠다는 생각을 갖게 합니다. 이런 생각들은 너무나 쉽게 하나님의 전지전능하심에 대한 우리의 믿음을 흔들어 놓지요. 또한 하나님께서는 우리와 함께 계시며, 우리를 악에서부터 건지시는 분이심에 대한 믿음도 흔들리게 합니다. 하나님은 그저 자신의 볼일을 보고 계시다가 가끔 우리가 어떻게 하고 있나 한 번씩 검사하시는 분으로 오해하기도 합니다. 예수님이 하셨던 비유 중, 종들에게 달란트를 맡기고 멀리 여행을 떠났다가 돌아와 결산하는 주인의 비유나 포도원을 품꾼들에게 맡기고 다국에 갔다가 추수할 때가 되어 세를 받기 위해 종들을 보내는 주인의 비유는 하나님에 대한 우리의 오해를 더욱 부추깁니다.

그 어떤 경우에도 우리가 가져야 할 바른 믿음은, 하나님은 전지전능하신 분이시며 우리와 늘 함께 계시는 임마누엘의 하나님이시라는 것입니다. 성경이 하나님의 기대와 실망을 기록하고 예수님의 비유 속에서 '떠나 계시는 하나님'의 모습이 보인다 할지라도, 우리는 하나님에 대한 바른 믿음을 고수하고 있어야 합니다. 우리의 믿음이 성경보다 위에 있다는 말이 아닙니다. 성경을 볼 때, 하나님에 대한 바른 믿음을 토대로 말씀해석을 해야 한다는 말입니다.

하나님의 세계와 우리의 세계는 전혀 다른 차원입니다. 우리가 가진 언어로 하나님을 묘사하기란 참으로 힘든 법입니다. 천국조차도 우리가 가진 언어로 이야기를 하게 되면 비유로밖에 설명할 수 없습니다. 이탈리아전을 재방송으로 보면서 안정환 선수에게 느끼는 애틋함을, 한탄이나 후회로 기록할 수 있을 것입니다. 뿐만 아니라 내용을 자세히 보면 노아의 방주나 사울의 불순종에서 하나님이 한탄하시고 실망하시는 것은 사람이 아니라 그 사람을 지으신 하나님 자신에 대한 감정들입니다. 이것을 '신인동형론적' 표현을 통해 설명하다 보니까 우리가 가진 언어의 한계상 그렇게 표현한 것이지요. 예수님의 비유 역시 하나님에 대한 묘사가 아닌 천국에 대한 묘사이거나 특정한 어떤 것 예를 들어, 권위나 심판이나 풍성함이나 확장성 등 단편적인 것을 보다 분명하게 드러내기 위해 비유라는 기법을 사용하신 것입니다.

예수님의 비유를 들으면서, 하나님을 농부라던가 혹은 여행가나 임대업자로 이해하시는 분은 없을 것입니다.

하나님의 전지전능과 무소부재 혹은 영원성 같은 것은 우리에게 전혀 없는 것들입니다. 자칫 우리가 가진 경험과 능력으로 하나님을 빗대어 설명하면 십중팔구 엉뚱한 결론을 얻고 맙니다. 더욱이 기대와 실망 같은 단어는 우리의 연약함에서 비롯된 단어인데, 이를 하나님께 덧붙이는 것은 신성모독과 같은 행위입니다.

우리는 우리의 연약함으로 인해 일 년 중 가을이 되면 실망감에 빠져들기도 합니다. 소위 '가을을 탄다.'고 표현하지요. 해마다 연초에 기대를 가지고 살았던 한 해가 10월을 지나가면서 특별한 열매가 없는 것 같이 느껴질 때면 실망감은 더욱 커지게 됩니다. 이것이 자책감으로 나타나기도 하고 신앙인들에게는 하나님에 대한 원망으로 나타나기도 합니다. 목사님들은 연초에 벽에 걸어둔 비전선언문과 표어를 가장 떼고 싶은 기간이기도 하지요.

가장 안 좋은 경우는 아담이 하와에게 그랬듯, 목사가 성도에게 책임을 전가하는 경우입니다. 소위 '남 탓'하는 연약한 기질이 그대로 드러나는 것이지요. 이것은 서로에게 상처만 줄 뿐입니다.

가을은 교회마다 정책당회와 사역박람회를 준비하는 시기입니다. 부디 내년도 표어는 수치로 측정 가능한 것들에서 벗어나, 하나님에 대해 바르게 알아갈 수 있는 것들로 세워질 수 있기를 기대해 봅니다.

이나영과 김우빈이 모델로 나온 커피 광고가 있습니다. 이나영이 가을 낙엽을 바라보고 있는 김우빈에게 '가을 타는 거야?' 하고 묻자, 김우빈이 '커피 탑니다.' 하는 장면이 나오지요. 가을에 실망감이 몰려올 때 커피 한 잔 하십시다.

24
겉사람 vs 속사람

저희 교인 중에 고등학교 다닐 때 교통사고로 뇌의 30%를 잃어버리신 분이 계십니다. 이 일로 군대는 면제되셨지만 사는 것은 일반인과 전혀 다를 게 없으십니다. 사업을 하고 계시고, 슬하에 1남 2녀를 두셨지요. 저희 교회 족구팀 에이스이십니다.

인간의 뇌는 50%만 있어도 살 수 있다고 합니다. 이 말은 뇌사에 빠진 사람에게 누군가가 뇌를 기증해 줄 수도 있다는 말이 되지요. 아직은 뇌를 이식할 수 있는 의학기술이 나오지 않았지만, 언젠가는 가능해 질 것입니다.

뇌를 기증해 주려고 할 때, 뇌를 이식할 수 있는 의학기술 말고도 또 다른 문제가 하나 있습니다. 그것은 뇌를 이식 받은 사람이 자신을 누구로 인식할 것인가 하는 문제입니다. 뇌를 다친 자신으로 인식할까요? 아니면 뇌를 기증한 사람으로 인식할까요?

'생거진천 사후용인'이란, 살았을 때는 진천이 좋고 죽었을 때는 용인이 좋다는 말입니다. 이 말의 유래가 무엇이었는지는 여러 가지 설이 있습니다만, 그중에 재밌는 설이 하나 있습니다. 진천에 가난한 농부였던 추천석을 저승사자가 염라대왕에게 데려 갔더니, 용인 추천석을 데려왔어야 하는데 잘못 데려왔다는 것입니다. 이에 저승사자가 진천 추천석을 이승으로 돌려보냈지만, 가난했던 진천집 아내는 장례를 벌써 끝내고 시신을 땅에 묻은 후였습니다. 다시 살아날 육신을 잃은 진천 추씨는 용인 추천석 집으로 달려가, 이제 막 죽은 상태라 시신이 양호했던 용인 추천석의 몸을 빌어 살아납니다. 비록 몸은 용인 추천석이지만, 영혼은 진천 추천석였던 그는 진천집으로 도망을 갑니다. 하지만 진천댁에게는 전혀 모르는 사람이 나타난 거에 불과했습니다. 과부가 된 자신을 농락하는 것으로 여겼지요. 대화를 하다 보니 말투나 기억이 자신의 남편 추천석이였습니다. 용인 식구들이 진천으로 쫓아와 아버지가 죽었다 살아나면서 단순히 정신이 불안정한 것뿐이라면서 다시 용인으로 데려가려고 합니다. 진천댁은 용인 추천석이 부자인 것을 알고 남편에게 남은 인생은 편하게 살라고 용인집으로 보냅니다. 그래서 생긴 말이 '생거진천 사후용인'입니다.

용인 추씨의 기억은 전혀 없고 진천 추씨의 기억만을 가진 추천석이 용인 사람입니까? 진천 사람입니까? 전설의 고향에서 이 내용을 다뤘는데, 그때 사또의 판결이 이랬습니다.

"예로부터 '천원지방'이라 하였다. 하늘에는 하늘의 법도가 있고 땅에는 땅의 법도가 있는 법이다. 하늘의 법도에서는 그대가 진천 사람일지도 모르겠으나, 땅의 법도는 생긴 것으로 판단하니 그대는 용인 사람이다."

사또의 판결에 따라 진천 추씨의 영혼을 가진 추천석은 용인에서 살게 됩니다. 나름 해피엔딩이었습니다. 용인 추천석으로 살면서 진천 식구들을 도우면서 살았다는 이야기로 끝났거든요.

추천석의 전설은 영혼과 육체를 두고 그 사람의 정체성을 판단하는 데 있어서 보이는 외모를 중시했다면, 미국영화 〈사랑과 영혼〉은 다른 관점을 제시해 주었습니다. 패트릭 스웨이지와 데미 무어가 주연을 했고 우피골드버그의 연기가 환상적이었던 영화입니다. 패트릭과 데미 무어가 도자기를 만드는 장면은 영화사에 명장면으로 남았죠. 패트릭이 친구에 의해 살해당하자 패트릭의 영혼은 점성술사였던 우피에게로 들어가 데미 무어와 재회를 하게 됩니다. 눈에 보이는 것은 뚱뚱한 흑인 여자였지만, 데미 무어는 그를 패트릭으로 인식하게 됩니다. 감독은 아예 우피가 아닌 패트릭이 연기하게 하지요. 이 영화에서는 눈에 보이는 것보다 그의 영혼이 정체성을 결정합니다.

전설의 고향의 추천석과 사랑과 영혼의 패트릭 중 어느 것이 더 기독교적 정체성에 가까울까요? 하나님은 사람을 외모로 보지 않으시고 중심을 보신다고 했으니 사랑과 영혼이 더 성경적일 듯합니다.

그러나 뇌를 이식하는 상황에서는 전혀 다른 문제가 생깁니다. 뇌를 이식하면 동일한 기억과 인지능력을 가진 사람이 두 명이 되는 셈입니다. 아마도 이런 문제 때문에 의학적인 기술이 개발 되도 뇌를 이식 하지는 않을 듯합니다.

저는 지금 서로 다른 두 사람의 이야기를 하고 있습니다. 영혼을 가진 자와, 육체를 가진 자 중에 누가 진짜인가 하는 문제를 다룬 것이지요. 하지만 성경에서는 좀 더 심오한 질문을 하고 있습니다. 그것은 내 겉사람과 속사람의 문제입니다. 한 명의 사람에게서 두 정체성이 나오는 것입니다. 시편에서는 '내 영혼아 네가 어찌하여 낙망하느냐?' 하며 겉사람이 속사람에게 말을 하는 것처럼 묘사되고 있습니다. 신약에서는 속사람이 진짜고 겉사람은 장막에 불과하다는 내용도 있습니다.

겉사람과 속사람 중 어떤 것이 자신일까요? 대부분의 사람들은 눈에 보이는 겉사람이 자신이라고 생각합니다. 겉사람의 상황에 따라 속사람의 느낌이 달라지거든요. 배고프면 화가 나고 피곤하면 자야하는 것처럼 말입니다. 심지어 미용실에서 머리가 잘 나왔는가 아닌가로 인해 내 감정과 느낌과 생각이 달라집니다. 그러다보니 자연스레 우리들은 겉사람을 꾸미는 것으로 자신의 행복을 결정하게 됩니다. 자신이 즐거우려면 겉사람에게 필요한 모든 것이 다 갖춰져 있어야 합니다. 집도, 옷도, 마실 것도 다 겉사람을 위한 일입니다.

하지만 성경적 가치들은 겉사람보다 속사람에게 맞춰져 있습니다. 편안보다는 평안을, 건강보다는 안식을, 배부름보다는 영혼의 만족을 이야기하지요. 겉사람은 세월을 피하지 못하고 낡아지지만 속사람은 날로 새로워진다고 말합니다.

　하나님의 관심은 겉사람에 있을까요? 속사람에게 있을까요? 하나님은 복을 주실 때 겉사람에게 주실까요? 속사람에게 주실까요? 하나님은 구원하실 때 겉사람을 구원하실까요? 속사람을 구원하실까요? 하나님은 죽음을 이야기 할 때 겉사람의 죽음을 이야기 할까요? 속사람의 죽음을 이야기 할까요? 그리스도와 함께 사는 것은 겉사람입니까? 속사람입니까? 제일 좋은 것은 '둘 다'이지요. 편안한 삶과 평안한 삶이 함께 하면 금상첨화입니다. 분당 살다가 천당 가는 게 제일 좋은 것이겠지요. 하지만 어느 시대나 모든 사람에게 둘 다의 축복이 주어지는 것은 아닙니다. 겉사람에게 주어지는 복은 밑 빠진 독에 물 붓는 격이 되기 쉽습니다. 건강이 평생 가지도 않고요. 영원히 안 죽을 수도 없습니다. 돈이 많아도 삼시 세끼를 죽만 먹어야 하는 수도 있고요.

　하나님의 관심은 낡아지는 겉사람에게 있는 것이 아니라, 날로 새로워질 수 있는 속사람에게 있습니다. 하나님께 기도하면 환경이 변하기보다 내 생각과 마음이 변할 가능성이 훨씬 큽니다. 30평에 사는 사람은 40평을 기도하지만, 주님과 함께 사는 사람은 초가삼간도 감사할 줄 압니다. 건강을 위해 기도하던 사람은 다시 직장을 위해 기도하고 또 승진을 위해 기도하게 되지만, 평안을 구한 사람은 병상에서 찬양을 하며 살아갑니다. 이것을 모르실리 없는 하나님께서, 당신의 복을 속사람에게 주실 것은 당연하지요. 그리고 그 복은 이미 충분히 부어 주셨습니다.

우리의 시선을 자신의 외모와 재산과 스펙에서 돌이켜, 자신의 속사람을 한 번 보세요. 그러면 하나님께서 살리시고 회복시키시고 당신의 자녀로 삼으신, 보배롭고 존귀한 자신을 보실 수 있을 것입니다. 그게 진짜 당신의 모습입니다.

24-4 눈 썰매 얼음 썰매 휙휙

전 하 영
(발안초 3학년)

이야 ~ 썰매장 가자 ~

눈썰매는 아래로 휙휙
얼음썰매는 앞으로 휙휙

눈썰매는 무섭게 휙휙
얼음썰매는 재밌게 휙휙

눈썰매는 올라가서 휙휙
얼음썰매는 꼬챙이로 찔러서 휙휙

25
믿는 자들에게 나타날 **표적**

쉬는 날, 가족들과 함께 인천대공원에 다녀왔습니다. 인천에서 목회하는 친구와 함께 오랜만에 즐거운 나들이를 했지요. 사모가 꿈이었던 그 친구는 전도사님과 맞선을 통해 결혼해서, 자신의 꿈을 이루었습니다. 친구들 중 어릴 적 자신의 꿈을 이룬 친구가 몇 안 되는데, 그 친구와 제가 어릴 적 꿈을 이룬 행운아입니다.

친구는 3명의 아이를 두었습니다. 그 중 첫째가 어릴 적 소변기계통에 문제가 생겨 수술을 받아야 했던 적이 있었습니다. 그 때 친구는 저희 부부에게 기도를 부탁했었지요. 그 당시 저희 아이는 수술로도 고칠 수 없는 병으로 기도하고 있던 중이었습니다. 제 아내는 친구에게 '수술해서 고칠 수 있는 병은 그냥 감사의 제목이야.' 했었습니다. 감사하게도 친구의 아이는 자연치유가 돼서 수술을 받지 않았었지요.

그 날 친구를 만나 그 때의 이야기를 들을 수 있었습니다. 아이의 고모가 기도를 많이 하시는 분이신데 기도원에서 아이를 놓고 기도하던 중 하나님의 응답을 받으셨답니다. 하나님이 그 아이를 머리부터 발끝까지 다 치료하셨다고요. 친구는 그 말을 믿을 수가 없어서 이틀 뒤에 병원으로 검사하러 갔지요. 검사결과 의사선생님이 정말 기적처럼 낳았다고 하더랍니다. 그래서 수술비는 하나님께 감사헌금으로 드렸습니다.

그 간증을 다 듣고 제가 친구에게 물었습니다. 같은 일이 다시 벌어진다면 기도로 낳았다고 믿고 검사를 받지 않겠느냐고 했지요. 친구는 그래도 검사를 통해 확인해야 되지 않겠냐고 합니다. 그래서 다시 물었습니다. 검사를 했더니 수술을 해야 한다고 하면 고모의 말을 믿고 수술을 포기할건지, 아니면 의사선생님의 말을 믿고 수술을 진행할건지 물었지요. 고모가 아니라, 자신이 직접 기도 중에 하나님의 응답을 들었는데 검사결과 수술해야 한다면, 어떻게 할 건지도 물었습니다. 친구는 하나님의 응답보다 검사결과를 신뢰하겠다고 했습니다. 여러분이라면 어떻게 하시겠습니까?

기도응답을 받았던 그 아이가 지금 다른 문제로 병원치료를 받고 있습니다. 1년이 넘는 치료계획을 세우고 진행 중에 있더군요. 고모께서 다시 기도원을 올라가시던지, 친구가 기도원에 들어가던지 해야 하지 않을까요? 하나님께서 기도를 통해 한 번 신유의 역사를 보여 주셨다 하더라도 아프면 병원에 가야 합니다. 이건 믿음이 있고, 없고의 문제가 아닙니다. 동네병원에서 어렵다고 하면 큰 병원가고 큰 병원에서 어렵다고 하면 민간요법이라도 찾아야지, 기도원에 들어가서 기도하고 있는 것이 믿음일 수는 없습니다.

우리가 가고자 하는 목적지가 있다면 네비게이션을 의지하는 것이 현명합니다. 성령님의 인도하심을 구하고 느낌대로 운전한다고 해서 믿음이 좋은 것이 아닙니다. 그런 사람이 운전하는 차는 가급적 피하셔야 합니다. 무슨 독을 마시더라도 해를 입지 않을 것을 믿는다 하더라도 뱀을 함부로 만지지 않아야 하며, 실수로 마셨다면 빨리 병원에 가셔야 합니다. 물 가운데 지날지라도 침몰치 않을 것을 믿는다 하더라도 구명조끼를 입고 배를 타셔야 하며, 불 가운데 지날 때에도 타지도 아니할 것이라 했어도, 불은 늘 조심히 다루셔야 합니다. 믿음보다 '자나 깨나 불조심!'을 하셔야 합니다.

예수님께서 부활하신 후 열한 제자를 만나 '그들의 믿음 없는 것과 마음이 완악한 것을 꾸짖으시'며 믿는 자들에게 나타날 표적에 대해 말씀해 주신 것이 마가복음 16장에 나옵니다.

'믿는 자들에게는 이런 표적이 따르리니 곧 그들이 내 이름으로 귀신을 쫓아내며 새 방언을 말하며 뱀을 집어 올리며 무슨 독을 마실지라도 해를 받지 아니하며 병든 사람에게 손을 얹은즉 나으리라 하시더라' (막 16:17-18)

이 말씀을 굳게 믿고 자신의 믿음으로 정신이 온전치 못한 사람 붙들고 기도하거나, 병든 사람에게 함부로 손을 얹는 일을 해서는 안 됩니다. 그것으로 믿음을 증명할 수 있는 것이 아닙니다. 오히려 10번 중 9번 이상은 믿는 자가 아니라는 사실만 증명될 뿐입니다. 기도하더라도 좋은 병원으로 안내해 주는 것이 더 현명합니다. 신유의 은사가 탁월하시다는 분이 계셔서 그 분이 100번의 안수기도를 하면 99번이 낫는다 하더라도, 나머지 한 번으로 사람이 죽을 수 있습니다. 63빌딩 옥상에서 100명의 사람이 뛰어내려 하나님의 은혜로 다치지 않고 땅에 안전히 내려갔다고 하더라도 여러분은 하나님보다 엘리베이터를 더 신뢰하셔야 합니다. 엘리베이터를 못 믿겠다면 두 다리를 믿으시고 걸어서 내려가십시오. 만약 믿음으로 뛰어내리면 100명의 스턴트맨에게 속았다는 사실만 확인하시게 됩니다.

믿음의 어머니들이 새벽기도로 아이들을 길렀다고 해서 어린 자녀들을 두고 새벽예배에 가는 것은 결코 믿는 자가 할 일이 아닙니다. 어떤 분은 자는 아이들을 깨워서 함께 새벽예배를 드리시던데, 그것으로 아이들이 자라지 않습니다. 아이들은 잠을 충분히 자야 건강하게 성장하는데 도움이 됩니다. 아이들은 어머니의 기도로 자라는 것이 아니라, 어머니의 보살핌으로 자라는 것입니다. 연초에 하는 특별 새벽예배에 아이들을 다 깨워서 21일(세이레) 꼬박 개근하면 하나님의 은혜가 임하는 것이 아니라, 감기가 임하거나 심하면 폐렴이 임합니다. 믿음으로 자녀를 키웠다고 생각하시는 분들은, 다른 이들에게도 믿음으로 자녀를 키울 것을 강요하십니다. 자녀에게 무슨 일이 생기면, 너무나 쉽게 '기도하지 않아서 그래.' 하면서 권면인 척 정죄를 하십니다. 목사님들 사이에서도 교회가 부흥하지 못하면, 무릎으로 목회하지 않아서 그렇다는 말을 너무 쉽게 하시지요.

믿는 자들에게 나타나는 표적은 현실이 아닙니다. 표적이라는 말 그 자체가 흔한 일이 아님을 나타내는 말입니다. 표적은 어떤 프로그램처럼 동일한 조건에 동일한 결과를 가져오는 것이 아닙니다. 만약 동일조건에 동일결과라면 그건 과학이지요. 표적은 의도한대로 나타나지도 않습니다. 표적은 하나님이 베푸시는 조건 없는 은혜이기에 표적이 일어날 시점도, 방법도, 대상도 전혀 알 수 없습니다. 표적을 추구하는 신앙이 믿는 자를 의미하지도 않습니다. 표적을 구하기보다 이성을 따라 현실적으로 살아가는 것이 더 현명한 신앙입니다. 감 떨어지기를 기다리며 누워있는 곰이 되기보다, 사다리를 만들어 올라가 수확하는 것이 믿는 사람의 태도여야 합니다. 평생 믿어도 한 번도 표적을 경험하지 못할 수도 있고, 수시로 표적을 경험하는 사람이 있을 수(?)도 있습니다. 표적을 경험하는 사람은 믿는 자이고 경험하지 못하는 사람은 불신자가 되는 것도 아닙니다.

주님이 이 시대에 보여주실 표적은 요나의 기적 밖에 없습니다. 이 시대가 악하고 음란한 세대이기 때문입니다. 요나의 표적마저도 그 대상이 우리가 아닌 주님 자신임을 잊지 않으셔야 합니다. 주님이 보여주신 요나의 표적이 믿어진다는 것이 가장 큰 표적이라는 사실도 잊지 마시길 바랍니다. 믿는 자에게 나타날 표적에 현혹되어, 이미 얻었고, 누리고 있는 하나님의 놀라운 은혜를 놓치고 살지 않았나 되돌아 볼 필요가 있습니다.

　오늘 밤 주무시기 전에 하나님께 감사의 기도를 드리실 수 있다면 여러분은 엄청난 표적을 경험하시고 계신 것입니다.

26
극락왕생

　불교에서 돌아가신 분에게 흔히 하는 말이 '극락왕생하소서.'입니다. 기독교식으로 하면 '천국에서 평안하소서.' 정도가 됩니다. 하지만 말 그대로 극락왕생하기는 정말 어렵습니다. 불교에서 극락왕생할 수 있는 가능성은 '물은 물이고, 산은 산이로다.'했던 성철스님의 깨달음 정도는 있어야 가능합니다. 성철스님도 극락왕생 못한다고 보는 시각도 있으니, 사바세계(이생)에서 살아가는 민초들에게는 애당초 글러먹은 것이 극락왕생하는 것입니다.

　극락왕생을 이해하기 위해서는 '육도윤회'라는 것을 이해하셔야 합니다. 불교의 기본사상이 윤회입니다. 사람은 죽어 끝나는 것이 아니라, 다음 생에 다시 태어난다고 하지요. 자신이 어떤 삶을 살았느냐에 따라 육도 안에서 다시 태어나는데, 그 육도가 지옥도(地獄道)·아귀도(餓鬼道)·축생도(畜生道)·아수라도(阿修羅道)·인간도(人間道)·천상도(天上道)입니다. 지옥도나 천상도는 그냥 지옥과 천국의 개념이구요. 아귀도는 지옥보다는 덜하지만 쫄쫄이 굶기는 곳입니다. 축생도는 네발 달린 짐승으로 태어나는 것이며, 아수라도는 노여움이 가득한 다툼의 세계를 의미합니다. 사람들이 항상 서로 싸우고 헐뜯고 미워하는 그런 상황을 일컬어 '아수라장'이라고 하지요. 인간도는 저와 여러분의 세계입니다.

육도윤회를 보면 지옥도와 천상도는 영원한 장소가 아닙니다. 지옥도에서 잘 견디면 다음 생에 아귀도에서 태어날 수 있습니다. 천상도에서도 진상 떨고 살면 인간도로 떨어져서 윤회하게 되지요. 우리의 지옥과 천국 개념은 영원하다는 전제가 있다는 것에서 조금 다른 개념입니다. 극락은 천상도보다 위에 있는 열반의 세계입니다. 다시 태어나는 윤회가 없는 곳이지요. 그곳엔 부처가 있다고 합니다. 극락왕생하라는 말은 바로 그 열반의 세계에 태어나, 다시 죽는 일이 없이, 영원히 부처가 되어 살라는 말이지요. 극락왕생하게 되면 인간의 모든 고통과 번뇌에서 벗어나 해탈의 세계로 들어가게 되는 것입니다. 극락왕생하려면 천상도에 먼저 갔다가 거기서 진상부리지 않고 착하게 잘 살고 죽은 다음에 가게 됩니다. 성철스님도 이렇게 보면 극락왕생하신 것이 아니라 천상도에 계실 가능성이 큽니다. 물론 거기서 다시 인간도에 내려오진 않겠지만 그걸 어찌 장담하겠습니까?

극락왕생하느니 그냥 하나님이 계신 천국 가는 것이 훨씬 쉬워 보이는데요. 다만 기독교에서 이해하는 천국이 불교에서 말하는 극락의 세계보다 수준이 떨어져 보인다는 데에 기분이 좀 상합니다. 천국에 대한 기독교인들의 이해는 파라다이스 수준을 넘지 못합니다. 그마저도 제대로 된 낙원 개념으로서의 파라다이스가 아니고 시골동네에서나 볼 수 있는 파라다이스 나이트클럽을 꿈꾸고 있는 것 같아 씁쓸합니다.

파라다이스는 십자가 위에서 예수님이 한편 강도에게 했던 낙원을 말하고, 바울이 다녀왔다는 삼층천이며, 계시록에서 에베소 교회에게 주시겠다고 하신 생명나무의 열매가 있는 곳입니다. 교인들이 이해하는 파라다이스는 계시록에 있는 낙원의 개념에 머물러 있습니다. 최초의 낙원은 그 생명나무가 있던 에덴동산이 되는 것이지요. 그래서 기껏 천국을 말한다는 게 에덴을 회복하자고 하고 뜨라스띠아스나 사랑의 동산에 다녀온 뒤 그곳이 천국이었다고 합니다. 이런 수준의 천국은 섬김이들이 이불 깔아 주고 맛있는 밥해서 식탁에 차려주고 이것저것 선물 한 아름 안겨 주는 것 정도로 이해합니다. 교회도 천국의 모형을 만든답시고 다양한 편의시설을 갖추고 선녀 같은 분들로 안내를 서게 합니다. 이보다 조금 더 천국에 가까운 교회를 만든다는 게, 공산주의식 개념의 초대교회를 지향합니다. 그러다가 결국은 천국을 만들기보다 아수라장을 만드는 교회가 더러 있지요. 이런 교회들을 보면 인간도에 있는 교회가 아니라 그보다 못한 아수라도에 있는 교회처럼 보입니다.

천국은 어떤 곳이냐고 물으면 대부분 금은보화가 가득하고 눈물이 없고 아픔이 없고 배고픔이 없는 곳 정도로 표현합니다. '**가난한 자는 복이 있나니 천국이 저희 것이요.**' 했더니 천국은 가난한 자가 없는 곳인가 하고 생각합니다. 에스겔이 표현한 것처럼 성전 문지방에서 물이 흘러나와 병든 자를 고치고 나무 잎사귀가 마르지 않는 곳이 천국이고 사막에 샘이 넘쳐흘러서 꽃이 피고 향내 나는 곳이며 사자와 어린 양이 뒹굴고 독사 굴에 어린이가 손 넣고 장난쳐도 물지 않는 곳으로 이해합니다. 결국 한국교회에서 천국이란 휘황찬란한 보석으로 치장되어 있고 천사들이 시중들어 주는 곳이며, 예수 잘 믿은 사람들만이 갈 수 있는 곳으로서, 이 땅에서 누려보지 못한 온갖 좋은 것들을 풍족하게 누릴 수 있는 무릉도원 같은 곳으로 알고 있습니다.

이런 천국개념에 비해 극락의 개념은 고통과 번민에서 벗어나서, 성내지 않고 시기하지 않고 질투하지 않는 해탈의 경지로 누구나 부처가 될 수 있는 곳입니다. 불교의 시각으로 보면 기독교의 천국은 육도윤회의 마지막 단계에 불과한, 극락에 비해 수준이 한 단계 떨어지는 곳입니다.

천국에 대한 또 다른 이해는 정치적 개념의 천국입니다. 말 그대로 하나님이 다스리시는 곳이지요. 예수 믿는 사람들은 그곳의 시민권자들이구요. 하나님이 다스리시니 모두가 공평한 대우를 받게 될 것이고, 빈부의 격차가 없을 것이며, 억울함이 생길 일이 없는 곳이 천국입니다. 일종의 범죄 없는 도시를 만들게 되지요. 서양의 유토피아 개념이 짙게 깔린 천국입니다.

유토피아는 영국사람 토머스 모어가 1516년에 만들어 낸 말입니다. 그의 책 제목이 〈유토피아〉였지요. 그의 책에 유토피아라는 섬이 나옵니다. 인구 10만 명 정도 되는 이 섬에서 민주적으로 왕을 선출하고 화폐를 사용하지 않으며, 똑같은 집에서 살고 그마저도 10년 주기로 이사를 해서 집을 바꾸고 하루 6시간의 노동을 해서 생산된 물건을 필요에 따라 시장에서 가져다 사용하고 일이 끝나면 문화강좌에 가서 맞춤 강의를 듣는 곳입니다. 실제 이런 나라가 있다면 누구라도 이민 가고 싶어지는 곳이지요.

이런 유토피아를 꿈꾸는 기독교인들에게는, 하나님의 나라가 이런 나라가 아닐까 하는 생각과 기대를 갖습니다. 이런 기대를 가지고 교회 안에서도 민주적 정치 문화를 만들어 냅니다. 장로님들을 선출하고 재정을 투명하게 공개하고 누구에게나 사역의 길을 열어 줍니다. 세상에서 이루지 못한 선생님의 꿈을 주일학교 교사로 간접 경험하고 성가대나 찬양대에서 가수의 꿈을 작게나마 이룹니다.

정치적 개념의 천국을 꿈꾸는 교회에서는 하나님의 뜻에 따르기보다 당회의 뜻을 따라야 하고 공동의회나 제직회가 중요한 의사 결정 기구가 됩니다. 장로가 된다는 것은 국회의원이 되는 것과 비슷합니다. 심지어 선임장로가 되면 대통령이라도 된 듯한 분위기입니다. 담임목사를 자신의 기호에 따라 고르기도 합니다. 소위 자신이 뽑고 자신이 임명하지요. 이런 교회들이 많아지면서 노회나 총회가 정치판에 불과하다는 소리가 나옵니다. 총회장 하기 위해 돈봉투를 뿌리는 일도 생기지요. 부정선거가 판치면서 더러운 곳이라는 이미지마저 생겨 났습니다.

그러나 유토피아의 뜻은 '어디에도 없다.'라는 의미입니다. 유토피아는 '현실에는 결코 존재하지 않는 이상적인 사회'를 일컫는 말이지요. 정말로 하나님이 다스리시기만 한다면, 유토피아가 불가능하지도 않겠지만, 중요한 것은 유토피아가 천국이 아니라는 것입니다. 이런 유토피아적 천국을 만들다 보니 천국에서도 계급이 존재한다고 생각하지요. 하나님 밑에 예수님, 예수님 밑에 베드로 하는 식입니다. 만약 하나님을 줄서서 만나려고 하면 천국 살면서 한번이나 제대로 하나님을 볼 수 있을까 싶습니다.

무릉도원이 되었건, 유토피아가 되었건, 이들은 모든 인간적 욕심에 의해 만들어진 짝퉁 천국입니다. 자신의 욕구를 이루거나, 원한을 해결하거나, 소원을 성취하는 수준의 천국이지요.

천국은 이 땅의 개념과 전혀 다른 개념입니다. 이 땅에서 어떤 희생과 수고로 만들 수 있는 그런 곳은 천국이 될 수 없다는 말입니다. 교회가 천국의 모형이어야 한다는 말은 보여지는 것을 의미하지 않습니다. 천국을 설명하거나 보여주려고 시도하면 천국은 이상한 곳이 되어버립니다. 성경에 나오는 시각적인 천국은 다 비유에 불과합니다. 천국의 길은 금으로 깔려 있다는 말을 진짜 금으로 이해하면 천국을 이해하지 못한 것입니다. 금 면류관이 도대체 뭐가 되겠습니까? 길 포장 재료로 만든 것 밖에 안 되지요. 까딱 실수하면, 십사만 사천 명에 목숨 거는 요상한 집단과 동급 됩니다. 오죽하면 예수님조차 천국에 대한 직접 언급은 피하셨겠습니까?

천국에 대한 한국교회의 이런 이해는 인간의 행위와 밀접한 관계를 갖게 됩니다. 천국을 가고 싶은 곳으로 만들어 버리지요. 지구상의 가장 좋은 곳으로 여행을 가고 싶어 돈을 모으는 사람들처럼 만들고 그런 곳에 들어갈 수 있는 자격요건을 갖추는 일에 모든 힘을 쏟게 합니다. 결국 이렇게 해서 가는 천국은 육도윤회의 천상도 외에는 없습니다.

천국은 신비한 곳으로 그냥 두었으면 합니다. 인간의 이해를 넘어서는 곳으로 인정했으면 좋겠습니다. 그곳은 하나님이 알아서 하실 수 있게 간섭하지 않았으면 좋을 듯합니다. 천국은 자신이 수고하고 노력하여 가는 곳보다 하나님이 알아서 선택하시고 부르시고 유업으로 주시는 곳이 되어야 합니다. 그렇지 않을 바에는 차라리 극락왕생하는 편이 낫습니다.

27
불한당

예전에 했던 〈태조왕건〉이라는 드라마에서 궁예가 한쪽 눈을 가리고 나와, 관심법이라는 신통력을 보여 준적이 있었지요. 다른 사람의 마음을 꿰뚫어 본다는 이 신통력은 미륵관심법이라고도 합니다. 불교에서 열심히 수행을 하면 얻게 된다는 육신통의 하나인 타심통을 말합니다.

불교 육신통은 신족통(神足通), 천이통(天耳通), 타심통(他心通), 숙명통(宿命通), 천안통(天眼通), 누진통(漏盡通)입니다. 무슨 말인지 잘 모르겠지요? 쉽게 표현하면 신족통은 순간이동이구요, 천이통은 전화기, 타심통은 마음을 읽어내는 심리학, 숙명통은 자신의 전생을 보는 것이고, 천안통은 다른 사람의 전생을 보는 최면술이며, 누진통은 무아지경과 비슷합니다.

누진통을 제외한 나머지 5개를 오신통으로 따로 분류하기도 하는데요. 그 이유는 누진통은 사람이 터득할 수 있는 신통력이 아니고 오직 부처만이 할 수 있는 능력이기 때문입니다. 무협지에서도 도인들이 열심히 수련하면 축지법이나 천리안 같은 오신통 비슷한 것들을 할 수 있게 됩니다. 하지만 최고의 단계인 누진통에 이르면 더 이상 도인이 아니고 신선이 됩니다.

무협지에서 누진통을 불한당으로 부르기도 합니다. 땀을 더 이상 흘리지 않는다는 것인데, 이는 인간의 희노애락에서 벗어난 경지를 의미합니다. 단순히 땀만 흘리지 않는 것이 아니라, 눈물, 콧물, 사정, 오줌 등 모든 액체를 흘리지 않는 것이지요. 신선 외에는 도저히 불가능한 일이라서 불한당을 건달이라고도 부릅니다. 하늘 건(乾)에 이를 달(達)을 써서 하늘에 통달한 사람이라는 뜻이지요.

불교에서 누진통을 부처님만 가질 수 있는 능력으로 본 이유는, 누진통이 '자신의 번뇌가 다하고, 이승을 마지막으로 다시 태어나는 것은 없어졌다고 아는 힘'이기 때문입니다. 번뇌를 벗어버리는 일은 극락(열반)에 들어가는 일로 여겨졌지요. 극락에 들어가면 비로소 윤회의 사슬에서 벗어나게 됩니다.

누진통과 불한당은 극도의 수행과 훈련으로 도달할 수 있는 최고의 경지이며, 여기에 도달하게 되면 이 세상 사람이 아닌 부처가 되거나 신선이 됩니다. 그래서 누진통과 불한당이 가르쳐 주는 또 다른 의미는, 이 땅에 사는 한 모든 인간은 번뇌하게 되어 있고 땀을 흘리며 살게 되어 있다는 것입니다. 비록 누진통과 불한당을 제외한 오신통에 도통했더라도, 희노애락의 굴레에서 벗어날 수 없는 게 사람입니다.

기독교도 예전에는 고행이나 수도를 통해 성인이 될 수 있을 것처럼 여기던 시절이 있었습니다. 불교신자가 머리 깎고 절에 들어가 스님이 되듯, 성도들도 수도사가 되겠다고 수도원에 들어가던 사람들이 있었지요. 탁발이란 스님들이 시주를 받는 행위를 일컫는데, 프란치스코 수도회나 도미니코 수도회도 그 기원이 탁발수도회였습니다.

그러나 아무리 수도를 해도 희노애락을 벗어날 수 없음을 보여주는 예화가 있습니다. 극도의 고행과 절제로 모든 유혹을 이길 힘을 얻었다는 수도사에게 사탄이 부하 마귀를 보내어 유혹해 보도록 했습니다. 첫 번째 마귀는 돈주머니를 들고 가서 기도하고 있는 수도사에게 흔들었습니다. 수도사는 아무런 동요조차 하지 않았습니다. 두 번째 마귀는 세상에서 가장 예쁜 여자로 변신해 수도사를 유혹해 보았습니다. 하지만 소용이 없었습니다. 그래서 마귀들은 이 수도사는 진짜 성인이 되었다고 했지요. 하지만 사탄은 동의하지 않았습니다. 그래서 자신이 직접 가서 기도하고 있는 수도사에게 귓속말로 무엇인가를 속삭였지요. 그랬더니 수도사의 마음이 심하게 요동을 쳤습니다. 얼굴은 분노로 일그러졌지요. 그래서 부하 마귀들이 뭐라고 했기에 수도사가 저 난리냐고 물었습니다. 사탄은 '네 동생 교황 됐다.'고 했더니 저러더라고 했습니다.

인간은 그 어떤 노력으로도 자신의 죄성을 극복할 수 없습니다. 기독교와 불교의 다른 점이 헤어스타일에만 있는 것이 아니라 희노애락의 굴레를 해결하는 방식에도 큰 차이점이 있습니다. 기독교에서는 인간의 그 어떤 노력으로 이루어지는 것이 아니라 하나님께 의탁함으로 이루어집니다. 다시 말해서 누진통과 불한당 같은 경지는 극도의 훈련의 결과로 도달하는 것이 아닌, 하나님께서 받아 주심으로서 가능해집니다. 바울이 로마서에서 그 사실을 분명하게 보여주고 있습니다.

'오호라 나는 곤고한 사람이로다 이 사망의 몸에서 누가 나를 건져 내랴'(롬7:24)

이런 이유 때문에 기독교의 화두는 '어떻게How'가 아니고 '누가Who'인 것입니다.

오늘 날 많은 목사님들의 설교는 'How'의 문제를 더 많이 다룹니다. 성도들 역시 설교 말미에 '그럼 나더러 뭘 어쩌라는 거냐?'에 대한 대답을 듣고 싶어 합니다. 이런 이유로 설교는 점점 그리스도를 선포하는 일에서 멀어지고, 어떻게 하면 성공할 수 있는지, 어떻게 하면 더 잘 살 수 있는지, 어떻게 하면 고통을 해결할 수 있는지, 어떻게 하면 착하게 살 수 있는지를 끊임없이 다룹니다. 심지어는 구원과 천국의 문제까지도 어떻게 하면 구원을 받을 수 있는지, 어떻게 하면 천국에 갈 수 있는지를 설교하지요. 설교만 들어서는 여기가 교회인지 절인지 헷갈릴 수 있습니다.

우리나라에서 건달이나 불한당은 행실이 나쁜 불량배를 뜻하는 용어이기도 한데요. 불한당이라는 말은 영화 〈넘버3〉에서 송강호가 모텔에서 자기 똘마니들을 정신교육 시키면서 했던 대사로 유명해졌습니다. 소위 '헝그리 정신'을 가르칠 때 했던 대사지요.

"건달을 불한당이라고도 한다. 아닐 불, 땀 한…. 땀을 안 흘린다는 뜻이야. 조금만 더 버티자. 조만간 일거리가 들어오겠지."

건달이나 불한당이 살아있는 인간에게 적용될 때는 한낱 '나쁜 놈'의 의미로밖에 쓰이질 않습니다. 어쩌면 누진통에 도달했다는 스님이나, 성인행세를 하는 신부님이나 성화되었다고 하는 목사님도 그저 '나쁜 놈'이라는 의미일 수 있음을 기억해야 합니다.

제 아무리 높은 경지에 오른 사람들이라도 치통에 한 번 걸려 보세요. 저절로 희노애락의 세계로 떨어집니다.

28
주화입마 走火入魔

저희 노회에는 목사 찬양단이 있습니다. 기타리스트가 3명이고 신디 주자 2명과 드럼, 클라리넷, 트럼펫, 베이스와 보컬까지 해서 14명 정도로 이루어진 밴드이지요. 저는 기타리스트로 참여합니다. 연습이나 공연이 있을 때마다 기타 들고 가는 것이 조금 불편합니다. 제가 입단하고 드럼 치시는 목사님이 입단하셨는데 그분은 스틱만 두 개 들고 다니십니다. 괜히 부럽습니다. 얼마 뒤 또 한 분의 목사님이 입단하셨습니다. 그 분은 휘파람을 부십니다. 그냥 입만 가지고 오십니다.

제가 입단했을 때, 입단 테스트에서 처음 들은 말이 '전목사, 기타 독학했어요?' 였습니다. 고수의 눈은 예리합니다. 중학교 때 폼 잡고 싶어서, 책 사다가 낡은 기타 하나 구해서 가지고 논 것이 지금의 제 기타 실력입니다. 조금 아쉬운 마음에 기타학원을 다닌 적도 있었지요. 학원 입구에는 '하루라도 기타를 치지 않으면 손가락이 썩는다.'라고 쓰여 있었습니다. 여유가 없던 탓에 한 달 밖에 다니지 못했습니다만, 그 한 달 사이에 손가락이 부러지는 줄 알았습니다.

기타를 배우시는 분들 중에 중도에 그만 두시는 경우가 있습니다. 기타가 지겨워 졌거나, 과도한 연습으로 손가락에 무리가 왔을 때입니다. 기타를 배우면서 손가락 끝이 갈라지고 피가 나는 일을 흔합니다. 하지만 피를 본 후 굳은살이 생기면 기타치기가 편해지기도 하지요. 정작 문제는 손가락이 뒤틀리는 경우입니다. 더 잘 치고 싶어서 관절을 꺾기도 하고 손가락 근육을 늘리기도 하는데 이 때 실수하면 손에 무리가 가서 아예 기타를 못 치게 되는 경우가 생기지요. 이런 경우 '주화입마'에 빠졌다고 합니다.

'주화입마'는 무협지에 나오는 말입니다. 무공수련을 하다가 기를 잘못 다스려서 화를 입게 되는 것을 일컫는 말이지요. 무술영화나 무협지에 나오는 주인공들은 꼭 주화입마에 빠집니다. 그런데 어찌어찌 해서 주화입마를 이겨내고 최고의 고수가 되는 것으로 끝나지요. 주화입마에 빠졌다가 낫게 되는 일이 굉장히 어렵습니다. 거의 불가능에 가깝죠. 그래서 소설이나 영화에서만 가능한 일이 됩니다.

주화입마는 기수련하시는 분들에게서도 종종 나타나는 현상입니다. 보통은 병을 고치거나 건강을 지키기 위해서 시작한 기 수련이, 과도한 욕심에 의해서 불구가 될 때 주화입마에 빠졌다고 합니다. 기 수련하시는 분들 중에 기수련을 통해 신통력을 얻을 수 있다고 믿는 분들이 계십니다. 그래서 검증되지 않은 훈련법을 무슨 비법인양 따라 하다가 화를 입거나 기를 돋우는데 신비한 명약이라는 말에 속아 이상한 것 먹고 아예 불구가 되는 경우가 있지요.

'주화입마'는 일상에서도 볼 수 있습니다. '선무당이 사람 잡는' 경우나, '과유불급' 역시 '주화입마'에 해당하지요. 자전거 좀 탈 줄 안다고 자신의 능력을 맹신한 채 거친 산을 타고 내려오다가 사고가 나기도 하구요. 자동차를 좀 안다고 괜히 손댔다가 아예 망가뜨리는 경우도 있지요. 건강에 좋다는 말만 믿고 건강보조 식품을 과도하게 먹고 화를 당하기도 합니다. 예뻐지려고 성형수술 했다가, 도리어 얼굴만 더 망가지는 경우도 이에 해당합니다. 주식에 손댔다가 망하거나 장사를 만만하게 보고 사업을 시작했다가 다 말아 먹는 경우도 흔하지요.

교회에서도 주화입마에 빠지는 경우를 종종 볼 수 있습니다. 어떤 계기로 인해 교만해진 경우가 대표적인 주화입마입니다. 40일 금식기도한 후 목사님을 무시하거나, 신앙 서적 한 권 읽고 와서 목사님을 가르치려고 드는 경우도 있지요. 실제로 제자훈련원에서 교육받은 성도들이 주화입마에 빠져 목사님과 갈등을 빚는 사례가 많았습니다. 직분을 감당할 역량이 부족한 성도가 장로님이 되셨을 때 주화입마에 빠지는 경우도 많습니다. 선교에 관한 책 한두 권 읽고 단기선교 가서 현지 선교사님들을 가르치려고 드는 경우도 주화입마에 빠진 것입니다.

더 큰 문제는 신앙이 도를 넘어서서 광신도가 될 때 나타납니다. 예수의 삶을 따르기보다 예수의 능력을 따라 하려는 경우나, 성령을 힘입어 능력을 행하려고 하다가 주화입마에 빠진 사람들이 있습니다. 사마리아에서 베드로와 요한의 안수로 성령 받는 것을 보고 그 능력을 돈 주고 사려고 했던 시몬 같은 사람이나, 스게와의 일곱 아들처럼 예수의 이름을 함부로 남용하는 경우도 이에 해당합니다. 오늘 날에도 신사도 운동한다면서 돈 주고 임파테이션 받아 오시는 분들이 계시지요. 오순절성령운동 하시는 분들이 걸핏하면 예수의 이름으로 명하고 예수의 보혈을 뿌려대곤 하는 것도 주화입마에 빠진 것입니다.

주화입마에 빠지면 스스로의 힘으로는 빠져나오기 엄청 힘듭니다. 외부의 도움을 받아야 하지요. 무협지에서는 주화입마에 빠진 제자를 위해 그의 스승이 자신을 희생해서 고치는 경우가 많습니다. 젊은 사람이 주화입마에 빠지면 간혹 고칠 수도 있지만, 나이 드신 분들의 경우는 아예 방법이 없습니다. 그나마 교회는 하나님의 은혜가 있기에 주화입마에 빠진 이들을 치유하기도 하지요. 하지만 그것도 쉬운 일이 아니라서 교회가 깨지거나 이단이 되거나 하는 일들이 벌어지고 있습니다.

주화입마는 예방하는 것이 최선의 치료책입니다. 주화입마의 가장 큰 원인은 욕심입니다. 신통력을 얻으려고 하거나 단기간에 기술을 마스터하려고 할 때 주화입마에 쉽게 빠집니다. 그러므로 욕심을 버리고 마음을 비워야 하며, 인내할 줄 알아야 합니다. 교만은 패망의 선봉이지요. 넘어짐의 앞잡이이구요. 주화입마도 교만을 참 좋아합니다. 교만한 사람이 자신을 과신하거나 자랑하고 싶을 때 주화입마에 빠집니다. 그러므로 겸손한 마음을 지킬 수 있을 때, 주화입마를 예방할 수 있습니다.

목사님들이 주화입마에 빠지지 않으려면, 제일 조심하셔야 할 것들이 돈, 권력, 섹스입니다. 이들의 힘은 매우 강해서 기도로도 안 되고 예수의 이름이나 보혈로도 좀처럼 물리쳐지지 않습니다. 교회의 부흥과 성장에 목매는 목사님들일수록 쉽게 타깃이 될 수 있으니 경각심을 가지고 자신의 마음을 자주 살피셔야 합니다.

무엇보다도 가장 경계해야 하는 것이 인위적인 종교적 열정입니다. 하나님의 영광을 위한다는 명목 아래, 열심히 종교적 행위들을 하는 것은 자칫 다메섹으로 가던 사울의 전철을 밟게 될 수 있습니다. 그런 종교적 '열심'이 '특심'할수록 주화입마에 빠질 가능성이 큽니다. 예수님 당시의 종교지도자들 중에 이런 사람이 많았고 중세 시대 십자군 전쟁이나 마녀 사냥도 종교적 열정으로 주화입마에 빠진 경우이지요. 오늘 날에는 이런 열정이 자칫 가족 간의 불화를 만들고 교회에서 내분을 일으키고 다른 사람들을 정죄하기도 합니다. 교회가 교인들을 헌신케 한다고 하면서 종교적 열정에 기름을 부어버리는 일이 잘못하면 교인들을 다치게 할 수 있다는 것을 늘 기억해야 합니다. 가슴에 불을 가진 성도에게 기름을 잘못 부으면 그 불이 머리로 올라갑니다. 그러면 이성도 잃어버리고 자제력도 상실해 버리지요. 신앙은 열정으로 살아내는 것이 아니라, 감사함으로 채워가는 것임을 가르쳐야 주화입마를 막을 수 있습니다.

교회 안에서 주화입마를 막는 가장 좋은 방법은 주님의 능력을 본받는 자가 되게 하지 마시고 주님의 마음을 본받는 자가 될 수 있도록 돕는 것입니다.

29

무위이화 無爲而化
(無 없을 무, 爲 할 위, 而 말이을 이, 化 될 화)

성경을 읽다가 가끔 막힐 때가 있지요. 예전에는 답답했지만, 지금은 '그게 은혜구나.' 하는 생각이 듭니다. 그 중에 하나가 '한 알의 밀'에 관한 이야기입니다. 예수님이 죽음을 며칠 앞둔 어느 날, 예루살렘에서 '한 알의 밀'에 관한 이야기를 하신 적이 있습니다.

'한 알의 밀이 땅에 떨어져 죽지 아니하면 한 알 그대로 있고 죽으면 많은 열매를 맺느니라'(요 12:24)

저는 이 말씀에서 '죽으면'이 자주 '썩으면'으로 암송이 됩니다. 씨가 땅에 뿌려져서 썩지 않으면 그냥 있고, 썩으면 싹이 나고 열매를 맺는다고 생각하기 때문이지요. 그러나 예수님은 '썩는다'하지 않으시고 '죽는다'고 하셨습니다. 주님께서 죽음을 앞둔 시점에서 비유로 하신 말씀이므로 해석할 때 예수님이 죽으시고 많은 이들이 살게 될 것을 말씀하셨다고 이해할 수 있습니다. 하지만 단순히 거기에서 생각이 멈추지 않고 왜 '죽었다'고 했을까에 집착하느라 답답했지요.

예수님이 산상수훈에서 먹을 것, 마실 것, 입을 것에 대해 염려하지 말라고 하셨습니다. 그리고 그것은 '이방인들이 구하는 것'이라고 하셨지요. 하나님은 우리에게 필요한 것들을 다 아시기 때문입니다. 하지만 우리는 우리의 필요를 위해 기도합니다. 저 역시 먹는 것도 마시는 것도 다 수준이라고 생각했기에 풀뿌리 먹고 살 수 있지만 고기 씹고 싶다고 기도했습니다. 수돗물 마셔도 되겠지만, 암반수 마시고 싶다고 기도했고요. 입는 것 역시 그 사람의 지위를 나타내는 것이라 생각했습니다. 저는 목사 가운이 입고 싶었습니다. 좀 더 맛있는 거 먹고 좋은 옷 입고 싶어서 사람들은 열심히 기도까지 하면서 사는 것 아니겠습니까? 하지만 주님은 그런 것에 매이지 말라고 하셨습니다. 사람이 노력해서 가장 높이 도달하면 '솔로몬의 옷' 정도이지만, 주님이 사람을 높이시면 최하가 '백합화'입니다. 하나님은 '백합화'를 준비하셨는데 사람이 '솔로몬의 옷'을 바라보며 기도하고 있다는 것입니다.

이런 배경 지식을 가지고 '한 알의 밀'을 다시 들여다보니, 자신이 스스로 무엇을 해보려고 할 때에는 '한 알의 밀'에 머무르지만, 모든 것을 하나님께 맡기고 자신을 죽이면 '많은 열매'를 맺게 된다는 말씀일 수 있겠다고 생각했습니다. 마치 밀이 땅에 떨어져 죽으면, 대자연이 싹이 나게 하고, 자라게 하며, 많은 열매를 맺게 하는 것과 같았습니다.

'한 알의 밀' 이야기와 노자의 '무위자연'이 상당히 비슷해 보입니다. 노자는 중국 초나라의 철학자였지요. 그는 우주의 만물에 관해 생각하다가 발견한 우주의 진리를 '도'라고 불렀습니다. '전도'라는 말이 '도를 전한다.'라는 뜻이지요. 기독교에서의 '도'는 복음이지만, 도교에서는 우주의 진리를 뜻한다고 보시면 됩니다. 노자의 도교사상의 핵심이 바로 '무위자연'입니다. 어떤 사람들은 '무위자연'이 '무위도식'과 같은 뜻 정도로 이해하지만, 그보다 더 깊은 뜻이 담겨 있습니다. '무위'는 '인위'의 반대개념으로, '아무 일도 하지 않는' 것이 아니라, '인위적으로 행동하지 않는다.'는 뜻이지요.

자연에서 물이 하는 것을 보면, 단순히 낮은 곳으로 흐르기만 하는 것 같아도 모든 자연이 그 물에 의지해서 살아갑니다. 물은 억지로 흐르지 않고 막히면 돌아서 가고 어떤 그릇에 담겨도 그릇의 모양을 거스르지 않는 특징이 있습니다. 세상을 살아갈 때 이런 물과 같은 자세로 살아가는 것을 '무위자연'이라고 합니다. 우리가 흔히 신선 같은 사람을 도인이라고 부르지만, 도인이란 도교의 수행법을 뜻하는 말입니다. 그 도인 수행법을 보면 자연에 순응하려고 노력하는 모습을 보게 되지요. 도교가 우주의 진리인 '도'에 순응하는 종교라면, 기독교는 '하나님의 뜻'에 순종하는 종교입니다. 도교인들은 그 도에 따라 무리하지 않고 순리대로 균형 있게 살아가려고 애씁니다. 그리스도인들도 자신의 정과 욕심을 내려놓고 하나님의 뜻대로 살아가려고 노력하지요.

도교인들이 '도'에 순응하는 것을 '무위이화'라고 부릅니다. 인위적으로 무엇을 하지 않아도 우주의 기운이 다 이루게 한다는 뜻을 담은 말입니다. 우리 식으로 표현하면 '주께서 다 이루셨다.'의 개념입니다. 일반적인 사람들은 큰 소리 내지 않고 요란하게 꾸미지 않는데도 큰 일을 이루어 내는 것을 보고 '무위이화'라고 합니다. 그래서 무위이화는 예로부터 이상적인 통치의 개념으로 사용하기도 했습니다. 가급적 통제와 규제를 줄이고 백성들 스스로 조화롭게 살아가도록 돕는 임금이 가장 좋은 임금이었지요.

최제우는 도교사상을 기본으로 민족종교인 동학을 만들었습니다. '사람이 곧 하늘이다.'라는 '인내천' 사상으로 평등한 세상을 만들려 했었던 종교이지요. 무위이화는 동학에서 중요하게 여기는 수행법입니다. 무위이화가 도교에서는 '도'에 순응하는 것이지만, 동학수행법에서는 '한울님의 조화(造化)에 의해서 나도 모르는 사이에 저절로 이루어지는 것'을 의미합니다. '한울님'을 '하나님'으로 바꾸면 기독교 신앙과 매우 흡사하지요.

'무위이화'가 증산도로 넘어가면서 한 단계 발전된 모습으로 나타납니다. 증산도는 강증산이라는 사람을 교주로 모시는 신흥종교입니다. 교주의 이름을 따서 증산도라고 부르고 있지요. 그들은 교주를 '증산상제님'으로 부르는데, 이는 강증산과 옥황상제의 합성어입니다. 증산도는 〈이것이 개벽이다〉는 책으로 유명해졌습니다. 온갖 '개벽' 사진이 패러디되면서 한때 유행을 선도하기도 했었지요. 증산도에서 '무위이화'는 교주인 증상상제님께서 우주를 다스리는 통치적 개념입니다.

우주와 자연의 질서가 증산상제님의 '무위이화' 덕분에 유지되고 있다는 것이지요. 기독교에서 말하는 하나님의 '일반섭리'와 비슷한 개념입니다.

노자의 '무위이화'가 도교에서는 자연을 따르는 것이었다가 동학에서 '한울님'을 모시는 것으로 변했고 증산도에서 증산상제님의 통치섭리로까지 발전했습니다. '무위이화'라는 것이 매우 이상적인 것 같아도 실제로 해보면 하기 어려운 일이라 신에게 의탁하는 것으로 변했다가, 신의 주재방식으로까지 나타난 것입니다.

'무위이화'와 비슷한 개념이 이슬람에서는 '인샬라(알라의 뜻대로 하옵소서)'이고, 기독교에서는 '나의 원대로 마시옵고 아버지의 원대로 하옵소서.'와 같은 기도입니다. 이슬람에서는 '인샬라'를 입에 달고 살지요. 기독교인들도 주기도문을 외울 때, '아버지의 뜻이 하늘에서와 같이 땅에서도 이루어지게 하소서.' 합니다.

반면에 '무위이화'와 대척점에 있는 것이 '진인사대천명'입니다. 비슷한 말로, '지성이면 감천이다.'가 있고, '하늘은 스스로 돕는 자를 돕는다.'라는 말도 있지요. 얼핏 보면, 모두 하늘이 등장하니까 종교적인 느낌도 나고, '무위이화'랑 비슷해 보이지만, 전혀 반대되는 개념들입니다. 인간이 할 수 있는 것을 다 한 후에 하늘의 뜻에 맡긴다는 말이 종교적인 것 같아도 하늘의 뜻에 순종하여 산다는 말과는 전혀 반대되는 말이지요. 전자는 자신의 뜻을 이루기 위해 하늘의 도움을 구하는 것이고 후자는 하늘의 뜻을 이루기 위해 자신을 내어 드리는 것이기 때문입니다. 그렇기 때문에 '진인사대천명'은 종교가 아닙니다.

한국기독교가 '무위이화'와 '진인사대천명' 사이에서 줄타기를 하고 있습니다. '무위이화'는 어려운 반면에, '진인사대천명'은 쉬워 보이기도 하지요. 기도원에서 하는 기도가 겟세마네 기도를 닮기보다 '지성이면 감천'이라는 개념이 더 강합니다. '하늘은 스스로 돕는 자를 돕는다.'라는 말은 스코틀랜드 작가였던 새무얼 스마일즈가, 성공학의 고전으로 알려진 〈Self-help〉라는 책에서 했던 말입니다. 한국기독교가 교회 부흥과 관련해서는 예수님을 따르기보다 새무얼 스마일즈를 따르고 있습니다.

교회 부흥과 관련한 모든 세미나가 '무위'적 개념이 아닌, 철저히 '인위'적 개념을 따르고 있습니다. 하나님이 하신 일이 아닌, 인간의 노력과 방법으로 이루어진 일이 한국교회의 부흥이었던 것이지요. 교회도 부흥하기 위해서는 목이 좋아야 하고 기본 인테리어로 얼마 이상 써야 하고 프로그램으로는 이러저러한 것들을 돌려야 합니다. 효과적인 전도의 방법이 따로 있고 예배는 현대적으로 세련되게 바꿔야 하고 목사님의 설교는 어떤 형태로 해야 하며, 교회 조직과 교인관리는 어떻게 해야지만 부흥한다고 합니다. 그러면서도 부흥은 하나님이 주시는 것이라고 주장하지요.

교회 부흥만이 아닙니다. 하나님의 주권적 은혜도 이미 실종했습니다. 은혜를 받는 방법이 다 따로 있습니다. 누군가가 은혜를 받으면 그것은 반드시 은혜 받을 만한 이유가 그에게 있기 때문입니다. 뿐만 아니라 순종은 헌신의 개념으로 바뀌었고 믿음은 행위로, 사랑은 실천으로 바뀌었습니다. '**소금과 빛이라**' 하신 말씀이 '소금과 빛처럼'이 되었고 '**증인이 되리라**'는 '증인이 되라.'로 바뀌었습니다. 천국은 '**임하는 것**'에서 '침노하는 것'으로 변하고 구원은 '**얻는 것**'에서 '이루는 것'으로 대체되었지요. 존재 그 자체로 사랑받아야 할 성도들은 하나님께 무엇을 했느냐에 따라 사랑을 받기도 하고 저주를 받기도 하는 것처럼 변해버렸습니다.

한국기독교가 은혜를 따르기보다 율법을 따르는 종교가 되어 버렸습니다. 과연 한국교회 안에서 '내가 행한 것은 모두 죄뿐입니다.'라는 고백을 들을 수 있을지 모르겠습니다. 진실된 마음으로 '이 모든 것은 하나님이 하셨습니다.'라는 간증을 더 이상 듣지 못할 수도 있습니다.

'무위이화'가 이 시대 정치인들이 성찰해야 할 화두이자 동시에 한국교회의 화두가 되었으면 좋겠습니다.

29-5 바나나

전 하 영
(발안초 3학년)

바나나는, 길어요.
바나나는, 노래요.
바나나는, 맛있어요.

길고 노랗고 맛있는 것은?
바나나!

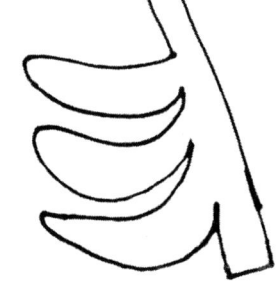

근데 바나나는 처음에는 짧고
초록색이고 맛없었어요.
그땐 안 익었었거든요.

바나나가 짧고 초록색이고 맛없었을 때는?
안 익었을 때!

30
아노미적 자살 : **잔인한 기독교**

　제가 개척할 당시 저는 서울의 모교회에서 전임전도사로 1년이 채 안 되던 때였습니다. 아직 목사 안수도 받지 못했고, 한 교회에서 사역한 지도 1년이 안 되었고 장례나 세례조차 제대로 실습해 보지 못한 채로, 목회의 '목'자도 제대로 모르고 개척한 것입니다. 저는 하나님의 개척하라는 음성을 들었고 개척하기 힘든 어려움 속에서도 믿음으로 개척을 했습니다. 개척하기 전, 담임목사님을 비롯하여 주변의 많은 목사님들과 동기들에게 조언을 구했고 그들은 모두 한결같이 하나님의 음성에 순종하라고 했습니다. 심지어 어떤 목사님은 제가 하나님께 순종하여 개척하기만 하면 제 딸을 기적적으로 고쳐 주실 것이라고 하셨습니다.

　제가 가진 돈은 전세금 1800만원이 전부였습니다. 이 돈은 아내가 딸의 수술비로 쓰려고 가지고 있었지요. 개척하면 하나님이 고쳐주실 것이라고 믿고 그 돈으로 개척을 했습니다. 시장 뒷골목에 있는 18평짜리 창고에서 개척을 시작했지요. 교회가 워낙에 좁기도 했고 환경도 좋지 않아서, 돌도 안 된 아이들과 함께 지낼 수가 없었습니다. 그래서 아내와 아이들은 처갓집으로 들어가 살았고 저 혼자 교회에서 1년 정도를 살았습니다.

하나님이 개척하라고 명하신 장소는 화성시 발안이었습니다. 제가 아는 이 곳은 그저 영화 '살인의 추억'의 배경일 뿐이었습니다. 그러나 와서 보니 통합측 교회는 한 곳 뿐이었고 그 교회는 2년 후에 이사 갈 것이라고 했습니다. 그러면 통합측 교회는 저희 교회 한 곳만 남게 됩니다.

저는 개척하면 하나님이 금방 부흥하게 해 주실 줄 알았습니다. 딸 아이도 하나님의 은혜로 낫게 될 줄로 믿었고요. 하지만 작고 허름한 교회를 찾아오는 사람은 없었습니다. 딸은 점점 더 나빠져만 갔습니다. 매달 월세와 치료비를 내는 일은 엄청난 압박감이었습니다. 저는 온갖 회의에 빠져들었습니다. 개척하라 하신 하나님의 음성을 잘 못 들은 것은 아닌가, 하나님이 나를 목사로 부르셨다고 믿었던 것이 착각은 아니었을까, 하나님이 나를 자녀로 삼으신 것은 맞는 것인가? 저는 제 신앙의 뿌리까지 송두리째 흔들렸습니다. 매일 매일이 죽고 싶은 순간들이었습니다. 도박에 미친 아빠가 딸의 치료비까지 들고나가 탕진한 사람과 제자신이 똑같다는 생각마저 들었습니다. 고속도로를 달릴 때, 150km/h 속도로 달리면서 의자를 뒤로 젖히고 싶었습니다.

교회에서 차로 20분 거리에 있는 아산만 방조제 옆 포구에서 차를 끌고 바다로 들어가려고도 했었습니다. 높은 곳에 올라가면 난간에 다리를 걸치고 한참을 울기도 했었습니다.

제가 느낀 자살충동을 아노미적 자살충동이라고 합니다. 믿음과 현실의 괴리감 때문에 죽고 싶은 마음이 들게 되는 것이지요. 교회를 건축하는 과정에서도 목사님들이 이런 경험을 많이 하십니다. 믿음으로 시작한 일이 현실의 벽에 부딪칠 때 받는 충격 때문이지요. 사회학적으로 아노미 현상은 경제가 무너지거나, 혹은 갑작스럽게 좋아질 때 생깁니다. 개인적으로도 사랑하는 이를 잃었거나, 갑작스런 환경의 변화를 겪을 때도 아노미를 경험하게 됩니다. 아노미 현상을 쉬운 말로 멘붕(멘탈붕괴)이라고도 표현합니다. 이런 정신적 불안정 상태가 되면 심한 무력감이 올 수 있고 자포자기에 빠져서 심할 경우 자살까지 합니다.

삶이 견디기 어려울 만큼 고난이 다가오면 사람들은 신을 찾아 종교에 귀의하기도 합니다. 될 대로 되라는 심정으로 머리 깎고 절에 들어가기도 하고 주변 환경에 따라 성당이나 교회를 찾아다니게 되지요. 일반적으로 어릴 적 주일학교를 다녔던 경험이 있는 사람들의 경우, 옛 추억을 찾아 교회에 나올 가능성이 많습니다.

불교나 천주교와는 달리 기독교는 삶의 문제 앞에 자신의 마음을 다스리기보다, 하나님의 능력으로 문제를 해결하려는 경향이 강합니다. 풍랑을 잔잔케 하시는 능력이 내 삶에 나타나길 기대하게 되고 바다위를 걸었던 베드로와 같은 기적을 사모하게 됩니다. 기도로 환경이 바뀌기를 바라고 산을 옮겨 버릴 것 같은 믿음도 생기는 것 같고 골리앗을 쓰러뜨린 다윗같이 될 줄로 믿게 되지요. 예배 드리거나 기도할 때는 정말 뭐든지 다 해결될 것만 같아도, 막상 삶의 현장으로 돌아가면 변한 건 아무 것도 없습니다. 여전히 돈은 없고 몸은 아프고 믿음도 사라지고 가슴도 도로 먹먹해집니다. 하나님이 다른 사람의 기도는 들어줘도 자신의 기도는 외면하시는 것 같기도 하고 다른 사람들은 사랑해도 자신은 사랑하지 않는 것 같은 느낌이 들게 되지요. 이런 느낌은 종교적 아노미가 되어 자신을 더욱 낭떠러지로 몰게 합니다.

어릴 적부터 신앙생활을 오래 하신 분들도 이런 아노미를 경험하게 됩니다. 신앙의 연륜이 길수록 그만큼 많은 설교와 간증을 들었고 자신도 한두 번쯤은 하나님의 은혜로 문제를 해결했던 경험이 있습니다. 하지만 이런 일이 매번 일어나지는 않습니다. 결정적인 순간에 하나님께 버림받은 느낌이 들게 되면 더 이상 삶의 의미를 찾지 못하고 낭떠러지에 서게 되지요. 통계적으로 불교와 천주교에 비해 개신교인의 자살률이 높은 이유 중 하나가 이런 종교적 아노미 현상 때문입니다. 스님이나 신부님이 자살하셨다는 이야기는 듣기 어려워도 목사님이나 사모님이 자살하셨다는 이야기는 종종 듣게 되는 것도 같은 이유입니다.

이런 종교적 아노미 현상을 겪고 있는 성도들에게 한국교회는 참으로 잔인했습니다. 그들을 위로하고 품어 안았어야 할 교회가 그들에게 기도하지 않아서 그렇다거나, 믿음이 부족해서 그렇다거나 하면서 너무나 쉽게 정죄해 버렸습니다. 낭떠러지에 서서 울고 있는 사람의 등을 떠민 격이지요. 저 역시 개척 초기에 죽고 싶을 만큼 힘들 때, 위로해 주는 사람은 거의 없었고 기도를 더 많이 하라거나, 회개하지 않은 죄가 무엇인지 찾아보라거나 하는 식으로 아픈 마음에 상처만 덧나게 하는 사람들이 많았습니다. 심지어 배가 고프지 않아서 그렇다는 선배 목사님의 말씀을 듣고 절식하며 세 달을 넘게 단상에 엎드려 울어 보기도 했었습니다.

기독교의 잔인함은 자살한 성도를 부관참시하면서 극에 달했습니다. 자살하기까지 얼마나 힘들고 외로웠을 지에 대해 아파하는 성도보다, 자살했으니 지옥 갔다고 말하는 사람이 더 많았던 것입니다. 교회는 자살한 성도를 위한 장례조차 거부해 버렸습니다. 일부 몰지각한 성도들은 유가족들에게 고인이 지옥 갔으니 어쩌면 좋으냐는 말도 서슴없이 했습니다. 자살한 가족이 있는 경우, 남은 유가족은 자살 고위험군에 해당합니다. 그들을 도와야 할 교회는 오히려 유가족들을 자살한 사람의 가족이라는 낙인까지 찍어, 교회를 더 이상 다닐 수 없게 만들었습니다. 자살하면 지옥 간다는 구호가 자살을 막기는커녕 잔인한 기독교를 만들고 말았지요.

자살을 하려다가 포기한 기독교인 중에 자살하면 지옥가기 때문이라는 사람은 별로 없습니다. 오히려 남아 있는 어머니가 불쌍해서 못

죽겠더라는 사람들이 대부분입니다. 교회 다니는 사람들이 자살할 정도가 되면 자기는 선택받은 하나님의 자녀가 아니라거나 하나님께 버림받은 사람이라는 생각이 들기 때문에 더 쉽게 자살하게 됩니다.

우리나라에는 중앙자살예방센터라는 곳이 있습니다. 이 곳에서는 자살 예방을 위한 다양한 프로그램들을 운영하고 있는데요, 그 중에 '보고 듣고 말하기'라는 프로그램이 있습니다. 이 프로그램을 운영하기 위해서는 강사를 많이 양성해야 하지만 목사님들은 강사교육프로그램에서 받아 주지 않습니다. 심지어 자살충동을 느끼는 사람들을 상담해 줄 때, 교회를 당분간 다니지 말라고까지 합니다.

한국교회에서 자살은 뜨거운 이슈입니다. 자살하면 지옥 간다는 분들과 자살한다고 지옥 가는 것은 아니라고 하는 분들 사이의 논쟁은 험한 욕설과 저주까지 등장하면서 싸울 정도입니다. 저 역시 이런 문제로 논쟁하다가 '니네 교인 다 자살시켜라.'라는 말까지 들어봤습니다. 자살하면 지옥 간다는 분들의 믿음은 참으로 커 보였습니다.

그나마 다행인 것은 2014년에 통합 교단 총회에서 '자살에 대한 목회 지침서'를 만들었다는 사실입니다. 그 지침서에는 자살한 교인에 대한 장례 예식서까지 실어 놓았습니다. 이 지침서가 속히 개교회로 전달되어져서 이제는 자살하면 지옥 간다는 소리를 안 들을 수 있었으면 좋겠습니다. 또한 자살하신 분들과 유가족들에게 행하던 잔인함도 사라질 수 있기를 소망합니다.

바울은 빌립보 교인들에게 편지하면서 다음과 같은 말씀을 전하셨습니다.

'주 안에서 항상 기뻐하라 내가 다시 말하노니 기뻐하라 너희 관용을 모든 사람에게 알게 하라 주께서 가까우시니라 아무 것도 염려하지 말고 다만 모든 일에 기도와 간구로, 너희 구할 것을 감사함으로 하나님께 아뢰라 그리하면 모든 지각에 뛰어난 하나님의 평강이 그리스도 예수 안에서 너희 마음과 생각을 지키시리라'(빌 4:4-7)

한국 교회가 해야 할 일은 바울이 말한 '관용'을 보다 더 깊이 묵상하는 일입니다. 뿐만 아니라 이어서 말씀하신 '마음과 생각을 지키는' 기도에 대해서도 깊은 묵상이 필요합니다.

31
감각적이고 자극적인 **기독교**

저희 동네에 아구찜을 기가 막히게 하는 식당이 있습니다. 주말 저녁에는 그 넓은 식당에 자리가 없어서 기다려야 하지요. 아구찜은 매운 맛, 중간 맛, 순한 맛이 있습니다. 저와 아내는 입맛이 서로 극과 극이어서 아내는 매운 맛을 좋아하고 저는 순한 맛을 좋아하지요. 그 덕에 우리는 항상 중간 맛을 시켜 먹습니다. 중간 맛은 아내에게는 안 매운 맛이고 저에게는 매운 맛입니다. 저는 아구찜을 물에 행궈 먹지만 그래도 너무 매워서 많이 못 먹습니다. 거의 물로 배를 채우다시피 합니다. 매운 맛을 잘 못 드시는 지인들과 함께 가서 순한 맛을 시켜 먹은 적이 있습니다. 순한 맛도 매워서 같이 드신 분들이 다 땀을 뻘뻘 흘려가며 먹었지요. 저에겐 순한 맛도 그냥 매운 맛입니다.

인체의 감각은 사람마다 다르게 느낍니다. 매운 맛인데도 안 맵다고 느끼는 사람이 있는가 하면, 순한 맛도 매운 맛으로 느끼는 사람이 있지요. 저희 아버지는 입도 못 댈 정도로 뜨거운 커피를 안 뜨겁다고 하시고 제 아이들은 따뜻한 물로 머리를 감겨주는데도 차갑다고 합니다. 행복의 감각조차도 사람마다 다르게 느낍니다. 아이들을 데리고 장난감월드에 가면 아이들은 장난감이 생겨서 좋아하고 저는 아이들에게 사 주면서 행복을 느끼지요. 제 아내는 물건의 종류의 따라 달라지고 어머니는 짐만 늘었다고 싫어하십니다. 아버지는 그냥 웃으시지요.

 데카르트가 '나는 생각한다. 고로 나는 존재한다.'라고 말하므로 철학계의 스타가 되었습니다. '나'의 존재를 증명하는 방법으로 '생각'이라는 명제를 단 것이지요. 철학을 하는 사람들에게는 모두가 생각하는 게 일이라 이 명제가 진리처럼 여겨졌습니다. 그러나 생각하는 것도 두뇌의 감각에 해당합니다. 감각이라는 것이 보편적이지 못해서 아무 생각 없는 사람에게는 '나는 멍 때린다. 고로 나는 존재한다.'가 진리가 됩니다. 그러므로 감각적 인식론은 상대성을 가지고 있습니다. 제 아내가 맛있어 하는 것이 제게는 그저 매운 것에 불과한 것처럼 말이지요.

 또한 감각은 쉽게 변하기도 합니다. 예전에는 커피 중에 제일 맛있는 커피가 카라멜 마끼야또였지만 지금은 너무 달아서 제일 맛없는 커피로 여깁니다. 군대에서는 당분을 제공받지 못한 탓에 초코파이가 세상에서 제일 맛있는 음식이었지만 지금은 줘도 안 먹습니다. 기숙사에서 살 때에는 단백질 부족으로 인해 치킨이 제일 맛있었지요. 이렇듯 감각에 의존한 인식은 사람을 속이는 경우가 많아서 '감각이 인간을 기만한다.'는 명제가 진리가 되어 버렸습니다.

이런 이유들로 인해 절대 진리 같았던 '나는 생각한다. 고로 나는 존재한다.'가 오히려 공격과 조롱의 대상이 되어 버렸습니다. 쇼핑 중독증 환자는 '나는 쇼핑한다. 고로 나는 존재한다.'고 말하고, 놀음에 중독된 사람은 자신이 살아있음을 느끼기 위해서라도 손에서 화투를 놓지 않으려 하지요.

감각적 인식은 전쟁의 원인을 제공하기도 합니다. 인류의 마지막 전쟁으로 불리는 아마겟돈은 구약에 나오는 므깃도 전쟁에서 나온 말입니다. 므깃도 전쟁은 나일강을 중심으로 한 이집트 문명과 유프라테스강을 중심으로 한 메소포타미아 문명의 싸움이었습니다. 이집트 문명과 메소포타미아 문명이 자꾸 부딪히는 주된 원인은 서로의 땅을 흐르는 강물의 방향이 다르기 때문입니다. 나일강은 해 뜨는 동쪽에서 물이 발원하여 서쪽으로 흐르는 반면, 유프라테스강은 서쪽에서 물이 흘러와서 동쪽으로 흐르지요. 생명의 원천인 물이 해 뜨는 쪽에서 흐르는 이집트에서는 태양신을 숭배하고 메소포타미아는 반대로 달의 신을 숭배합니다. 이 둘이 서로 싸우는 이유가 이런 감각적 인식의 차이에 있지요. 물은 그저 높은 곳에서 낮은 곳으로 흐를 뿐입니다.

우리나라가 동서로 양분되어 서로 싸우는 이유도 이런 감각적 인식에서 기인합니다. 해가 바다에서 뜨는 걸 보면서 살아온 사람들과 해는 산에서 떠서 바다로 진다고 느끼며 살았던 사람들이 안 싸우면 오히려 이상하겠지요. 바다에서 해 뜨는 사람의 아침과 산에서 해가 뜨는 사람의 아침은 시간차가 많이 생깁니다. 이런 감각적 차이들이 서로를 이해하지 못하고 싸우게 하는 원인이 되지요. 저는 추어탕을 먹을 때 산초를 넣어서 먹는 사람들이나 냉면을 먹을 때 겨자를 넣어 먹는 사람들에게 안 좋은 추억을 가지고 있습니다. 제게 묻지도 않고 산초를 듬뿍 넣어주고 겨자를 부어버리는 바람에 식사를 망친 적이 여러 번 있었기 때문입니다. 아주 사소하게는 어떤 사람이 맛있다고 해서 찾아간 식당에서 실망하고 나오는 경우가 더러 있지요. 자신의 감각적 인식을 진리처럼 여기는 사람들이 다른 사람들을 피곤하게 만듭니다. 삶은 감자를 설탕에 찍어 먹을 수도 있고 고추장에 찍어 먹을 수도 있습니다. 하지만 실제로 어느 부부는 이 문제로 싸우고 이혼하기도 했습니다. 이혼 법정에서 판사님에게 감자를 설탕에 찍어 먹는지, 고추장에 찍어 먹는지 물었더니 판사님은 소금을 찍어 드신다고 답했다고 해요.

　감각적 인식은 진리의 토대가 될 수 없다는 것이 상식입니다. 하지만 한국교회 목사님들 중에 아직도 감각적 인식에 매인 채로 신학을 하시고 설교를 하시는 분들이 계십니다. 신앙은 체험적 신앙이 진짜라고 주장하시는 분들이나 기독교는 체험적 종교라고 가르치시는 분들이 많으시지요. 하나님이 계신 것과 천국이 있는 것을 성경에 기록되어 있어서 믿기보다 자신이 목격했으며 갔다 왔기 때문에 믿어야 한다고 주장하시는 분들도 계십니다.

체험적 신앙을 강조하시는 분들에게 성령론은 '보혜사'나 '진리의 영'의 개념을 무시한 채, 성령체험에만 매달려서 '불'을 받아야 하거나 '능력'을 덧입어야 한다고 주장합니다. 성령의 기름부음은 완전히 감각적 인식의 표현으로 사용되고 있습니다. 손이 떨리고 혀가 꼬이고 몸이 진동하면 이것을 성령의 임재라고 주장하지요. 성령이 강하게 임하면 공중부양이라도 할 것처럼 난리법석을 떱니다. 감각적으로 특별한 경험을 하신 분들일수록 독선적이 되고 공격적인 성향을 띱니다. 자신들이 경험한 신이 진짜 하나님이라고 주장하지요. 자신들과 비슷한 경험이 없는 목사를 가짜 취급하기도 합니다. 그런 사람들끼리 모여 서로 귀신을 쫓았다고 주장하거나 불치병을 고치고 심지어 죽은 자도 살렸다고 합니다. 체험적 신앙을 가진 분들끼리 영적 도해를 만들어 놓고 땅 밟기 한다고 사찰에 가서 찬송하거나 기도회를 하는 등 사회적 물의를 일으키기도 합니다.

감각은 사람을 기만합니다. 사람의 심장 박동보다 비트가 빠른 음악을 장시간 듣게 되면 환각 증세가 생길 수 있습니다. 타악기는 주술적인 요소가 강하고 전자악기는 최면효과가 있습니다. 거기에 집단적인 광기까지 더해지면 찬양하다가 쓰러지기도 하고 환상이 보이거나 환청이 들리기도 합니다. 초자연적인 경험이라는 것이 고작 기도 중에 바람을 느끼거나 몸이 뜨거워지는 것이라면 얼마든지 조작할 수 있습니다.

가끔 성령사역을 하시는 목사님들을 만나면 성령사역을 하시는 분들 중에 95%는 가짜라는 말씀을 하시는 분들이 계십니다. 감각적 인식이 서로 다르다보니 성령을 물이라고 하는 사람과 불이라고 하는 사람이 서로를 가짜라고 정죄하는 것이지요. 마치 하나님을 공의의 하나님이라고 느낀 사람과 사랑의 하나님이라고 느끼는 사람이 서로 싸우는 모양새를 띱니다.

일부에서는 체험적 신앙을 강조하는 이유가 그게 진짜 신앙이라서가 아니라, 성도의 감정을 자극하여 주머니에서 돈이 나오게 하는데 효과가 좋기 때문이기도 합니다. 진짜 능력 있는 부흥사는 부흥회에 나오는 헌금으로 증명된다고까지 합니다. 이런 식으로 한국교회가 여전히 성도들의 감각을 자극하려고만 한다면 기독교가 개독교가 될 수도 있으며, 고등종교여야 할 기독교가 한국에서 잡신 종교로 전락할 수도 있습니다.

오직 말씀으로 돌아가는 노력이 필요한 때입니다.

32

사랑해 씨발
(영화 '남자가 사랑할 때'의 스포일러가 담겨있음)

제 인생의 최고의 명대사는 〈죽은 시인의 사회〉에서 나왔던 '카르페 디엠Carpe diem'이었습니다. 영화를 볼 때에는 키팅 선생님이 학교를 떠날 때, 학생들이 책상 위에 올라가서 외쳤던 '캡틴, 오 마이 캡틴'이 최고였습니다. 하지만 삶이 너무 고되고 힘들 때 생각나는 것은 '카르페 디엠'이었지요. '현재를 즐겨라.'라는 뜻의 라틴어입니다.

하루가 24시간이라면 화가 날 일은 불과 1-2분 이내에 일어납니다. 나머지는 그 파장에 불과하죠. 1-2분 사이에 일어나는 일로 하루 종일 언짢아하게 됩니다만 그럴 때마다 속으로 외치는 말이 '카르페 디엠'입니다. 화가 나고 짜증나는 일이 있어도, 커피 마실 때는 커피타임이 주는 행복에 집중하면 됩니다.

〈죽은 시인의 사회〉가 고등학생 때 본 영화였으니, '카르페 디엠'으로 20년 넘게 살았습니다. 그동안 이보다 더 훌륭한 명대사를 만나지 못했었지요. 그러다가 금년에 '사랑해 씨발'을 만났습니다. 제 마음 속을 훅 파고든 최고의 명대사였지요.

'사랑해 씨발'은 〈남자가 사랑할 때〉라는 영화에서 나옵니다. 이 영화는 사채업을 하는 황정민과 사채를 빌려 쓴 아버지를 대신해서 그 빚을 갚게 된 한혜진의 러브스토리입니다. 황정민의 진실한 구애에 한혜진이 마음을 열었고 둘은 연인 관계가 되었습니다. 한 집에서 신혼부부처럼 살던 시절, 산책하러 나가면서 황정민이 방귀를 뀝니다. 한혜진이 방귀 소리에 어이없다는 표정을 짓자, 황정민이 했던 대사가 '사랑해 씨발'이었습니다. 한혜진도 밥상을 차리다가 그만 실수로 방귀를 뀌더니 수줍은 목소리로 '사랑해 씨~발'이라고 합니다. 정말 사랑스러운 모습이었습니다.

이런 류의 영화가 늘 그렇듯이, 황정민이 불치병에 걸리고 그 사실을 숨긴 채 모질게 한혜진을 떠납니다. 한혜진 역시 그런 황정민을 원망했지요. 하지만 나중에서야 황정민이 자신을 떠난 이유를 알게 된 한혜진이 다시 황정민을 간호해 주게 됩니다. 혼수상태에 빠진 황정민을 물수건으로 씻어 줄 때, 황정민이 방귀를 살짝 뀝니다. 제 귀에도 그 방귀소리는 '사랑해 씨발'로 들렸습니다. 한혜진이 황정민을 끌어안고 '나도 사랑해.'하면서 오열하지요.

방귀 에피소드로 사랑의 언어를 만들어 낸 작가의 상상력이 대단합니다. 한국의 명배우 황정민이 방귀에피소드를 제대로 살렸지요. 방귀의 부정적 이미지와 씨발의 불쾌한 느낌마저 사랑의 코드로 바꿔버린 것입니다. 또한 욕하고는 담쌓고 살아가던 저에게 후련한 느낌까지 갖게 해 주었습니다. 목사님들끼리 모여서 담소를 나누다가 누가 방귀를 뀌면 이 영화 이야기를 해 주고 '사랑해 씨발' 합니다.

'스릉흔드'라는 말을 들어보셨습니까? '사랑한다.'를 이 악물고 하는 말이 '스릉흔드'입니다. 하는 짓은 너무 미운데, 사랑할 수 밖에 없는 사람에게 이를 악문 채 '사랑한다.'고 말하는 느낌입니다. 예수님께서 제자들의 기대를 모두 저버리고 십자가를 지셨을 때, 당신을 배신하고 도망간 제자들에게 하신 말씀이 '스릉흔드' 같았습니다. 모두가 다 혐오스럽게 여기던 십자가를 통해 당신의 사랑을 확증시켜 주셨던 하나님의 사랑 고백도 '스릉흔드' 같았지요.

한혜진이 방귀소리에 '사랑해 씨발'을 듣게 되듯이, 우리도 십자가를 볼 때마다 '스릉흔드'를 들을 수 있었으면 좋겠습니다. 눈에 보이는 십자가 말고도 삶을 힘들게 하는 아픔과 고통을 마주할 때, 혹은 고난 가운데 신음하면서 어쩔 수 없이 눈물이 흐르게 되는 내 삶의 십자가를 마주할 때마다 여전히 하나님의 '스릉흔드'로 들을 수 있다면, 모든 것을 감당할 만한 힘이 생기지 않을까요?

'사랑해 씨발' 입에 착 달라붙는 진짜 명대사입니다.

33
어바웃 타임
(영화 '어바웃 타임'의 스포일러가 담겨있음)

제가 가장 많이 봤던 영화는 주윤발의 〈첩혈쌍웅〉이었습니다. 주윤발이 너무 멋있어서 8번 정도 봤었지요. 하지만 친구들 중에 24번까지 본 친구가 있었으니 저는 그저 양호한 수준이었습니다.

제가 커서 가장 많이 본 영화는 〈어바웃 타임About time〉입니다. 팀이라는 주인공의 특별한 능력인 '시간여행'을 가지고 풀어낸 철학적이며 사색적인 영화입니다.

팀의 가족의 남자들은 시간여행을 할 수 있는 능력을 가졌습니다. 팀의 할아버지는 이 능력으로 돈을 벌었지요. 팀의 아버지는 이 능력으로 50살에 조기 은퇴를 했습니다. 팀은 이 능력으로 하루를 가장 기쁘게 사는 법을 깨닫지요. 팀의 아버지는 팀이 둘째 아이를 낳았을 때 암으로 돌아가시게 됩니다. 팀은 아버지가 왜 과거로 돌아가 암을 예방하지 않았는지를 궁금해 합니다. 아버지는 암의 원인이 아들인 팀을 갖기 전, 결혼하기도 전에 자주 피던 담배 때문임을 알았습니다. 만약 결혼 전으로 돌아가 담배를 끊게 되면 암은 예방하지만 아들 팀은 인생에서 사라집니다. 아버지는 자신의 생명을 택하기보다 아들 팀을 택하기로 결심하고 암을 끌어안은 채 살아갑니다. 그 대신에 나이 50에 조기 은퇴하고 아들이랑 탁구 치며 살기를 결정했지요. 팀의 아버지가 했던 말은 두고두고 묵상하게 만드네요.

"나이 50에 은퇴할 수 있는 사람은, 아들이랑 더 자주 탁구 치길 원하는 암 걸린 시간여행자 뿐이야."

아버지는 시간여행의 가장 큰 장점을 아들에게 알려 줍니다. 그것은 하루를 평범하게 살고 다시 또 그 하루를 시간여행해서 똑같이 사는 것이었습니다. 평범하게 살 때는 너무 힘든 하루가 다시 그 하루를 살 때는 살 만한 하루였습니다. 어떤 하루가 될지 몰라 불안한 마음으로 살았던 평범한 하루가 다시 살 때는 긴장을 덜해서인지 그다지 나쁘지 않은, 심지어 꽤 좋은 하루임을 알게 됩니다. 그런 하루 하루를 살다보면 다시 살지 않아도 꽤 좋은 하루가 있다는 것을 알게 되고 이제는 시간여행을 하지 않아도 하루를 감사로, 기쁨으로, 기대감으로 살아가는 경지에 이릅니다.

〈어바웃 타임〉의 또 다른 메시지는 과거의 사람은 새 생명이 태어남으로 이별을 하게 된다는 사실입니다. 팀은 아버지가 돌아가셔도 다른 가족들보다는 덜 힘들었습니다. 아버지가 보고 싶을 때마다 시간여행을 해서 만날 수 있었기 때문입니다. 그런데 팀의 아내가 셋째 아이를 갖자고 합니다. 팀은 심한 갈등에 빠집니다. 셋째 아이를 갖는 다는 건 아버지와 영원한 이별을 뜻하기 때문입니다. 셋째 아이가 태어나기 전 날, 팀은 시간여행을 통해 아버지를 찾아가 만납니다. 아들과 더 자주 탁구를 치기 위해 암을 끌어안고 살았던 아버지였기 때문이었을까, 팀은 아버지랑 탁구 치던 시간으로 여행을 하지요. 아버지에게 셋째가 곧 태어날 거라는 말과 함께 이제는 정말 헤어져야 할 시간이라고 말합니다. 그리고 아버지의 부탁을 하나 들어드리기로 합니다. 팀의 아버지는 아들에게 산책가고 싶다고 말합니다. 그리고 둘이 함께 시간여행을 해서, 아들 팀이 어릴 때로 돌아가 함께 바닷가로 나가 즐거운 산책을 즐깁니다. 그리고 둘이 나란히 앉아 아들이 아버지에 '고마워요, 아빠' 하고 말합니다.

예수님이 십자가에 달려 돌아가실 때 자신의 생명보다 더욱 중요했던 것이, 저였을 거라는 생각이 들었습니다. 제가 주님 안에서 새로운 생명을 얻게 하시기 위해 자신의 생명을 내려 놓으셨을 수 있겠다는 생각을 했지요. 〈어바웃 타임〉은 좋은 영화 한 편이, 백 편의 제 설교보다 낫다는 생각을 하게 했습니다. 그리고 또… 진작에 했어야 할 고백을 하게 만들었습니다.

"고마워요. 주님."

33-6 우리 동네 슈퍼

전 하 영
(발안초 3학년)

우리 동네에 슈퍼가 생겼어요.
그 슈퍼는 언제나 사람이 북적거리죠.

난 심부름도 그곳으로 가고
놀다가 배고파도 가죠.
소풍 갈 때 싸가는 간식도,
다른 생활용품도 다 그곳 것이에요.

아마 딴 친구들이나 이웃들도 다 그렇겠죠?
그 슈퍼가 우리 동네에서 인기 짱이거든요.

34
흘러가는 시간, 흘러오는 시간

〈벤자민버튼의 시간은 거꾸로 간다〉라는 소설이 있습니다. 어느 부자의 아들이 노인으로 태어나 점점 젊어져 간다는 내용이지요. 영화로도 만들어져 꽤 많은 사람들에게 인기를 얻었던 작품입니다. 시간이 거꾸로 갈 수 있을까요? 불가능한 이야기이지요. 하지만 한 번쯤 상상해 볼만한 것은 되나 봅니다.

시간에 대해 사람들이 진리처럼 믿고 있는 것이 있습니다. 시간은 과거에서 미래로 흘러간다는 것이죠. 빅뱅에 의해서 지구가 만들어지고 수많은 시간들이 흐르고 흘러 지금의 인류를 만들어 내었습니다. 사람들은 태어나서 자라고 늙고 죽어 갑니다. 지금의 내 모습은 지나간 시간들이 쌓여 오늘의 모습이 된 것이지요. 모든 일에는 원인이 있기 마련입니다.

이런 시간관은 기독교인들에게서도 나타납니다. 하나님이 아담과 하와를 만드셨고 그들의 무한 번식으로 오늘날 저와 여러분이 있는 것입니다. 아담의 범죄로 인해 우리는 에덴을 상실한 채 살아가고 있지요. 모든 인간이 죄를 범하였기에 하나님의 영광에 이르지 못하는 것이고 그 죄로 인해 사망이 들어왔습니다. 예수님은 그 인간들이 지은 죄로 인해 십자가에 못 박혀 돌아가셨습니다.

오늘의 나는 과거의 행동에 의해 나타난 결과물이지요. 열심히 공부한 사람은 대학도 가고 대학원도 가고 자기 분야에서 일정 부분 맡겨진 소임을 감당할 수 있는 사람들이 되었습니다. 그러나 베짱이처럼 놀기만 한 사람들은 그 결과로 가난의 수렁에 빠지거나 방탕한 삶을 살게 되었습니다.

하나님이 사람들에게 복을 주시거나 화를 주시는 것도 사람들이 과거에 살아온 삶과 관련되어 있습니다. 율법을 지키고 정직하게 행한 사람들에게는 복을 주시고 하나님 앞에 망령되이 행했던 사람들은 저주를 받아 질병에 걸리거나 죽임을 당하게 되었습니다. 현재의 나는 과거의 나의 행동의 결과라고 믿기 때문에 미래의 나는 현재 어떻게 사느냐가 결정한다고 믿었습니다. 하나님의 복을 받고 싶은 사람은 복 받을 만한 일을 해야 합니다. 그렇지 않으면 하나님의 저주를 받을 수도 있습니다. 천국에 가거나 지옥에 가거나 하는 모든 일은 내가 지금 무엇을 하고 있느냐가 결정한다고 보는 것이지요.

이런 시간관을 가진 사람들의 관심사는 성공한 사람들의 과거에 있습니다. 그들이 가진 인생관이나 습관, 행동, 철학 등을 연구합니다. 그것이 어느 정도 공통적인 모습이 있어서 〈성공하는 사람들의 7가지 습관〉과 같은 책들이 만들어 지지요. 인터넷에 '십계명'을 쳐보면 온갖 종류의 십계명들이 검색됩니다. 건강한 습관 십계명, 웃음 십계명, 부부 십계명 등 다양한 버전이 존재합니다. 이들은 모두 이런 십계명을 지키며 살다보면 보다 나은 미래를 살 수 있다고 말합니다.

교회에서도 동일한 주장들이 있습니다. 하나님께 쓰임 받는 사람들은 쓰임 받을 만한 이유가 있다고 믿습니다. 그들의 부모가 신앙적으로 아이들을 길렀고 그 사람들은 정직했으며 그 사람들은 기도하는 사람들이었고 그들은 하나님의 말씀에 순종하는 사람들이었습니다. 우리도 하나님께 쓰임 받고자 한다면 정결한 삶을 살아야 하고 하나님이 언제든지 쓰실 수 있게 준비된 사람이어야 한다는 것입니다. 하나님께 쓰임 받고 성공하고 싶은 사람들을 위해서 교회는 다양한 교육 프로그램들을 운영합니다.

과거로부터 미래로 흘러가는 시간 속에 사는 성도들은 어떻게 하면 하나님을 기쁘시게 할까를 고민하며 삽니다. 하나님을 기쁘시게 하면 그 복이 내 삶에 임하거나 내 자녀에게로 흘러갈 거라고 믿지요. 어거스틴이 성자가 될 수 있었던 것은 어머니 모니카의 포기하지 않는 기도가 있었기 때문이라고 믿습니다. 교회를 열심히 다니지는 않지만 그래도 제법 사회에서 성공한 사람이 있는데 그 사람의 어머니가 기도 열심히 하는 권사님이라면 그의 성공의 이유에는 어머니의 기도가 있었기 때문이라고 합니다.

그러나 모든 사람들이 시간은 과거로부터 미래로 흘러간다고 생각하는 것은 아닙니다. 오히려 그 반대로 생각하는 사람들도 있습니다. 시간은 미래에서 과거로 흘러온다고 말이지요. 벤자민 버튼의 시간은 거꾸로 간다는 개념이 아닙니다. 현재의 내 모습은 과거의 나의 행동의 의한 결과라고 생각하기보다, 미래의 어떤 내가 되기 위해 존재한다는 것입니다. 현재의 나에게 영향력을 끼치는 것은 과거가 아니라 미래라고 보는 것입니다. 예를 들어 내가 과거에 사업을 한번 실패했던 것은 그 전의 잘못 때문이 아니라 오늘의 성공을 이루기 위해서 그랬다고 생각하는 것이지요.

목사님들 중에서도 이런 생각을 가지신 분들이 계십니다. 모세가 80세 때 떨기나무 앞에서 하나님의 소명을 받은 이유에 대해 모세가 애굽에서 40년을 살고 광야에서 40년을 살아서 부르심을 받았다고 생각하는 것보다, 하나님이 모세를 출애굽의 지도자로 세우시기 위해서 애굽에서 왕자로 40년을 살게 하고 광야에서 양을 치며 40년을 살게 하셨다는 것이지요. 또 다른 예를 들면 베드로가 훌륭한 삶을 살아서 제자가 된 것이 아니라, 훌륭한 삶을 살 것이라서 제자가 됐다고 하는 식입니다. 예수님이 그를 제자로 삼으신 이유가 베드로의 과거 때문이 아니라 그의 미래 때문이라는 것이지요.

목사님들의 신앙고백을 들어보면 내가 목사가 되기 위해 이런 저런 삶을 살았다고 고백하기보다, 하나님이 나를 이런 일을 하는 목사로 세우시기 위해 이런 저런 삶을 살게 하셨다고 고백합니다. 내 현재가 과거의 결과로 이루어진 것이 아니라, 나의 과거가 현재의 삶 때문에 그렇게 되었다고 고백하는 것이지요. 지금 내가 고난과 고통 가운데 신음하는 것은 내가 과거에 잘못된 삶을 살아서 그런 것이 아니라, 하나님이 미래의 나를 만드시기 위해 예비하신 연단의 과정이라고 생각합니다.

듣기에 따라선 두 가지가 크게 다르지 않다고 느낄 수 있습니다. 하지만 신앙의 관점에서 보면 아주 큰 차이를 만들어 냅니다. 내가 살아온 삶의 결과로 성공한 사람에게는 자신의 과거가 자기 의나 자기 공로가 됩니다. 혹은 내가 살아온 삶의 결과로 어려움을 겪는 사람에게 과거는 자기를 정죄하는 근거가 되지요. 자기 의나 자기 정죄는 둘 다 하나님이 싫어하시는 죄악들입니다. 그 두 가지 경우 모두다 하나님이 개입할 여지가 존재하지 않습니다.

반대로 과거의 삶이 오늘의 나를 만드시기 위한 하나님의 은혜였다고 고백하는 사람들은 어려움과 고난 앞에서 원망과 불평을 하거나 자기 정죄에 빠지지 않고 하나님의 일하심을 기대하게 됩니다. 과거에 방황하며 헤맬 때 '하나님은 어디 있었냐'고, '하나님이 내게 해 주신 것이 무엇이냐'고 원망하던 사람이 그 일로 인해 새로운 사람이 되었다면, 그 때의 그 기도를 회개하고 도리어 그런 삶을 살게 하신 것에 감사하게 됩니다. 하나님이 안 보이는 듯 했지만 항상 내 곁에 계셨노라고 고백하고, 하나님이 아무 일도 안 하신 것 같아 보였지만 사실은 견딜 수 있는 힘을 주고 계셨노라고 고백하지요.

과거에 내가 행한 어떤 일로 인해 오늘의 내가 될 수 있었노라고 고백하는 사람에게 하나님의 은혜는 퇴색되거나 없습니다. 하지만 오늘의 나를 만드시기 위해 과거의 어떤 일을 겪게 하신 것이라고 고백하는 사람에게는 내 삶의 모든 것이 하나님의 은혜가 됩니다. 오늘 내가 어떻게 하느냐에 따라 내 미래가 결정된다고 보는 사람에게는 하늘의 소망이 없지만, 하나님이 선하시고 기뻐하시고 온전하신 뜻을 이루기 위해 오늘 이런 삶을 살게 하시는 것이라고 믿는 사람에게는 하늘의 소망을 품게 됩니다.

보다 신학적인 이야기를 하자면 하나님이 내 삶의 역사에 부분 개입하신 것인가, 아니면 내 삶에 전적으로 개입하신 것인가 하는 차이를 만들어 냅니다. 이는 물론 내 삶의 선택의 책임이 내게 있는가, 아니면 하나님께 있는가 하는 문제도 만들어 내지요. 하나님이 내 삶에 전적으로 개입하시는 것이라면 내 선택의 책임은 하나님께 있는 것 아니냐고 할 수 있습니다.

우연한 기회에 제가 하나님의 전지하심을 얻게 되었다고 가정해 보겠습니다. 내일 제 딸이 학교에 가면 놀다가 손가락이 부러진다는 사실을 알고 있습니다. 만약 여기까지만 알고 있다면 저는 제 딸을 학교에 보내지 않아야 하겠지요. 하지만 온전한 지혜는 손가락이 다치는 일로 생겨나는 다음 일들도 알게 됩니다. 예를 들어 손가락이 다치는 바람에 덤벙되는 습관이 고쳐지고 조심성이 생기게 된다는 사실을 알고 있다면 또는 그 손가락을 치료하러 병원에 갔다가 아이의 삶에 좋은 스승이 될 만한 의사선생님을 만나게 될 거라는 것까지 알고 있다면, 저는 제 딸이 학교에 가는 것을 막지 않을 것입니다. 제가 제 딸아이의 삶에 개입하는 것은 막는 것만이 개입이 아니지요. 그냥 보내는 것도 딸아이의 삶에 개입하는 것입니다. 그렇다고 해서 제가 딸아이의 손가락을 다치게 한 것은 아닙니다.

　제 딸이 저에게 울면서 왜 자기가 학교에 가게 두었냐고 따질 수 있습니다. 자기 아픔이 너무 커서 제 이야기를 들으려 하지 않고 무조건 원망만 할 수도 있습니다. 그러나 철이 들고 나서 그 일로 매사에 조심하는 자신을 발견하고 또 의사의 꿈을 꾸게 된 것도 알게 되면, 제게 했던 원망을 감사로 바꿀 수 있습니다. 제가 제 딸아이를 사랑하지 않아서 다치게 내버려 둔 것이 아니라 도리어 너무나 사랑해서 그냥 다치게 두었고 회복할 때까지 함께 아파해 주고 함께 울어주고 함께 병원 다녀준 것을 알게 된다면 제 딸아이는 분명 달라질 것입니다.

　시간이 과거에서 미래로 흘러간다고 생각하는 사람은 '이렇게 살아야 저렇게 될 수 있다.'라고 하고 시간이 미래에서 과거로 흘러온다고 생각하는 사람은 '저렇게 되려고 이렇게 사는 것이다.'고 합니다. 기독교인들에게는 '이렇게 살아야 하나님이 복을 주신다.'고 가르치는 사람과 '하나님이 복을 주시려고 이렇게 살게 하신다.'고 선포하는 사람의 차이를 만들지요. 작은 생각의 차이로 느껴질 수 있겠지만 이 둘 사이의 고백은 너무나 다르고 삶을 대하는 태도도 다르며, 삶의 무게도 다르게 느낍니다.

아담이 선악과를 따먹은 것은 하나님이 졸거나 주무시거나 방심하신 탓이 아닙니다. 그 선악과를 따 먹음으로 인해 하나님이 죄를 얼마나 싫어하시는지를 온 인류가 알게 되고 또한 하나님이 아들을 보내어 십자가에서 그 죄를 해결하게 하시는 것을 봄으로써 하나님의 사랑이 얼마나 크신가도 알게 하지요. 수가성 여인이 잘못된 삶을 살아서 남편 다섯을 둔 것이 아니라, 아무도 오지 않는 그 시간에 물 뜨러 나와서 사마리아 여인임에도 불구하고 메시야를 만나게 하시려고 또한 자신의 삶을 통해 그 메시야를 수가성에 알리는 선교사가 되게 하시려고 남편 다섯을 두게 하신 것입니다.

'상처 입은 치유자'라는 개념은 시간이 미래에서 과거로 흘러오고 있다고 생각하기에 나올 수 있는 개념입니다. 가수 김장훈이 모든 사람들이 포기한 비행청소년들을 상담해 줄 수 있었던 것은 그 역시 비행청소년이었기 때문이었습니다. 그런 김장훈을 두고 하나님이 이 땅의 비행청소년들을 돌보는 사람이 되게 하시려고 아픈 과거를 주신 것이라고 고백하는 것이지요. 이는 잘못된 과거를 변명하는 것이 아닙니다. 아픈 과거를 치료하는 것입니다. 더 이상 과거에 매여 사는 사람이 아니라 미래를 소망하는 사람이 되게 하는데 반드시 필요한 일이지요.

여러분의 시간은 '흘러가고' 있습니까? 아니면 '흘러오고' 있습니까?

35
목사도 **사람**입니다

　1. 목사로 안수 받고 얼마 지나지 않아서 저희 교회 첫 유아세례식을 했습니다. 개척교회가 늘 그렇듯, 제가 성찬 준비와 세례 준비까지 다 하고 주보와 차량운행까지 하려니 실수가 많았습니다. 넥타이도 안 매고, 성경도 없이 단상에 올라갔지요. 주보에는 오타 투성이였고, 설교는 머릿속에서 날아가고 있있습니다. 우여곡절 끝에 세례문답까지 하고 세례를 주려고 세례반 뚜껑을 여는 순간 멘붕이 오고 말았습니다. 세례수가 없었습니다.

　2. 목사님이 설교 중에 내용을 잊어버리셨습니다. '내가 네게 곧 가리니' 했는데 다음 말이 생각이 안 나셨지요. 단상을 붙잡고 한 번 더 '내가 네게 곧 가리니!' 했는데도 여전히 생각이 안 나셨습니다. 떨리

는 손을 감추느라 단상을 힘입게 잡고 한 번 더 외치셨습니다. '내가 네게 곧 가리니!!' 그런데 힘을 너무 주는 바람에 단상이 앞으로 넘어가고 목사님도 넘어져 앞자리에 계신 집사님하고 부딪치셨습니다.

"죄송합니다. 죄송합니다."

"아니에요, 목사님. 제게 오시겠다고 세 번이나 말씀하셨는데 못 피한 제가 잘못이지요."

3. 금요예배 때 찬양인도 하시던 목사님이 '사랑하는 나의 아버지'를 부르시면서 너무 심취한 나머지 눈까지 감으시고…

"나 주의 이름 높이리~/ 주의 이름 높이리이이/

파란 하늘 끝에서 자유롭게~에/ 주의 이름 높이리"

4. 심방 예배 중…

"사막에 샘이 넘쳐 흐르리라/ 사막에 꽃이 피어 향내 내리라/

그 누가 아무리 자기네 땅이라고 우겨도…… 엥?"

5. 심방 예배 끝에 항상 축도하시던 목사님이 두 손을 들고…

"하늘에 계신 우리 아버지~"

잠시 당황해 하셨지만 이내 손을 슬그머니 내리시고…

"아버지의 이름을 거룩하게 하시며 아버지의 나라가 오게 하시며~"

6. 심방 대원들을 이끄시고 101호에 사시는 집사님 집으로 가시던 목사님께서 1층에 들어서는 순간 엘리베이터가 열리고 사람들이 내리자, 뛰어가셔서 엘리베이터를 타신 채 심방대원들에게 빨리 오라고 손짓하셨지요. 심방대원들 모두 쓰러졌습니다.

"목사님! 이 집이에요~"

7. 반주기 틀어놓고 찬양하던 목사님… 4절까지 다 불렀는데 반주기는 계속 나옵니다. 아뿔싸, 3절을 건너 뛰셨습니다.

8. '주는 나를 기르시는 목자요/ 나는 주님의 귀한 어린양~'을 부르시던 목사님이 잠시 착각하셨습니다.

2절 : 못된 짐승 노래하는 아침과~

3절 : 예쁜 새들 나를 해치 못하고~

9. 시골에서 목회하시던 목사님이 승합차가 눈길에 헛바퀴가 돌자, 기어를 D에 누고 나와서 차를 미셨습니다. 생각보다 치는 빨랐고 길은 미끄러웠습니다. 차는 운전하는 사람 없이 혼자서 굴러가다 나무를 들이받고 멈췄습니다.

10. 한참 설교 중인데, 부목사님으로부터 쪽지가 하나 올라옵니다.

"차량 번호 0000 차가 불이 켜져 있습니다."

설교를 잠시 더 하시다가,

"내가 살다 살다 별 광고를 다 하네. 0000 차주 누구요? 2층에 있어? 손 들어봐요!"

부목사님이 다시 뛰어나오셔서 뭐라고 하자,

"어…. 내 차네!"

얼른 키를 단상 아래로 던져 주셨습니다.

11. 목사님이 설교하러 단상에 올라가셨다가 강대상에 '개새끼'라고 쓰인 종이를 발견하셨습니다.

"제가 별별 사연이 담긴 편지들을 받아 보았지만, 오늘처럼 자기 이름만 쓰고 내용은 없는 편지는 첨 받았습니다."

하시며 교인들에게 그 종이를 들어 보여 주셨습니다.

12. 성금요일 날, 목사님은 크게 울먹이는 목소리로…

"나의 하나님 나의 하나님! 어찌하여 나를 버리시나이까? 메네 메네 데겔 우바르신!!!"

원래는 '엘리 엘리 라마 사박다니'입니다.

13. 어느 목사님 설교 제목 '시어미 오나 겁 없네!'

14. '주님이 우리를 다스리십니다!'를 외치고 싶으셨던 목사님…

"우리가 주님을 다스리십니다~~!!"

15. "사도신경하심으로 우리의 신앙을 하나님께 고백하시겠습니다. 하늘에 계신 우리 아버지… 엥?"

16. 69세에 안수를 받으신 목사님께서 목사 안수식 마지막 축도를 하셨습니다. 축도하려고 단상에 올라서서 두 손을 올리는 순간 눈물이 솟구치셨습니다. 목사님이 우시는 이유를 아는 하객들도 따라 울면서 교회는 울음바다가 되었습니다. 간신히 진정하신 목사님이 갑자기 뒤돌아서 선배 목사님께…

"처음에 어떻게 시작하죠?"

울다가 '이제는'을 잊으셨습니다.

17. 물 위를 걸으신 예수님을 설교하신 후 설교 후 기도를 하시던 목사님이 그만 '예수님의 이름으로 기도합니다.'가 생각나지 않으셨습니다. 잠시 뜸을 들이시더니…

"오늘 물 위를 걸으신 그 분의 이름으로 기도합니다."

18. 목사도 사람입니다. 실수하기도 하고 아프기도 하고 화도 납니다. 염려하지 말라 설교하고 고민 속에 잠 못 드는 날이 있습니다. 항상 기뻐하라 설교하고 하루 종일 짜증이 나기도 합니다. 삶의 짐을 주님께 맡기라 하고 하루하루를 힘겹게 살기도 합니다. 감사하라 하고선 종일 투덜투덜 하기도 합니다.

19. 저도 목사지만, 제가 설교한 것에 반만큼이라도 살 수 있었으면 좋겠습니다.

36
사모도 **사람**입니다

1. 저는 설교할 때 제 아내의 눈치를 가장 많이 살핍니다. 혹여 실수라도 하면 아내가 태클을 걸기 때문입니다. 아내의 태클은 대부분 실시간으로 들어옵니다. 하루는 설교 도중 '팔은 안으로 굽는다.'고 말한다는 것이 '손은 안으로 굽는다.'고 했더니, 아내가….
손목을 안팎으로 돌리고 있습니다.

2. 설교 중에 교인들이 박장대소하였습니다. 뒤에서 장난치는 애들 신경 쓰느라 그걸 못 들은 아내가…
"뭐라고 그랬는데 다 웃어요? 다시 이야기해줘요."
설교 중에 실시간으로 말입니다.

3. 주일 오전 예배 시간에 장발장이 은촛대 훔쳐간 이야기를 했습니다. 아내가…

"그건 레미제라블이고~"

순간 제가 실수한 줄 알았습니다.

"장발장이 레미제라블 아닌가요?"

아내가 막 웃으며…

"네. 맞는 거 같아요."

4. 성금요일 철야예배 시간에 교인들이 모두 울었습니다. 설교시간 내내 졸았던 아내가 기도시간에 교인들이 울고 있자, 제게 와서 귓속말로 묻습니다.

"뭐라고 그랬는데 다 울어요?"

5. 어떤 사모님은 목사님과 부부싸움을 한 뒤 목사님 설교 중에 뒤에 앉아서 손톱을 깍고 계셨습니다.

'또각! 또각!' 사모님의 압승이셨습니다.

6. 부부싸움을 하신 뒤 사모님이 금요예배에 나오지 않으셨습니다. 목사님이 사모님을 부르러 사택에 가 봤지만 안 계셨습니다. 한 참 뒤에 나타나신 사모님…

"옆에 큰 교회 가서 예배드리고 왔어요."

7. 사모님과 싸우던 목사님이 화가 나신 나머지 홍시를 벽에 집어 던지셨습니다. 순간적으로 일어난 일이었습니다. 벽은 물론이고 바닥까지 엉망이 되었습니다. 사모님은 아무 말씀도 없이 일어나 목사님의 서재에서 책을 가져오시더니 그 책으로 벽을 문질러 닦으셨습니다. 목사님은 그 뒤로 싸울 때 조심하십니다.

8. 평생 남의 교회에서 설교초청 한번 받아 본적 없으신 목사님이 드디어 여전도회 헌신예배 설교요청을 받으셨습니다. 사모님이 더 기뻐하셨습니다. 하지만 목사님은 너무 긴장하신 탓에 설교를 망치셨습니다. 부끄러우셨던 사모님이 축도 전에 나가셨습니다. 사모님인 줄 몰랐던 안내위원이 붙잡고 사정합니다.

"오늘 설교하신 목사님은 저희 교회 목사님이 아니세요. 다음 주에 꼭 다시 오셔서 한번만 더 들어주세요."

9. 제 아내는 믿음이 좋거나, 소명이 있어서 사모가 된 것이 아닙니다. 저를 사랑한 것 때문에 사모가 되었습니다. 신학을 한 것도 아니고, 교회에서 리더쉽을 가져본 적도 없습니다. 제 아내는 대표기도를 힘들어 하고, 성경에 관해 물어볼 때나, 상담을 요청해 오면 사색이 됩니다. 오직 남편에게만 담대합니다.

10. 제 아내는 설교에 대한 선택권이 없습니다. 무조건 남편의 설교를 들어야 하는 사모이지요. 그런 까닭에 남편 설교에 잔소리가 많습

니다. 자기도 가장 좋은 설교를 들을 권리가 있다는 것이지요.

11. 개척교회 사모가 대부분 그렇듯, 제 아내도 공장에 다니며 제 목회를 뒷바라지합니다. 갑상선에 문제가 있어서 매일 약을 먹어야 합니다. 10살 된 쌍둥이 남매도 키워야 합니다. 두 아이 중 딸은 몸이 아픈 아이입니다. 직장에서 하루 종일 서서 일하다가 퇴근하자마자 예배를 드려야 합니다. 씻지도 못하고 때론 저녁도 거른 채 설교를 듣다 보면 졸기도 하지요. 저는 아내가 졸지 않는 설교를 하기 위해 재밌는 이야기를 많이 하는 편입니다. 하루는 앞 의자에 턱을 괸 채로 고사상의 돼지머리처럼 웃는 얼굴로 잠들었습니다. 웃다가 졸음을 못 이기고 잠든 것이지요.

12. 사모도 사람입니다. 남편이 필요하고 목사님도 필요하고 친구도 필요합니다. 그런데 사모는 남편도 아닌 것이, 교인을 대하듯 자상한 목사님도 아닌, 이상한 남자와 삽니다. 교인들이 서로 언니, 동생 하면서 친하게 지낼 때 거기 끼지도 못합니다. 목사님의 아이들이 떠들면 사모님이 죄인처럼 주눅 들기도 하지요. 남편은 훈련받은 사람이지만, 사모는 그렇지도 못한 채 전문가가 되어야 합니다. 남편이 설교할 때, 은혜 받기보다 긴장할 때가 더 많습니다. 혹여 목사님이 설교 중에 말실수해서 교인들이 상처받지 않을까, 교인들이 은혜 받고 있나, 표정을 살피느라 목사님보다 더 진땀 빼기도 합니다.

13. 사모도 사람입니다. 직장 다니고 아이들 돌보고 집안 살림 하다 보면 새벽예배 못 드릴 수도 있습니다. 몸은 천근만근 같은데 남편이 새벽에 나가는 소리에 잠이 깨어, 따라가지도 못하고 깊이 잠들지도 못한 채, 죄책감에 짓눌려 선잠자다 일어나 또 출근합니다. 교인들은 삶이 피곤해서 청소하러 안 나와도, 사모는 그럴 형편이 못 됩니다. 교인들은 토요일에 쉬지만 사모는 토요일에 밀린 집안 살림과 교회청소와 주일 점심 준비를 해야 합니다. 교인들이 찬이 입에 안 맞아 밥을 남기기라도 하면 죄인마냥 어쩌지를 못합니다.

14. 사모도 사람입니다. 직장에서 다툴 수 있고 아이들 키우다보면 야단 칠 수도 있습니다. 목사님과 싸울 수도 있고 화도 날 수 있습니다. 예쁜 옷도 입고 싶고 좋은 화장품도 쓰고 싶은 여자입니다. 그런데도 맘에 드는 옷 앞에서 죄책감을 느끼며 만 원짜리 가판대로 갑니다.

15. 사모도 사람입니다. 우울할 수 있고 아플 수 있고 힘들 수 있고 짜증날 수 있고 졸 수도 있으며 일하기 싫을 수도 있습니다.

16. 사모도 사람이라서 외롭습니다.

37
전도사도 **사람**입니다

1. '목사도 사람입니다'를 읽고 한 전도사님이 제게 글을 보내 주셨습니다. '전도사도 사람입니다'라는 글입니다.

(1) 설교를 듣고 은혜를 받아 존경의 눈으로 목사님을 바라보았습니다. 눈이 마주치신 목사님께서 '눈깔어~~'하셨습니다.

(2) 첫 성찬식 때 성찬기를 처음 본 탓에 뒤집어 진 것을 모르고 준비했습니다. 뚜껑이 왜 안 맞나 싶었습니다. 목사님 성찬식 진행하시다가 뒤집어진 성찬기 보고 뒤집어지셨습니다.

(3) 목사님 설교 중에 아멘을 작게 했습니다. 목사님이 돈 받고 리액션을 그거 밖에 못하냐고 하십니다. 아멘소리 작으면 월급 깎으신답

니다.

(4) 목사님께서는 늘 제 나이가 많아서(35) 내공이 있어 좋다고 하십니다. 그런데 시집 안 갈 거냐고 끊임없이 되새겨 주십니다. 이 말 때문에 명절에 친척집도 가기 싫은데…

(5) 12명의 정탐꾼 설교 중 착각해서 40명의 정탐꾼 중에서 2명을 제외한 나머지 38명은 부정적인 보고를 했다고 한 바람에 교주라는 말을 들었습니다. 뻥튀기 복음이라고 놀리셨습니다.

(6) 목사님께서 전도사 뽑을 때 미모로 뽑았다는 말을 자주 하셨습니다. 나중에 알고 보니 지원자가 저 하나 뿐이었습니다.

2. 제가 전도사 시절 토요일 밤 늦게까지 교회에서 작업하고 주일 새벽예배 때문에 교회에서 잤습니다. 새벽에 눈 떠보니 새벽예배 설교가 끝나고 성도님들이 기도하고 계셨습니다. 아침 식사 중에 목사님이 제게 많이 피곤했었나 보더라고 하셨습니다. 제가 코를 많이 골더랍니다. 그 날, 새벽예배 안 드리신 분들까지도 제게 가장 많이 하신 말씀이 '많이 피곤하시죠?'였습니다.

3. 크리스마스트리 장식하던 날, 전구 선이 짧아서 나름 이어 붙이기를 좀 했습니다. 콘센트를 꽂는 순간 '펑~' 소리와 함께 교회 전체 전원이 나갔습니다.

4. 어느 전도사님은 교회 승합차에 성도님들이 타시고 목사님이 뒷문을 닫아 주셨습니다. 목사님께서 조수석에 앉으실 계획이었는데, 전도사님은 문 닫히는 소리에 바로 출발해 버렸습니다. 권사님이 '목사님은 다른 차로 오시나요?'하는 말에 놀라 교회로 돌아갔더니 목사님은 망부석처럼 서 계셨습니다.

5. 전도사님이 첫 출근하시던 날, 늦잠을 자는 바람에 지각을 하셨습니다. 급하게 부장권사님과 차량운행을 나갔다가 다른 차가 끼어드는 바람에 순간 '저 개새*가~!!!'하는 말이 튀어 나왔습니다.

6. 전도사님이 주보에 오타를 내셨습니다.
'이번 주 예불 드리신 분'
목사님에게 야단맞고 그 다음 주보에는 신경을 쓴다는 것이 그만…
'이번 주 현금 드리신 분'

7. 목사님과 함께 성도님 심방을 갔습니다. 성도님이 목사님께 아브라함의 아들이 2명인지 물었지요.
"그럼요. 이스마엘과 이삭 두 명입니다."
전도사님은 아브라함의 후처 그두라가 나은 6명의 아들이 떠올랐지요. 전도사님의 한 말씀에 목사님은 얼굴이 벌개 지셨습니다.
"아닌데요. 8명인데요."

8. 전도사님께서 주일학교 예배에서 혈루병 여인에 관한 설교를 준비하셨습니다. 극적 분위기를 만들기 위해 중앙 통로로 걸어 나오다가 갑자기 획 돌아서서 '누가 내 옷에 손을 대었느냐?'하고 외치셨습니다. 그 때 바로 옆에 있던 2학년 남자 아이가 하는 말…

"어우 C발! 깜짝이야~~!"

전도사님은 그 날 설교를 어떻게 했는지 기억이 나지 않으신답니다.

9. 전도사도 사람입니다. 교회차 운전 경험도 별로 없고, 방송실 장비도 모두 낯설기만 합니다. 익숙하지 않은 교회에서 성도님들 눈치도 봐야 하고 담임목사님 울렁증도 견뎌야 하는, 아직은 어린 청년입니다. 밤늦게까지 공부하고 레포트도 써야 하는 학생입니다. 다른 대학생들처럼 꾸미고 싶고 놀고 싶습니다. 주말에 여행도 떠나고 싶고 연애도 하고 싶고 게임도 좋아하는 열혈 청년이지요. 칭찬 한 마디에 기쁨을 감추지 못하고 야단 맞으면 눈물이 떨어지는 아직은 감수성이 살아있는 청년입니다.

10. 전도사는 목사가 되기 위한 길고 긴 과정에 이제 막 발을 들여놓은 사람입니다. 전도사님들이여~ 중도에 포기하지 않고 끝까지 완주하셔서 꼭 좋은 목사님이 되시길 응원합니다.

37-7 꿈나무

전 하 영
(발안초 3학년)

나는 무럭무럭 자라는 새싹이에요.
너희도 무럭무럭 자라는 새싹이에요.
우리들이 함께 자라면 거대한 꿈나무 되요.

거대꿈나무에선 꿈열매가 맺혀요.
가수, 의사, 화가, 운동선수, 미용사 등
꿈열매가 자라면서 우리의 꿈이 되요.

이런 꿈이 다른 사람에게 옮겨가서
또 다른 새싹이 되요.

그리고 새싹끼리 만나
또 다른 거대 꿈나무가 생기죠.

우리는 무럭무럭 자라는 거대꿈나무에요.

38
예수와 함께 받는 고난

　바울은 로마서에서, 우리가 예수를 믿게 되면 그와 함께 영광을 받기도 하지만, 그 전에 고난도 함께 받아야 한다고 했습니다. 또한 1차 전도여행 중 루스드라에서 돌에 맞아 거반 죽었다가 살아났을 때에도, 믿는 자들에게 '하나님의 나라에 들어가려면 많은 환난을 겪어야 할 것이라'고 하였지요.

　고난이 없이 평안하게 신앙생활을 할 수만 있다면 그게 가장 좋은 일이겠지만, 쉬운 일이 아닌 모양입니다. 오히려 성경은 평안한 신앙생활이 아예 없는 듯이 기록해 두었습니다. 오죽하면 찬양조차도 '하나님께로 더 가까이 갑니다. 고통 가운데 계신 주님~~'이라고 되어 있지요. 하나님께 가까이 갈수록 고통과 고난은 필수 코스가 되어 있습니다.

　고등학교를 다닐 때에는 주일 자율학습을 전부 빼먹고 내신점수 감점을 받아야 했습니다. 오스트랄로피테쿠스를 알지만 아담이라고 적었습니다. 방학 중에 수련회를 다녀온 후 보충수업을 빼먹었다고 15대를 맞기도 했습니다. 아버지를 실망시켜드리면서까지 신학대학교에 들어갔고, 어머니를 모실 수 없어도 목회자의 길을 묵묵히 걸어가고 있지요.

초대교회 당시 사도들이 공회에 끌려가 채찍질을 당한 후 쫓겨날 때, '그 이름을 위하여 능욕 받는 일에 합당한 자로 여기심을 기뻐'하였습니다. 이상하게도 예수님을 믿는 것 때문에 받아야 하는 고난은 별로 힘들지가 않았습니다. 어떤 때는 도리어 기쁨이 넘쳤습니다.

교인들에게 설교를 통해 이 마음을 나눌 기회가 있었습니다. 예수님과 함께 받는 고난은 별로 힘들지 않고 도리어 기쁘기까지 하다고 말입니다. 사랑하는 마음이 있으면 어려움 가운데 있을지라도 동행하는 기쁨이 있습니다. 특히 이 시대에 받는 고난은, 고난이라고 말하기조차 민망하고 부끄러울 만큼 미미해서, 고난 그 자체를 인식 못할 수도 있지요. 그럼에도 불구하고 우리를 하나님의 상속자로 여겨 주시고, 하나님 나라에 합당한 자로 여겨 주시니 그저 감사할 따름입니다.

예수님과 함께 함으로 인해 받는 고난은, 마치 집안 살림을 전혀 해보지 않은 부잣집 아가씨가 가난한 청년과 만나 사랑에 빠져 결혼한 것과 같습니다. 시집가기 전에는 집에서 일해 주시는 분들이 계셔서 빨래도 해주고 청소도 해 주고 밥도 해줬기에 손에 물 안 묻히고 편안하게 살았지만, 가난한 청년과 살 때에는 빨래도 해야 하고 청소도 직접 해야 하며, 어설프지만 음식도 만들어야 하지요. 안 해보던 일을 하면서 힘들 수 있지만, 사랑하는 사람과 함께 하는 기쁨이 커서, 고난도 고난인 줄 모르는 것입니다. 여자에게는 애 낳는 산고의 고통이 제일 크다고 하지만, 사랑하는 이의 아이를 낳는 기쁨이 있어 능히 그 고통도 견딜 수 있습니다. 사랑하는 마음은 오히려 고통을 넘어 감사하게 여기기도 하지요.

교인들은 제 설교에 깊이 공감해 주시고, 또 은혜도 받는 듯해 보였습니다. 이제 설교를 마무리만 잘 하면 되는 일이었습니다. 그 때 제 아내가 한 마디 했습니다.

"그건 그 아가씨가 철이 없어서 그래."

교인들, 특히 여집사님들이 사모의 말에 박수까지 치며 아멘을 하셨습니다. 비유는 정말 잘 선택해야 합니다. ㅠㅠ

39
뱀파이어와 은총

창세기에 보면 야곱이 얍복강에서 어떤 사람과 씨름하는 이야기가 나옵니다. 그 이야기에서 저는 궁금한 게 몇 가지 있었습니다. 어떤 사람은 누구기에 나이 97세 먹은 할아버지를 못 이기는 걸까요? 씨름을 하다가 자기가 이기지 못한다고 상대의 허벅지 관절을 쳐서 부러뜨리면 그것은 반칙이 아닐까요? 그가 어떤 존재이기에 날이 새는 걸 두려워할까요? 혹시 해가 뜨면 안 되는 귀신이나 뱀파이어였을까요? 물론 그는 야곱을 축복하고, 야곱의 이름을 이스라엘로 바꿔 준 것과, 야곱이 그를 만났다는 이유로 그곳 이름을 브니엘로 부른 것으로 보아, 귀신이나 뱀파이어가 아니라 하나님이거나, 하나님을 대리하는 어떤 신적 존재일 가능성이 있지요. 이스라엘이라는 이름이 '하나님과 및 사람들과 겨루어 이겼다'는 뜻인 것으로 미루어 예수님이 아니었을까 하는 생각도 듭니다.

　그러나 만약 그가 진짜로 뱀파이어였다면 야곱은 그를 어떻게 물리쳐야 했을까요? 뱀파이어는 흡혈귀로서 유럽의 드라큘라 중국의 강시 같은 존재입니다. 옛날 공포영화에서 드라큘라는 십자가를 무서워했고, 마늘과 햇빛을 매우 싫어했지요. 드라큘라가 자주 출몰하는 지역에서는 자기 전에 마늘을 갈아서 목에 바르고 자야 안전했습니다. 진화하는 드라큘라는 빨대를 가지고 다녔다고 하는 전설도 있지요. 드라큘라를 죽이려면 드라큘라가 자고 있는 관 뚜껑을 열고 그 심장에 나무로 된 말뚝을 박아야만 했습니다.

　유럽에서 살기 힘들어진 드라큘라가 미국으로 이민을 가서 뱀파이어로 개명해서 활동을 했습니다. 미국 사람들은 마늘 냄새를 싫어했기에 마늘을 무서워하는 뱀파이어가 살기 편했습니다. 또한 워낙 고층건물이 많아서 낮에도 햇빛을 피해 활동할 수 있었습니다. 뱀파이어는 미국의 음란한 밤 문화와 궁합이 너무 잘 맞아서 생육하고 번성하여 그 땅에 충만했지요. 뱀파이어들이 많아지면서 이들 간에도 계층이 나뉘게 되었습니다. 간혹 질 떨어지는 애들은 좀비가 되었고, 우수한 혈통들은 귀족 같은 뱀파이어가 되었습니다. 영화나 드라마에 출연할 때도 좀비들은 조연으로 밖에 안 받아 주었고, 주연은 모두 귀족 뱀파이어들이 하면서 빈부의 격차도 커졌습니다.

　뱀파이어가 미국 사회에서 골칫거리가 되자 뱀파이어를 퇴치하려는 퇴마사들이 등장했습니다. 유럽에서 드라큘라를 물리치는 사람들은 주로 신부님들이었기에, 그들의 무기는 성경과 십자가, 그리고 나무 말뚝이었습니다. 하지만 미국은 나무말뚝보다 흔한 것이 총이라, 총을 들고 싸우는 갱단 같은 조직들이 퇴마사의 일을 했습니다. 그런데 문제는 뱀파이어가 총을 맞고도 죽지 않는다는 것이었습니다. 미국 퇴마사들이 오랜 연구 끝에 알아낸 뱀파이어의 약점은 햇빛과 은(銀)이었습니다. 은(銀)은 예로부터 독극물과 상극이었다는 것에서 아이디어를 얻은 것입니다. 퇴마사들이 뱀파이어들을 물리치려면 그들을 유인해서 햇빛으로 끌어내거나, 은장도(銀長刀)로 베어버려야 했습니다. 그러나 뭐니 뭐니 해도 총이 편했던 그들은 은으로 총알을 만들어 사용했습니다. 확실히 은총(銀銃)이 뱀파이어들을 물리치는데 효과적이었습니다.

 미국에서 살기 힘들어진 뱀파이어들이 미국 문화를 빠르게 흡수하는 한국을 노리고 조금씩 들어오고 있습니다. 아직까지는 한국의 마늘문화가 어느 정도 뱀파이어들의 입국을 막아주고 있기는 합니다만, 그래도 한국은 총기규제가 강해서 뱀파이어들이 은총(銀銃)을 피해 조심스럽게 들어오고 있는 추세입니다. 한국에서는 대표적으로 형사였던 나도열(김수로)씨와, 신부였던 현상현(송강호)씨가 뱀파이어가 되었습니다. 다행히 정의로운 사람들이 뱀파이어가 되어서 큰 피해는 없었지만, 한국도 뱀파이어들로부터 더 이상 안전한 나라가 아님을 보여주었지요. 더군다나 한국은 화장품 기술이 세계에서 가장 뛰어난 나라이기에, 뱀파이어들이 강력한 썬크림을 바르고 낮에도 활보하고 있어서 더 큰 문제가 되고 있습니다.

한국의 K-POP이 세계적인 히트를 치면서 대중문화가 미국을 압도하게 되자, 한국에서도 뱀파이어들에게 전염된 사람들이 급격하게 늘고 있습니다. 유럽이나 미국에서는 뱀파이어의 타액이 다른 사람들을 뱀파이어로 만들 때, 3일이나 길면 5일 정도 걸리던 잠복기가, 한국은 어릴 때부터 마늘을 많이 먹어놔서 서양 사람들보다 조금 길어졌습니다.

이제는 한국도 퇴마사들이 필요해졌습니다. 유럽에서는 신부님들이 했었고, 미국에서는 총잡이들이 했다면, 한국에서는 목사님들이 이 일을 해야 합니다. 왜냐하면 뱀파이어들이 싫어하는 십자가를 밤하늘에 수놓은 사람들이 목사님들이기 때문입니다. 또한 한국목사님들은 한 곳에 말뚝을 박으면 좀처럼 잘 안 움직이기에, 말뚝에 대한 트라우마가 있는 뱀파이어들이 한국목사님들을 무서워하지요.

무엇보다도 뱀파이어들이 한국목사님들을 무서워하는 가장 큰 이유는, 한국교회에 은총(恩寵)이 넘친다는 소문 때문입니다. 은총(銀銃)이 무서워서 미국을 떠나 한국에 왔는데, 목사님들이 복병이었던 것입니다. 한국 사람들이 마늘을 많이 먹어서 잠복기가 일주일 이상 길어진 덕분에 뱀파이어가 될 만 하면, 주일에 교회에 가서 특별한 은총으로 인해 완전 회복되어 버리기 때문에 뱀파이어가 되지 못했던 것입니다.

이제는 한국목사님들이 깨어서 뱀파이어들의 공격에 경각심을 가지고 이 나라를 지켜야 할 때가 되었습니다. 혹여 한 주라도 하나님의 특별하신 은총을 선포하지 않으면 교인들이 뱀파이어로 변할 확률이 높아졌습니다. 그러므로 목사님들이 사명감을 가지고 주일 오전 예배만큼은 그 어떤 것보다 하나님의 은총을 붙드셔야 하고, 교회에 오는 모든 성도들을 한분한분 하나님의 은총으로 축복해 주시고, 설교말씀도 하나님의 구속의 은총만을 전하셔야 합니다. 그래야 이 나라가 살 수 있습니다.

한국교회와 목사님들이 은총을 붙든 덕분에 이 나라가 오직 하나님의 은총 가운데 살아가고 있는 것입니다.

40
마음의 소리

1. 하와 "뱀은 왜 말을 하고 GR이야."
2. 노아시대 사람들 "왜 비는 오고 GR이야."
3. 바벨탑 쌓던 사람들 "쟤는 왜 못 알아듣는 소리하고 GR이야."
4. 애굽왕 바로 "65세 먹은 할머니가 이쁘고 GR이야."
5. 그랄왕 아비멜렉 "90세 먹은 할머니가…… ㅜㅜ"

6. 얍복강 천사 "97세 먹은 할아버지가 힘은 세고 GR이야."
7. 요셉의 형제들 "쟤는 왜 꿈꾸고 GR이야."
8. 떨기나무 "왜 불이 붙고 GR이야."
9. 홍해 "동풍은 왜 밤새도록 불고 GR이야."
10. 금송아지 "왜 내 앞에서 춤추고 GR이야."

11. 시내광야 "왜 돌판을 던지고 GR이야."

12. 반석 "왜 지팡이로 때리고 GR이야."

13. 여리고성벽 "왜 소리를 지르고 GR이야."

14. 여우 "꼬리에 불은 왜 붙이고 GR이야."

15. 붉은 암소 "법궤는 왜 가져와서 GR이야."

16. 골리앗 "전쟁 중에 돌을 던지고 GR이야."

17. 상수리나무 "왜 머리를 길러가지고 GR이야."

18. 까마귀 "떡을 물어다 놓으면 지가 홀라당 먹어버리고 GR이야."

19. 바알과 아세라 선지자 "엘리야 쟤는 왜 돌아와서 GR이야."

20. 욥 "병문안 와서는 헛소리하고 GR이야."

21. 배고픈 사자 "하필 다니엘이 떨어지고 GR이야."

22. 큰 물고기 "갑자기 소화도 안 되고 GR이야."

23. 갈릴리 물고기 "아침부터 집합시키고 GR이야."

24. 야이로 "혈루병 여인이 새치기 하고 GR이야."

25. 송아지 "탕자는 돌아오고 GR이야."

26. 야곱의 우물 "대낮에 물 뜨러 오고 GR이야."

27. 집주인 "남의 지붕은 뜯고 GR이야."

28. 주막주인 "여기에 환자를 데려오고 GR이야."

29. 맷돌 "날 돌리다가 사라지고 GR이야."

30. 다섯 처녀 "신랑은 왜 늦게 오고 GR이야."

31. 낙타 "바늘귀가 나랑 뭔 상관이라고 GR이야."

32. 베데스다 연못 "천사는 왜 내려와서 휘젓고 GR이야."

33. 물고기 "하필이면 동전을 먹어가지고 GR이야."

34. 뽕나무 "키도 작은 게 올라오고 GR이야."

35. 향유병 "나를 왜 깨고 GR이야."

36. 세 개의 못 "나를 왜 사람한테 박고 GR이야."

37. 유두고 "설교를 왜 길게 하고 GR이야."

38. 알렉산드리아 배 "바울을 왜 나한테 태우고 GR이야."

39. 독사 "왜 불 속에 집어넣고 GR이야."

40. 나 "왜 나 같은 것 때문에 십자가에 달리시고…… ㅜㅜ"

41
똘똘한 아이

1. 모세가 떨기나무 앞에서 하나님께 받은 명령이 무엇이지요?

"신발을 벗으랬어요."

2. 모세가 홍해 앞에 서서 두 팔을 내어밀고 외쳤습니다.

"하나!" 하늘이 어두워지기 시작했습니다.

"둘!" 바람이 불어옵니다.

"셋!" 물결이 요동칩니다.

"넷!"

그 때 한 아이가 모세의 옷을 잡고 묻습니다.

"아저씨. 모세?"

3. 노아가 길을 가던 사람들을 붙잡고 하나님의 심판을 전하며 회개할 것을 요구했을 때, 사람들은 뭐라고 했을까요?

"노 ~ 아 ~~"

4. 탕자가 집에 돌아왔을 때 누가 제일 싫어했을까요?

"송아지요!"

5. "아멘이 무슨 뜻인지 아세요?"

"이제 눈 뜨라는 뜻이에요."

6. "예수님이 잔을 들어 축사하시고 제자들에게 주시며 말씀하셨습니다. 이 잔…"

"건배~!"

7. "엄마 배 아파."

아이의 배를 만져주시며

"속이 비어서 그래. 밥 먹으면 괜찮아."

목사님이 심방을 왔습니다.

"집사님 두통약 있습니까? 머리가 좀 아프네요."

집사님 아이가 목사님의 머리를 만지며

"머리가 비어서 그래~~!"

8. 길에서 주일학교 선생님을 만났습니다.

"우와 하나님이다~!"

"애야. 왜 선생님에게 하나님이라고 해?"

"응. 엄마가 하나님께 드리라는 헌금, 저 선생님이 가져가던데."

9. 축도하는 모습을 처음 본 아이가 친구에게…

"야. 목사님 왜 손들고 기도해?"

"설교를 지루하게 해서 하나님께 벌 받나 봐."

10. "엄마. 내 속에 하나님이 정말 계셔?"

"그럼. 하나님이 우리 딸 속에 항상 계시지."

"엄마. 하나님이 바나나 먹고 싶대."

11. 엄마가 딸에게 주기도문을 가르쳐 주네요.

"엄마를 따라서 해."

"응"

"하늘에 계신 우리 아버지."

"하늘에 계신 우리 할아버지."

12. 장애를 가진 아이가 쓴 글을 보고 울었습니다.

"하나님. 저는 다리가 없어도 괜찮아요. 하나님이 다리가 없으면 살 수 없는 친구에게 주세요."

41-8 고깃집

전 하 영
(발안초 3학년)

치이익~ 치익
이건 무슨 소리일까?
맞아! 고기 굽는 소리야!

우리는 고깃집에 왔어
이제 고기가 노릇노릇 잘 익었어
그럼 본격적으로 먹어볼까?

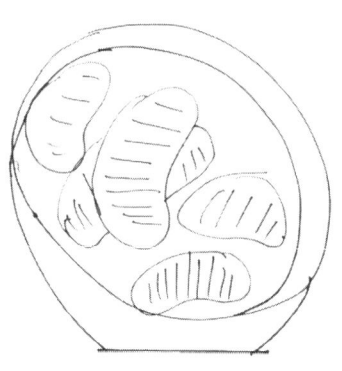

상추에 새하얀 밥을 얹고,
노릇노릇 잘 익은 고기를 양념장에 찍어서
밥 위에 얹고 먹으면!
그야말로 맛은 최고!

너도 한입 먹을래?

42
건망증

    1. 탤런트 김수미씨가 물건을 사러 가면 자주 듣는 말이 '계산하고 가져가셔야죠.'였답니다. 공인의 체면도 있고 해서 이 버릇을 고치기 위해 노력을 많이 했습니다. 그래서 지금은 '계산하셨는데요.' 소리를 자주 듣는다고 합니다.

    2. 김수미씨가 어린 딸과 함께 찜질방에 갔다가 돌아오는 길에 기사가 물었습니다.
"따님은 제가 가서 모시고 올까요?"
건망증 때문에 딸을 찜질방에 두고 온 것입니다.

    3. 저희 어머니가 리모컨을 들고 5번을 꾹 누르고 계셨습니다. 제가 뭐하시냐고 물으니, 작은 딸에게 전화한다고 하시네요.

4. 어떤 사람이 부산에서 놀고 비행기 타고 서울로 돌아온 뒤, 부산 친구의 전화를 받았습니다.

"차는 언제 가져갈 거야?"

자기 차를 타고 부산 갔다가 2박 3일 신나게 놀고, 깜박 잊고 비행기로 서울에 와 버린 것입니다.

5. 어느 목사님이 교회차를 자주 타시니까 자기 차를 팔아버리셨습니다. 일주일 뒤 우연히 자기 차가 지나가는 것을 보고 경찰서에 도난신고를 하셨습니다.

6. 핸드폰이 흔치 않던 시절, 대학생쯤으로 보이는 청년이 제게 시간을 물어 보았습니다. 저도 시계가 없었습니다. 그 청년의 친구가 '야, 너 핸드폰 있잖아.' 합니다. 그러자 그 청년이 '맞다!' 하더니 핸드폰을 꺼내 어디론가 전화를 걸었습니다.

"엄마! 지금 몇 시야?"

7. 교수님이 본관 회전문에서 빙빙 돌고 계셨습니다. 지나가던 학생이 뭐 하시는 중이신지 물어보았습니다.

"글쎄… 내가 지금 나가려던 참인지, 들어가던 참인지…"

8. 친구에게 전화를 걸었습니다.

"00이 전화번호 좀 알려줘."

"잠깐만... 내 핸드폰이 어딨지?"

"야~! 너 지금 나랑 핸드폰으로 통화하는 거거든!"

9. 야영을 가서 밥을 안치려고 가스버너를 꺼냈습니다. 그런데… 공구함을 가져왔습니다.

10. 결혼식 집례를 하러 가신 목사님께서 개식사를 하셨습니다.

"지금부터 고 아무개 군과 고 아무개 양의 결혼식을 진행하겠습니다."
목사님이 오전에 장례식을 치르고 오셨더라고요.

11. 결혼식 개식사를 하려던 목사님이 순간 신부가 장녀인지 차녀인지 헷갈리셨습니다.

"지금부터 000집사님의 장남 00군과 000집사님의 창녀 00양의 결혼식이 있겠습니다."

12. 틀니를 처음 한 목사님이 그 불편함에 양해를 구하고 설교를 짧게 하셨습니다. 다음 주, 목사님은 설교를 길게 하셨습니다.

"목사님. 틀니가 이제 좀 편해지셨나봐요?"

"아니… 그게 아니고, 아침에 착각해서 아내 틀니를 끼고 왔더니 말이 멈추지 않네….."

13. 어릴 적, 짝사랑 하던 교회 후배에게 사랑을 고백하는 쪽지를 썼

습니다. 그러나 도저히 용기가 나지 않아, 3주 동안이나 주머니에 넣어 두고만 있었습니다. 오늘은 반드시 전해 주리라 굳게 마음먹고, 친구들이랑 수다 떨고 있는 후배에게 가서 손에 편지를 쥐어주고 도망을 왔습니다. 저녁에 후배가 집으로 찾아왔습니다.

"오빠… 아까 교회에서 나한테… 천원 왜 줬어?"

14. 토요일 새벽에 놀라서 잠이 깼습니다. 시계를 보니 5시 쯤 되었습니다. 정신없이 옷을 갈아입고 교회로 갔습니다. 저희 교회는 토요일에는 새벽예배가 없습니다.

15. 껌을 씹었는데 느낌이 이상했습니다. 껌을 버리고 껌종이를 입에 넣고 씹고 있었습니다.

16. 집회강사로 초청을 받아 광성수양관으로 갔습니다. 그런데 주차장이 텅 비어 있었습니다. 관리하시는 분께 여쭤보니 혹시, 광림수양관을 착각한 것 아니냐고 하십니다. 문자를 확인해 보니… 그 분 말씀이 맞았습니다. 그 날, 최고로 과속했습니다. 순교할 뻔했습니다.

17. 권사님이 심방을 가신다고 집을 나가셨습니다. 잠시 뒤, 다시 들어오신 권사님은 핸드폰을 챙겨들고 나가셨습니다. 그러나 또 들어오시더니, 이번에는 가방을 들고 나가십니다. 조금 있다가 다시 들어오신 권사님을 보고 아들이 이번엔 뭐냐고 물었습니다.

"밖에 비가 오네…."

그 비는 1시간 전부터 내리고 있었습니다.

권사님이 한참 뒤 들어오셨습니다. 아들이 잘 다녀왔느냐고 물었더니 권사님…

"심방이 오늘이 아니네."

18. 주차장에서 차를 어디에 세워 둔지를 잊어버렸습니다. 리모컨을 아무리 눌러도 반응이 없습니다. 다른 층에 세웠을까 싶어 고민하고 있자, 같이 오신 목사님이…

"목사님, 제 차로 오셨는데요."

19. 아들이 아파서 병원에 갔습니다. 접수 앞에서 볼펜을 들고 망설이던 아빠가 아들에게 묻습니다.

"우리 아들~ 이름이 뭐였지?"

20. 유치원 선생님이었던 친구가 버스에서 학부모를 만났습니다. 그런데 순간 아이의 이름이 생각나지 않았습니다.

"어머… 우리 애 아빠시죠? 반가워요~!"

21. 5만원 신권이 나왔을 때, 가끔 사례비로 5만 5천원이나 10만 5천원을 받은 일이 몇 번 있었습니다.

22. 아내에게 항상 닭살 돋게 '여봉, 허니, 자기야' 하는 분이 계셨습

니다. 그렇게 부르시는 특별한 이유가 있을까 싶어 여쭤보았습니다.

"특별한 이유는 없고… 이름을 까먹어서…"

23. 가끔…

너무 힘들고 지칠 때…

하나님이 저를 사랑하고 계신다는 사실을…

잊을 때가 있습니다.

43
10주년 기념 세일

저희 교회가 개척한지 햇수로 10년이 다되어 갑니다. 30대 초반, 안수도 받기 전에 개척을 했었지요. 교회 인테리어를 꾸미면서 돈만 있었다면 해 보고 싶었던 것이 있었습니다.

본당 내부의 모든 나무를 편백나무로 꾸미고 싶었습니다. 편백나무로 벽을 두르고 몰딩을 하고 문과 강대상과 헌금대도 만들고 싶었지요. 편백나무는 아토피나 알레르기가 있으신 분들의 피부질환 개선 효과가 있습니다. 또한, 스트레스를 일으키는 코티졸이라는 호르몬 분비를 억제시켜 주지요. 면역력 향상효과가 있고 숙면을 유도해주고 콜레스테롤을 낮춰주어 혈관을 깨끗하게 해주고 혈액순환과 혈압을 낮춰주는 효과도 있습니다.

천장에는 에어컨과 함께 음이온 발생기를 설치하고 싶었습니다. 음이온은 죽어가는 화초도 살린다고 합니다. 음이온은 피로회복과 통증 완화에 좋지요. 음이온은 공기 중에 많은 양이온으로 인해 생기는 다양한 질병에 도움이 됩니다. 특히 고혈압 환자나 당뇨병 환자에게 좋은 것이 음이온입니다.

강대상 좌우에 아로마 향초를 켜 두고 싶었습니다. 아로마 향은 심신을 안정시켜 주어, 사람을 편안하게 만들어 줍니다. 장례식에 쓰이는 향이 유족들의 피곤을 덜어주는 효과가 있다고 합니다. 교회에 들어왔을 때, 아로마 향이 느껴진다면 지친 몸과 마음의 긴장을 덜어 줄 수 있을 것입니다.

산소 발생기를 휘장 뒤에 숨겨두고 싶었습니다. 산소가 조금만 많아도 숨쉬기가 편안해집니다. 오염된 공기를 마시다가 교회에 들어서면 호흡이 편해지고, 가슴통증도 사라질 수 있습니다.

저는 웃음치료사 자격을 갖춘 사람입니다. 사람에게 웃음이 얼마나 좋은지 잘 알고 있습니다. 레크리에이션 전문가이기에, 저는 설교보다 사람을 웃기는 일을 더 잘할 수 있습니다. 찬양도 가급적 신나고 즐거운 곡으로 선정하고 설교도 유머를 많이 사용해서 성도들을 기분 좋게 웃을 수 있도록 해 주면 성도들의 건강에 도움이 되겠지요. 그리고 성도들에게 매 예배 때마다 안수기도를 해 주려고 했습니다. 기도의 플라시보 효과를 노리는 것이지요. 제게 신유의 은사가 없어도, 담임목사에게 기도를 받았으니 나을지도 모른다는 기대감이나 믿음을 갖게 하는 것입니다. 적어도 소화불량에는 도움이 되지 않을까 싶습니다.

저희 교회를 오시는 분들은 이런 장치들을 모른 채, 그저 성령님의 역사가 충만한 교회로 여기지 않을까 싶었지요. 왠지 그 교회에 가면, 호흡도 편안해지고 통증도 사라지는 것 같고 기분도 좋아진다고 느낄 테니까요. 거기다가 신유집회를 자주 열면, 제가 신유의 은사를 가진 목사로 소문 날거라는 생각도 들었습니다. 교회 부흥은 사람들의 입소문으로, 전도하지 않아도 저절로 될 것입니다. 제가 이런 사기를 진지하게 생각했던 것이 아니라, 그냥 상상만 해 보았습니다. 저 자신이 심장병이 있고 제 딸이 아픈 아이라, 사람들이 '니 딸이나 고쳐라.' 할까봐 시도할 수는 없었습니다.

교회가 10주년이 되면, 뭔가 특별한 이벤트를 해볼까 생각해 보았습니다. 백화점처럼 10주년 특별 기념 세일을 해 보면 어떨까 했지요.

- 10주년 기념 십일조 50% 세일
- 등록하시는 모든 분들에게 1년간 감사헌금 면제
- 1년간 교회 모든 봉사에서 제외
- 4인 가족 동반 등록 시 한 달에 한번 주일성수 면제
- 친구와 함께 등록 시 1년간 목사님의 특별 축복기도 제공

이런 내용을 담아 교회 앞에 현수막을 걸어두면 아마도 금방 유명한 교회가 되지 않을까 싶습니다. 문제가 생기면 이사야 55장 1절 말씀을 제시하면 되겠지요.

'오호라 너희 모든 목마른 자들아 물로 나아오라 돈 없는 자도 오라 너희는 와서 사 먹되 돈 없이, 값없이 포도주와 젖을 사라.'

필리핀 어느 성당에서는 반려견에게 성수를 뿌려 세례를 준다고 합니다. 한국에도 반려견 문화가 있으니, 애완동물을 데려오면 세례를 주겠다고 현수막 하나 걸어두면, 제 이름을 알리는 데는 효과가 있겠지요. 제가 이 일로 유명해 져서 이단 시비가 걸리기까지 족히 3년이 걸립니다. 나중에 총회에서 머리 숙여 사죄하고 다시는 이런 일을 하지 않겠다고 하면, 그것만으로도 제 이름은 유명해 질 것입니다.

어느 큰 교회에서 부목사에게 특혜를 주는 것이 있다고 합니다. 부목사가 전도한 교인의 십일조는 일 년간 전도한 목사에게 준다고 합니다. 그 교회 부목사님들은 자신들의 친인척은 물론 친구들까지 다 자신이 섬기는 교회로 끌고 오겠지요. 전도도 열심히 하지 않을까 싶어요. 어떤 교회는 전도전임 전도사를 뽑는데, 사례가 기본 사례비 외에 실적에 따라 수당을 지급한다고 합니다. 30명만 전도해도 수입이 웬만한 담임목사님보다는 더 낫다고 합니다.

어떤 교회는 복지관을 운영하여 담임목사님이 관장을 겸합니다. 그러면 담임목사 사례 외에 관장 사례가 더 나온다고 합니다. 어떤 교회는 유치원을 운영합니다. 그리고 사모님이 원장을 합니다. 어떤 교회는 공부방을, 어떤 교회는 카페를, 어떤 교회는 영어학원을 운영합니다. 이걸 두고 교회가 세속화 되었다고 하지 않고 자립을 위해 애쓰고 있다고 하지요. 교단 차원에서 장려하는 것도 있습니다.

교회가 커지면 자연스레 교회 운영시스템도 바뀌게 되어 있습니다. 작은 교회는 밥그릇에 밥을 먹지만, 큰 교회가 되면 식판에 밥을 먹거나 접시에 먹어야 하지요. 작은 교회는 교적부가 목사님의 머릿속에 들어 있지만, 큰 교회는 직원들 책상에 꽂혀 있습니다. 작은 교회는 전화로 할 수 있는 일을 큰 교회는 문자로 해야 합니다. 회사운영방식처럼 고객대응시스템을 만들어 사용합니다.

미국의 어느 목사님이 '기독교가 로마에서 제도가 되었고, 유럽에서 문화가 되었으며, 미국에서 기업이 되었다.'고 하셨지요. 기독교 고발 영화인 〈쿼바디스〉를 만든 감독은 하나를 더 붙여서 '한국에서는 대기업이 되었다.'고 말합니다. 이런 한국적 기업교회 밑에서 작은 교회가 살아남기 위해서는 편의점 운영방식을 흉내 내야 할 판입니다. 틈새시장을 공략해야 하고, 특성화 교회를 만들어야 합니다. 단일 업종으로 가장 많은 것이 교회인 만큼 어필할 수 있는 전략을 세워야겠지요.

아파트 입주가 시작되면 교회마다 전도의 전쟁이 일어납니다. 작은 교회들은 명함도 못 내밀지요. 인원수에서도 안 되고, 전도용품의 질에서도 밀립니다. 심지어는 외모에서도 한참 밀립니다. 어디서 그런 예쁘신 분들이 전도대원을 하시는지, 저 같은 산적이 전도하는 것은 그냥 민폐가 되겠더라고요.

작은 교회를 개척해서 섬기는 동안 분명한 결단이 필요했습니다. 치열한 생존경쟁 속으로 뛰어 들어가느냐, 아니면 하나님 앞에서 무명한 자 같으나 유명한 자가 될 것이냐 하는 것이었습니다. 무엇을 결정한 것은 아니지만, 도리어 결정하지 못하니 아무것도 할 수가 없었습니다. 몇 년간 갈등만 하고 있는데도, 신기하게 이런 작은 교회를 찾아오시는 성도가 있었습니다. 시설 좋은 교회, 문화가 있는 교회, 기업적 마인드를 갖춘 조직적 교회에 가지 않고 좁은 교회, 불편한 교회, 잘 안 보이는 교회, 산적 같은 목사님이 있는 교회를 오는 성도가 있다는 것이 이상해 보일 정도였습니다. 아마도 제 정신을 가진 사람은 아닐 거야 싶었지요.

개척할 때도 편백나무나, 음이온 발생기도 설치 못했는데, 10주년 되었다고 특별 기념세일행사 하는 것도 쉽지 않습니다. 그저 10년을 어떻게 살아올 수 있었나 돌아보고, 이런 별 볼일 없는 교회가 망하지 않은 것에 감사하고, 나 자신이 하나님 앞에 어떤 모습이 되어 있나 살펴보는 것으로 대신해야겠다는 생각이 듭니다. 정말로 10주년이 되면 하나님 앞에 감격스러울지, 죄송스러울지 궁금해집니다.

44
유람선과 같은 교회

시편 23편은 너무나 유명한 말씀이지요. 각종 사투리 버전이 있고 패러디 버전도 다양하게 존재합니다. 한국 기독교 초기에는 성경이 띄어쓰기가 되어 있지 않아서, '여호와는 나의 목 자시니'라고 읽고 감동 받아서 '내 목도 잡아 잡수세요.'하며 울고불고 했다는 이야기도 있습니다.

어느 목사님은 주보에 설교 제목을 '여호와는 나의 목자시니'라고 정했는데 주보사와 통화하는 중에 설교제목이 '여호와는 나의 목사시니'가 맞느냐고 묻는 말에 '여호와는 나의 목자시니… 네, 그거면 충분합니다.'라고 대답하셨지요. 주일 날 예배시간에 주보를 보니 설교 제목이 '여호와는 나의 목자시니… 네, 그거면 충분합니다.'라고 되어 있더랍니다. 처음에 볼 때는 오타 난 것 때문에 화가 조금 나셨다고 해요.

그러나 그 순간 은혜가 임하더랍니다. 설교제목을 보면 볼수록 은혜가 되고 감사가 된다고요.

시편 23편에 '푸른 초장과 쉴 만한 물가'가 나오니 골프와 낚시 좋아하는 성도들은 '여호와는 나의 목자시니… 그가 나를 푸른 초장에서 골프치게 하시고, 쉴 만한 물가에서 낚시하게 하시는도다.'라고 읽기도 하더군요.

저는 시편 23편 1절을 읽으면서 뭔가 어색하게 느껴지는 것이 있었습니다. 어릴 때부터 암송하던 구절인데, 영 이상해서 자세히 보니 예전 성경과 지금 성경에 차이가 있었습니다. 예전에는 '여호와는 나의 목자시니 내가 부족함이 없으리로다' 했고 지금은 '여호와는 나의 목자시니 내게 부족함이 없으리로다'로 바뀌었더라구요. '내가'에서 '내게'로 바뀐 것이지요.

'내가' 부족함이 없는 것은 '내가 받은 것이 충분하다.'는 표현이고, '내게' 부족함이 없는 것은 '나를 이끄시는 목자가 최선을 다하고 있음'에 대해 표현하는 말이 됩니다. '내가' 부족함이 없다고 느낄 때는 '사망의 음침한 골짜기'를 지날 때 원망스러웠지만, '내게' 부족함이 없다고 했을 때는 '사망의 음침한 골짜기'라도 내게 부족함이 없이 최선을 다하시는 분이 이끄시는 길이기에 '내게 꼭 필요한 과정'으로 받아들일 수 있었습니다.

제가 고백하는 하나님은 제가 필요하다고 느끼는 것들을 채워 주시는 분이 아니십니다. 교회 월세가 밀리고 아이 치료비가 없을 때, 하나님이 과연 나의 필요를 알고 계실까 싶은 의문이 들기도 합니다. 전에 이가 아파서 치과에 갔다가 금니를 씌울 돈이 없어서 몇 달을 생으로 그냥 참았던 적이 있었습니다. 식구들에게는 아프다는 말도 하지 못했었지요. 그 때는 정말 울음이 기도할 때마다 꾸역꾸역 올라오곤 했었습니다. '치통을 앓는 사람은 철학자가 될 수 없다.' 라는 말을 삶으로 체험할 수 있었습니다. 그 때에는 하나님이 저의 필요를 채우지 않는 분이라고 느꼈습니다.

저의 하나님은 제 기준으로 필요를 채우시기보다, 언제나 당신의 기준으로 저의 필요를 공급해 주셨습니다. 이것을 늘 세월이 조금 지난 다음에 깨닫기 때문에 '하나님은 지금의 필요를 채우시는 분이 아니라 과거의 필요를 채워 주셨던 분이다.'라고 고백합니다. 지금도 여전히 저는 부족한 것을 많이 느낍니다. 재정도, 건강도, 성도도, 지혜도, 모든 것이 다 결핍 상태입니다. 그러나 지금은 이것이 제게 필요한 과정이라고 고백하고 있습니다. 하나님은 저를 이끄실 때 제게 부족함이 없으신 분이심을 믿기 때문이지요.

'내가'와 '내게'는 '나를 볼 것인가' 아니면 '하나님을 볼 것인가' 하는 시선의 변화도 가져다주었습니다. '내가' 부족함이 없다고 느낄 때는, 필요에 따라 재정을 요구하기도 하고, 건강을 구하기도 하고, 헌신된 일군을 보내 달라고 할 때도 많았습니다. 성경에 나오는 다양한 은사들이 저는 필요했습니다. 하지만 '내게' 부족함이 없으신 하나님을 볼 때는 제가 재정이 없고 건강이 없고 능력이 없어도 '하나님이 나와 함께 계시니 나는 부족해도 좋아.'라고 고백할 수 있었습니다. 전에는 하나님께 능력을 받아서 '내가' 큰일을 하기 원했다면, 이제는 전지전능하신 하나님이 저와 함께 계셔서 그 분이 다 해 주실 것을 믿게 되었지요. 진정 '주님이 하셨습니다.'라는 고백이 가능해 진 것입니다.

아이들이 부르는 동요 중에 '바람 불어도 괜찮아요'라는 곡이 있습니다.

바람 불어도 괜찮아요. 괜찮아요. 괜찮아요.
쌩쌩 불어도 괜찮아요. 난난난 나는 괜찮아요.
털오바때문도 아니죠. 털장갑때문도 아니죠.
씩씩하니깐 괜찮아요. 난난난 나는 괜찮아요.

저는 어렸을 때 이 동요를 교회에서 찬양으로 배웠습니다.

바람 불어도 괜찮아요. 괜찮아요. 괜찮아요.
파도 일어도 괜찮아요. 나는 나는 나는 괜찮아요.
바람을 만드신 하나님, 파도를 만드신 하나님,
주님 내 안에 계시니까 나는 나는 나는 괜찮아요.

저는 이 찬양의 마지막 가사가 '주님이 주신 능력이 있으니까 괜찮아요.'라고 하지 않고 '주님 내 안에 계시니까 나는 괜찮아요.'라고 한 것이 너무 맘에 듭니다.

이스라엘 백성들이 출애굽을 했을 당시에는 그들에게 전투 능력이 없었습니다. 무기도 없었고, 훈련도 받지 못했습니다. 그저 목자만 바라볼 수밖에 없는 어린 양과 같은 존재였지요. 그래도 걱정할 필요가 없습니다. 이스라엘 백성이 오랜 시간 종살이를 해서 전쟁을 할 줄 몰라도 그들에게는 애굽에 10가지 재앙을 내렸던 하나님이 계시니까 괜찮았습니다. 실제로 애굽 병사가 쫓아왔을 때 그들은 홍해를 무기 삼아 전쟁하시는 하나님을 경험했습니다. 광야를 지나는 동안 전쟁을 해야만 한다면, 하나님은 우박을 무기로 쓰실 수 있고 흑암을 이용할 수도 있으며, 메뚜기나 개구리로 대신 싸우게 하실 수도 있으시지요.

예수님이 로마와의 전쟁으로 이스라엘의 독립을 시도하셨다면, 오합지졸 같은 사람들만 있어도 강력한 군대가 될 수 있습니다. 주님은 한 끼 도시락으로 군량미를 채울 수 있고 병사들이 다치거나 죽어도, 말씀 한 마디로 고치고 살릴 수 있기 때문입니다. 아무리 죽여도 다시 살아나는 군대와 싸워서 이길 수 있는 군대는 이 땅에 존재하지 않습니다. 주님이 대장 되셔서 치루는 전쟁은 훈련된 군사가 필요한 것이 아니라, 주님을 바라보고 따를 수 있는 사람이면 충분 합니다. 전쟁 중에 간혹 다쳐도 괜찮고 때론 죽는다 해도 상관없다는 고백만으로 훌륭한 군인이 되는 것이지요.

바울이 디모데에게 '그리스도의 좋은 병사'가 될 것을 요구한 적이 있습니다.

'너는 그리스도 예수의 좋은 병사로 나와 함께 고난을 받으라'(딤후 2:3)

바울의 이 권면 속에 '좋은 병사'는 잘 훈련된 병사를 의미하는 것이 아니라, 고난 속에서도 주님을 바라볼 수 있는 병사가 되라는 의미입니다. 주님은 내가 잘 싸워서 이기는 전쟁을 하려는 게 아니고 주님이 싸워 이겼음을 증언해 줄 증인이 되어 주길 원하신 것입니다.

주님은 베드로의 신앙고백 이후에 '음부의 권세가 이기지 못하는 교회'에 대하여 말씀하셨습니다. 이 말씀은 베드로에게 그런 교회를 세우라고 하신 것이 아닙니다. 음부의 권세가 교회를 이기지 못하는 이유는 그 교회의 구성원이 어떤 능력을 가졌는가에 달려 있지 않습니다. 오직 이유는 그 교회가 주님이 말씀하신 '내 교회'였기 때문입니다. 주님이 세우신 주님의 교회이기에 음부의 권세가 이기지 못하는 것을, 사람들이 착각해서 자기들이 교회를 음부의 권세로부터 지키고 있다고 생각하는 것입니다.

교회에 대하여 이야기하다보면 자주 등장하는 것이 '교회가 군함인가? 유람선인가?' 하는 논쟁입니다. 이런 논쟁은 주로 군함이 이기는 듯이 보입니다. 유람선과 같은 교회는 연약해서 금방이라도 침몰할 것처럼 말하지요. 군함은 모든 병사들이 자신들의 고유영역에서 훈련받고 있기에 언제라도 전쟁을 치를 수 있지만, 유람선은 그저 놀고먹는 것에 정신이 팔려서 적군이 나타나면 바로 죽는다는 것입니다. 교회는 군함처럼 교인들을 훈련시켜야 한다고 합니다. 각자 하나님께서 주신 직분에 따라, 기도의 훈련과 말씀의 훈련을 해야 한다고 하지요. 성령의 전신갑주를 입고 강한 군사가 되어야 한다고 가르칩니다.

저희 교회는 유람선을 표방하는 교회입니다. 오직 선장이 예수님이라는 사실을 강조하지요. 예수님이 선장이신 배를 뒤집어 놓을 바람과 파도는 없다고 가르칩니다. 이 배의 주인이신 주님을 믿고 바람과 파도에 불안해하지 말 것을 권면하지요. 배가 조금 흔들려도 바이킹 타는 아이들처럼 웃자고 합니다. 파도가 넘쳐서 배안에 들이쳐도, 물놀이 하듯 즐기자고 합니다. 주님이 세우신 교회이니 음부의 권세가 결코 이기지 못한다고 하신 주님의 말씀을 믿고 행복하게 살자고 합니다. 혹 불안한 마음이 들면 '마귀의 간계를 능히 대적하기 위하여 하나님의 전신 갑주를 입으라'고 하지요. '평안의 복음이 준비한 것으로 신을 신으라'고 합니다. 우리의 싸움은 혈과 육에 있지 않고 우리의 생각과 마음을 괴롭히는 악한 영들에 있음을 기억하라고 합니다. 이 악한 영들이 쏘는 불화살을 '믿음의 방패'로 막고 구원을 확신하는 투구를 쓰고 하나님의 말씀을 성령의 검으로 붙들라 했습니다. 휘두르지 않아도 됩니다. 들고만 있으면 그것으로 안심이 될 것이라고 했습니다.

저는 저희 교인들이 군사가 되기보다 목자이신 주님을 따르는 어린 양이 되길 원합니다. 사망의 음침한 골짜기에서 싸우는 병사들이 되기보다 오들 오들 떨지언정 목자의 품에 가만히 안겨 있기를 원합니다. 푸른 초장을 만나면 군사훈련을 하기보다 자연을 즐기며 한가로이 풀을 뜯기를 원하며, 쉴 만한 물가를 만나면 무기를 재정비하기보다 쉴 만하니 쉬라고 가르칩니다. 성도들이 최소한 교회에서만큼은 불안하지 않고, 고되지 않고, 힘들지 않기를 원합니다. 더 나아가 사망의 음침한 골짜기 같은 세상에서도 주님이 지켜 주시니 두려워하지말고 자신에게 주어진 삶을 감사히 즐길 수 있기를 원합니다. 나중에 하늘나라에 가서 승전보를 전하는 병사가 되기보다 즐거운 소풍을 다녀온 어린 아이와 같기를 원합니다. 주님이 이 땅에서의 삶에 대하여 물으실 때에, '주님 덕분에 행복하고 즐거웠습니다.'라고 말할 수 있는 성도가 되었으면 좋겠습니다.

교회를 군함으로 여기고 이끄는 목사님들은 조교가 되어야 하니까 날마다 긴장의 연속이고 교인들을 훌륭한 군사로 키우려고 하다 보니 본인도 훈련하기를 게을리 할 수 없으며, 군사 훈련 시키느라 본인도 피곤할 수밖에 없지요. 하지만 유람선에서는 훈련시킬 필요가 없으니 편하고 함께 즐기니 행복합니다. 유람선에서는 목사도 어린 양이 되어 함께 풀을 뜯을 수 있고 자연을 즐길 수 있으며, 쉴 만한 물가에서 여유를 만끽할 수도 있습니다. 주님이 선장으로 계신 유람선에 타고 보니 목사이지만 한량이 될 수 있어서 참 좋습니다.

군함은 신체 건강한 군인을 모집해야 하지만, 유람선은 누구라도 환영합니다. 군함은 아이들이 뛰어 놀 수 없지만, 유람선은 아이들의 놀이터가 될 수 있습니다.

교회는 주님이 믿을 만한 사람들의 모임이 아닙니다. 교회는 주님을 믿는 사람들의 모임입니다.

45
갱생과 은혜

　예전에 CBS '당신을 믿습니다' 프로에 출연한 적이 있었습니다. PD 한 분이 직접 카메라를 들고 저희 교회를 찾아 오셨지요. 교회에서 예배하는 모습을 촬영하고, 오산으로 가서 레크부흥회 사역 현장도 촬영했습니다. 그리고 집에서도 촬영해야 한다고 해서 함께 집으로 갔습니다. 엘리베이터에서 아래층 아주머니를 만났습니다. 아주머니는 저와 6년 넘게 인사한 사이라 저에게 말을 편하게 하십니다. 아주머니는 PD가 들고 있는 커다란 카메라를 보시고 지금 뭐하는 중인지 물어보셨지요. CBS에서 저를 촬영하고 있다고 말씀드렸더니 놀라시기에 제가 목사라고 말씀드렸습니다. PD가 옆에서 보고 계시는데도 아주머니는 웃으시면서 제 어깨를 툭 치며 '에~이~~' 하시고는 내리셨습니다. 아주머니는 나중에 방송을 보시고 제가 목사인 것을 믿으셨습니다.

　교회가 이사하기 진까지 교회 옆에 있던 노인무료급식소에서 자원

봉사를 했었습니다. 제가 시간이 없으면 제 아내가 대신 가서 일했지요. 급식소에서는 밥 먹기 전에 목사님들이 돌아가며 식사기도를 하십니다. 저도 여러 번 했었습니다. 그 덕분에 거기 계신 분들은 제가 목사라는 것을 알고 계십니다. 하루는 자원봉사 하시던 아주머니가 제 아내에게 물었습니다.

"목사님이 혹시 갱생하신 분이신가요?"

 저는 인상이 험해서 좀처럼 목사라는 소리를 안 하고 삽니다. 목사라고 해도 잘 믿어주지도 않고요. 저희 교인들이 인정해 주는 것만으로도 감지덕지하면서 목회합니다. 저는 인상만 조금 안 좋을 뿐이지 성격까지 험하지는 않다고 생각합니다. 어릴 적부터 심장병을 오래 앓은 탓에 싸움도 전혀 못합니다. 제 앞에서 맹인 흉내 내며 저희 부모님을 욕보이던 아이들에게조차 욕 한 번 제대로 못할 정도로 소심하기까지 했습니다. 딱히 착했다고는 못해도 갱생을 받아본 적은 한 번도 없습니다. 갱생이란 악한 행실을 바로 잡아 옳은 삶을 살도록 하는 것을 의미합니다. 교도소를 갱생원이라고도 하고, 출소한 사람을 돕는 프로그램을 갱생보호프로그램이라고 부르지요. 조양은이나 김태촌 같은 사람이 갱생했다고 말하고 돌아다닌 덕분에 저도 갱생이라는 단어를 알게 되었습니다. 다른 사람들 보기에 제 인상이 그 분들과 비슷해 보였던 모양입니다.

 소망교도소는 기독교 계열의 아가페 재단이 설립한 민영교도소입니다. 그곳에서는 기독교 정신으로 재소자들의 갱생을 돕습니다. 그 곳을 출소한 분들의 재범률이 0%라고 해서 주목을 받고 있지요. 기독교 신앙이 사람을 갱생시킨 듯한 느낌입니다. 그러나 한편에서는 기독교인들이 범죄를 저지르고 있어서 교회가 교도소만 못하다는 느낌을 갖게 합니다. 그 중 다수가 목사님들과 장로님들이어서 교회에 대한 실망감은 더 커졌습니다. 〈밀양〉이라는 영화에서, 하나님께 용서받았으니 피해자에게 용서를 구할 필요가 없다고 말한 사형수로 인해 기독교 이미지는 크게 훼손되었습니다. 〈도가니〉라는 영화에서는 장로님이 장애학생들을 대상으로 추악한 짓을 저지르고, 교회가 나서서 그 장로님을 감싸는 바람에 교회가 교소도보다 못한 곳이 되고 말았습니다. 이제는 목사님들이 부흥한 교회를 찾아다니며 배울 것이 아니라, 소망교도소에 가서 갱생의 이론과 실제를 배워서 교회에 적용시켜야 할 것 같습니다.

저는 모태신앙으로 태어나서 40년이 넘도록 교회에서 생활했습니다. 뜨거운 신앙과 열정으로 목사가 되려고 했고, 지금은 목사로서도 꽤 오랫동안 신앙생활을 했습니다. 하나님의 은혜를 수차례 체험했고, 다양한 훈련 프로그램도 받아 왔습니다. 실제로 예수전도단, 사랑의 동산, 아버지 학교 등은 제 삶에 큰 영향을 주었고, 삶의 전환점이 되기도 했습니다. 그러나 그 효과가 지속적이지 못해서, 다시금 옛 습관으로 돌아가기를 계속 반복하고 있습니다. 이러면서 조금씩 성화가 될 거라는 기대감도 있었습니다.

그러나 제가 기대하듯이 좀 더 착해지거나, 신실해지지는 못했습니다. 좀 더 거룩해지지도 않았습니다. 제 인생에서 가장 거룩했던 시절은 고등학교 3학년 때였습니다. 하나님의 말씀을 가장 뜨겁게 사모했고, 하루에 한 가지 이상 선한 일을 하려 했으며, 하루 2시간씩 기도의 삶을 살았던 시절이지요. 하나님이 명하시면 어디든 가겠노라고 결단했었고 순교도 할 수 있다고 공언했었습니다. 그랬던 제가 신학교에 입학하고, 말씀을 공부하고, 목사가 되어 지금까지 목회를 해 오면서, 그 때보다 오히려 더 타락했습니다. 이 긴 시간 저에게는 오직 하나님의 은혜만이 더 커졌고, 더 중요해 졌습니다. 제가 거룩해서 목사가 된 것이 아니라, 오직 하나님의 은혜로 되었습니다. 개척할 때의 순수했던 동기나 열정이 지금은 변질되어 버려서 부끄러운 모습만 남아 있지만, 여전히 한 교회의 목사로 살 수 있는 것도 하나님의 은혜 때문이지요.

　지금까지 갱생 받을 일 없이 살아왔지만, 조만간 갱생을 받아야 할 사람으로 변해가고 있습니다. 살아갈수록 삶은 버겁고 짐은 무거워서, 감사와 찬양보다 원망과 불평이 더 많아졌고 헌신과 희생보다 물질의 축복을 더 바라며 살고 있습니다. 온도와 습도만 맞으면 생겨나는 하얀 쌀벌레처럼, 저도 삶이 떠밀면 교회가 아닌 교도소에 있게 될 수도 있습니다.

　지금 제게 필요한 것은 갱생이 아닌, 하나님의 은혜가 절실합니다.

45-9 방학 숙제가 만든 비극

전 하 영
(발안초 4학년)

우와! 여름방학이다.
하지만 여름방학이라고 좋은 것만은 아니다.

왜냐하면...
방학숙제가 있기 때문이다.
방학은 했지만 방학숙제를 해야 한다.

방학식 땐 "꼭 이번엔 방학숙제를 해야지!" 하며 다짐하지만
대부분 그 다짐을 지키지 못한다.
방학이라고 신나서 놀면
그렇게 하루가 가고 이틀이 가면
곧 개학!
그러면 우리는 개학을 얼마 앞두고
서둘러 밀린 숙제를 하게 되는데
독서록까진 괜찮다.

하지만 일기가 있다.

밀린 일기를 쓰려면 지어 내는 것,

지난 일을 머릿속에서 쥐어짜내는 것인데

지어내는 건 잘하는 사람 아니면 티가 나서

쥐어짜내야 하는데 그럴려면 기억력이 좋아야 한다.

그러므로 방학숙제가 방학을 비극으로 만든다.

46
돈에 대한 맷집

　학부 1학년 때의 일입니다. 서울에서 전철을 타고 안산으로 가던 중 즉석복권을 한 장 주웠습니다. 동전으로 긁는 방식의 복권이었지만 저는 처음 보는 것이었습니다. 심심하던 차에 복권을 이리저리 살펴보는데 제가 주운 그 복권이 2천만 원이 당첨되고 부상으로 세피아 자동차가 당첨이 된 복권이었습니다. 큰돈이 당첨이 된 복권을 주웠다는 생각이 드는 순간부터 마음이 쿵쾅거리기 시작했습니다. 주인을 찾아 줄 생각은 전혀 없었고 당시 어려운 형편만 떠올랐습니다. 큰돈이 생기면 어려운 이웃을 돕겠다고 했던 마음도 자취를 감추었습니다. 이 돈이면 등록금 걱정 없이 대학을 다닐 수 있을 것 같았습니다. 당시 저희 집이 자동차도 필요했기에 하나님의 선물로 여겼습니다.
　행운권추첨조차 저에게는 운이 없던 터라 복권을 있는 그대로 받아들이지 못했습니다. '견본품'일거라는 생각이 들었지요. 복권을 앞뒤로, 깨알 같은 글씨들을 여러 번 읽었습니다. '견본품'의 '견'자도 없었습니다. 가슴에 품고 오는데 누가 소매치기 할 것만 같은 느낌에 다리마저 떨려왔습니다. 문제는 이 복권을 어디서, 어떻게, 돈으로 교환하는지를 알 수가 없었습니다. 안산역까지 가야함에도 불구하고 중간에 내려서 복권 파는 곳으로 갔습니다. 그냥 물어볼 용기가 없어서 같은 복권으로 한 장 더 구매하고 물어보려고 했습니다. 그런데 제가 산 복권마저 2천만 원이 당첨이 되고 세피아가 당첨이 된 것입니다. 너무나 들뜬 나머지 복권 파는 아저씨에게 이거 당첨된 것 맞냐고 물었지요. 그 때 아저씨가 해 주신 말씀을 평생 잊지 못합니다.

"학생 긁어야지~"

즉석복권을 처음 보았던 저는, 그것을 동전으로 긁어야 한다는 생각을 못했습니다. 주택복권처럼 그냥 숫자만 맞으면 되는 줄 알았지요. 2천만 원 당첨과 세피아 당첨이라고 되어 있는 부분을 긁어야 했던 것입니다. 막상 긁어보니 주운 것도, 산 것도 모두 꽝이었습니다. 집에 돌아가 식구들에게 복권을 주운 이야기를 했습니다. 아버지는 그 복권이 2천만 원 당첨되고 세피아가 당첨된 것이었다는 말씀까지만 들으시고 '그 복권 어딨냐?' 하셨지요. 알고 봤더니 꽝이었다는 제 말에 온 식구가 뒤집어졌습니다. 제가 그 뒤로 하지 않는 말 중에 하나가 '큰돈이 생기면 어려운 이웃을 돕겠다.'는 말입니다.

어느 목사님께서 교인이 운영하는 중고상에 일을 도와주러 가셨습니다. 그날 컨테이너 박스 10대 분량의 물건이 들어오는 바람에 일손이 부족했지요. 목사님이 고가구를 정리하던 중 서랍에서 돈 봉투를 발견하셨습니다. 5만 원 권 9장이 들어 있었습니다. 주변에 아무도 없었고 그 돈의 출처를 아는 사람도 없었습니다. 목사님은 봉투를 주머니에 넣지도 못하고 손에 쥔 채 털썩 주저앉고 말았습니다. 더 이상 일할 힘이 없어진 목사님은 봉투를 테이블에 올려두고 소파에 주저앉아 계셨습니다. 직원 한명이 들어와 봉투를 발견하고는 목사님께 그랬답니다.

"목사님은 이 봉투를 주머니에 못 넣으실 거에요."

"아니, 왜요? 아무도 본 사람이 없었는데요?"

"목사님은 그 봉투를 감당할 힘이 없으시기 때문에 그래요."

목사님이 돈 봉투 앞에서 깨달은 것은 양심이나 신앙의 문제가 아니었습니다. 자신이 그 돈을 감당할 맷집이 부족하다는 사실이었습니다.

매를 견디어 내는 힘이나 정도를 뜻하는 순 우리말이 '맷집'입니다. 오늘 날 젊은 층에서는 '몸빵'이라는 말을 쓰기도 합니다만, 몸빵은 상대의 공격을 몸으로 받는 행위 전체를 뜻하기 때문에 맷집이라는 말이 의미가 더 좁은 말이지요. 게임에서 자신의 캐릭터가 가지는 에너지 총량이 맷집입니다. 간혹 영화에서 맷집이 좋은 사람은 총을 여러 방 맞고도 살고, 칼로 한두 군데 베어도 잘 죽지 않습니다.

맷집을 '근성'으로도 표현합니다. 노예근성과 같이 어떤 사람이 본래 갖고 있는 성질이나 마음가짐을 뜻하기도 하지만, 한국인 특유의 깡이나 깡다구 같은 말로도 쓰입니다. 어떤 일을 끝까지 해내는 억센 정신을 뜻하는 말이지요. 저는 이런 근성이 부족해서 한 번 시작한 일을 끝까지 패기 있게 해내지 못하고 흐지부지 되어버리는 편입니다. 소위 뒷심이 부족하지요.

맷집이란 이런 끈기와 인내를 뜻하는 말이기도 합니다. 제가 복권을 주웠을 때, 돈에 대한 맷집이 약해서 주인을 찾아주려고 하기보다 제가 가지려고 했었습니다. 돈 봉투를 발견한 목사님도 신앙과 양심이 부족한 것이 아니라, 돈의 힘을 감당할 맷집이 부족했습니다.

전도사 시절, 두 교회를 놓고 어느 교회로 갈지 고민하던 친구가 있었습니다. 결국 사례비를 5만원 더 주는 곳으로 결정하고 말았는데, 이 일로 친구는 큰 자괴감을 겪었지요. 신학교에 들어오기 전에는 400만 원 이상을 받던 직장인이었는데, 고작 5만원에 흔들리는 자신이 원망스러웠다고 합니다.

돈에 대해서 맷집이 좋을 것만 같은 목사가 돈에 매우 약합니다. 교통비 1~2만 원에 마음이 상하기도 하고 사례비 이야기가 나올 때마다 신경이 예민해지기도 합니다. 상회비 낼 때 교인 수를 속이게 되는 이유이기도 하고 거지 근성이 생기는 것도 결국 돈 때문이지요. 교회에서 은혜를 이야기 할 때, 십중팔구 그 은혜는 돈입니다. 복 받았다고 말하는 사람도 돈 생겼다는 말을 그렇게 표현한 것일 수 있습니다.

돈이 가지는 힘은 생각보다 매우 큽니다. 배고픔보다 밥을 사먹을 돈이 없어 원망하고, 아파서가 아니라 병원 갈 돈이 없어서 울게 됩니다. 교회가 작은 것이 문제가 아니라, 사례비가 부족한 것이 문제이지요. 돈만 있었으면 땅에 떨어진 복권 줍지도 않았을 것이고, 돈 봉투를 발견하고 주저 않지 않았을 것입니다.

목사가 유독 돈 앞에 무너지는 이유가 바로 돈이 가진 엄청난 힘 때문입니다. 하나님의 눈치보다 헌금 많이 하는 교인의 눈치를 보게 되고, 선교비를 보내주는 교회의 담당 장로님 앞에 머리를 조아리게 됩니다. 목사님들은 가정에 필요한 물건을 사야 하거나, 아이들 학원비를 내야 할 때 자주 부부싸움을 하게 됩니다. 돈이 목사를 훈련시키기도 하지만, 결국 돈이 목사를 시험에 들게 하기도 하지요. 그러니 목사의 돈을 빌려갔다가 떼먹은 사람이 잘못 되기도 하는 것은 하나님의 역사이기보다 돈의 저주일 가능성이 큽니다.

돈에 대한 맷집은 돈에서 나옵니다. 돈이 많으면 맷집이 커지고 돈이 없으면 약해지기 마련이지요. 신학교에 들어가면서부터 돈 때문에 많이 울었던 탓에 돈에 예민해지고, 거지근성도 생깁니다. 주의 종이 되려고 결단하면서부터 돈 벌 생각을 접어야 했던 목사님들은, 떨어지지 않는 돈의 시련 앞에 만신창이가 되어 있습니다.

특별히 바울처럼 천막 짓는 기술조차 없으신 목사님들은 자비량 선교의 '자'자만 나와도 죄인 된 기분이 듭니다. 스님들이나 신부님처럼 부양할 가족이라도 없으면 덜 힘들 텐데, 목사와 가장이라는 두 신분을 감당해야 할 때는 돈의 마수에 쉽게 빨려들게 됩니다. 목사님들이 아침에 아내를 공장에 보내놓고 사무실에 앉아서 설교 준비하는 일이 어려울 수밖에 없지요. 만나와 메추라기는 보이지 않고 까마귀도 날아들지 않는 현실에서 목사는 그저 연약한 죄인에 불과합니다.

돈 앞에 흔들리는 목사님을 보고 믿음 없다고 책망하지 맙시다. 그저 돈에 대한 맷집이 부족한 것이라고 여기고 긍휼히 여겨주었으면 좋겠습니다.

47
두 종류의 인간

이 땅에는 두 종류의 인간이 존재합니다. 남자와 여자, 가진 자와 못 가진 자, 배운 자와 못 배운 자 등 두 종류로 나눌 기준들이 참 많습니다. 제가 전도사 시절에 담임 목사님은 안수 받은 자와 못 받은 자로 나누셨습니다. 목사가 되었더니 어느 목사님이 개척한 목사와 청빙 받은 목사로 나누시더군요. 건축하느라 심한 고생을 하신 어느 목사님은 건축해본 목사와 못 해본 목사로 나누시고 건축한 목사님들의 모임을 이끌고 계십니다.

어느 신학대학교 총장님이 쓰신 칼럼에서 이 땅의 사람들을 믿는 자와 안 믿는 자로 나누신 글을 봤습니다. 십자가 좌우편 강도들의 이야기를 배경으로, 이 땅의 모든 사람들은 강도와 강도 아닌 자로 나뉘는 것이 아니라, 예수 믿은 강도와 예수 안 믿은 강도로 나누어진다고 설명하셨지요. 모든 인간은 다 강도인데 회개한 강도냐, 아니냐로 나눌 수 있다는 것입니다. 대부분의 사람들은 생각하기를, 예수님을 비방한 강도는 지옥에 갔고, 예수님을 변호한 강도는 천국에 갔다고 합니다. 하지만 천국에 간 강도도 죽기 직전에 믿었기 때문에 천국에서 홀딱 벗고 다니며 공원에서 노숙하고 있다는 분도 계시더군요. 농담이셨겠죠?

저는 개인적으로 예수님을 변호해 주었던 그 강도가 무척 부럽습니다. 평생 하고 싶은 것만 하다가 죽기 바로 직전 예수를 주로 고백하고 천국에 갔으니 얼마나 좋을까 했었습니다. 더욱이 제가 죽으면 천사와 함께 천국에 갈 것 같은데, 이 강도는 예수님과 함께 갔으니 얼마나 영광스러웠을까요? 그러나 무엇보다 이 강도가 부러운 것은, 아무도 예수님을 변호해 주지 않을 때, 혼자 예수님을 죄 없으신 분으로 고백했다는 사실입니다. 모든 친구가 저를 도둑놈으로 몰 때, 한 친구가 제 어깨에 손을 얹으며, '나는 재훈이가 그럴 친구가 아니라고 믿는다.' 하면 눈물이 왈칵 쏟아지고, 그 친구가 고마웠을 것입니다. 아마도 주님이 그 강도에게 이런 기분이 들지 않았을까요?

제가 너무 궁금한 것은, 모든 사람이 예수를 다 죄인으로 몰아서 죽이고 있는 상황에서 일평생 악하게 살았던 강도가 어떻게 예수를 죄 없는 분으로 알았을까 하는 것이었습니다. 십자가에 달리면 자연스럽게 욕설과 비방을 하게 마련입니다. 억울하다고 항변하기도 하고 자신들을 비웃고 있는 사람들을 향해 저주하기도 합니다. 변호한 강도도 예외가 아니었을 것입니다. 일반적으로 안식일 전날에는 사형을 집행하지 않습니다. 더더욱 그 안식일이 유월절이라면 그 전날 사형을 집행하지 않는 법입니다. 그런데 예수님 때문에 그날 사형이 집행되었으니 그 황당함이 심히 컸을 것입니다. 괜히 예수가 더 미운 법이지요.

십자가형은 사람이 완전히 죽을 때까지 3일 이상이 걸리는 사형법입니다. 3일 후에도 백성을 위협하기 위해 그냥 두는 것이 십자가형이었죠. 하지만, 예수님의 십자가는 예외였습니다. 유월절에 백성들이 많이 모이는데, 예수를 살려두면 불편한 일이 한 두 가지가 아니었던 종교지도자들이 예수를 죽여 버리기 위해 서둘러 엉터리 재판을 거쳐 당일 사형집행을 한 것입니다. 강도 둘을 꺼내 같이 죽이는 이유도, 예수님을 그런 강도들과 같은 잡범으로 보이게 하려는 의도가 있었습니다.

강도들이 이런 상황에서, 예수님을 '하나님이 보내신 자', '아무 죄 없으신 의로운 자'로 알기에는 무리가 있어 보입니다. 도리어, 비방한 강도가 정상처럼 보이고 변호한 강도가 이상해 보일 정도입니다. 변호한 강도는 그냥 성령님이 역사하셔서 강도의 눈을 열어주시고 그 입술에 은사를 부어 주셔서 예수님을 변호하게 했다라고 우겨도 맞을 것만 같은 상황입니다.

강도가 예수를 알아보고 변호했던 이유를 찾아보면 강도들의 대화가 있기 바로 전에 예수님이 자신을 조롱하고 비웃는 자들을 향해 중보의 기도를 드리신 것이 단초가 될 것 같습니다. 보통은 십자가 위에서 욕하기 마련인데, 예수님은 욕이나 저주를 하지 않으시고, 억울함을 주장하지도 않으시고, 도리어 저들을 용서하시는 기도를 드리셨으니, 이는 보통 사람은 아닐 것이라는 생각이 들 수 있지요.

예수님의 기도를 가장 가까이에서 들었던 두 명의 강도는 서로 다른 반응을 보였습니다. 하나는 '네가 그리스도가 아니냐. 너와 우리를 구원하라.' 했고 다른 하나는 '이 사람이 행한 것은 옳지 않은 것이 없느니라.' 한 것입니다. 단순히 이 두 개의 고백만 가지고 한 사람은 비방한 것이 되었고, 한 사람은 변호한 것이 되었습니다.

예수님을 비방했다는 그 강도는 다른 말을 한 것이 아니라 '네가 그리스도가 아니냐 너와 우리를 구원하라.' 했을 뿐입니다. 어쩌면 말투가 비꼬는 투였을지도 모르겠습니다. 하지만 단순히 글로만 보면 딱히 비방하거나 저주한 것처럼 느껴지지는 않습니다. 반말로 한 것을 문제 삼는 분도 계십니다만, 그건 왠지 꼬투리 잡는 느낌을 지울 수 없습니다. 비방한 강도의 내용은 '~라면, ~해라'의 형태를 지닌 말입니다. 이런 형태의 말은 한국교회에서 기도할 때 많이 등장하는 기도 형태와 닮아 있습니다.

"**하나님**은 전능자이심을 믿습니다. 우리를 축복하여 주옵소서."

"**하나님**이 저를 사랑하신다면, 이 어려움에서 구원하여 주옵소서."

"**하나님**이 살아계신다면, 그 증거를 볼 수 있게 해 주옵소서."

예수님을 변호했던 강도의 말은, 자신이 비록 예수님 때문에 들러리가 되어서 생각보다 빨리 죽게 되었을지라도, 예수님이 행하신 일은 옳지 않은 것이 없다는 고백이 담겨 있습니다. 이 강도가 원하는 것은 십자가에서 내려가는 것이 아니라, 예수님이 자신을 기억해 주기를 원했을 뿐입니다.

"예수여 당신의 나라에 임하실 때에 나를 기억하소서."

변호한 강도의 내용은 어떤 상황에도 예수님을 인정하고, 자신을 기억해 달라는 것이지요. 한국교회에서 이런 기도를 들어본 적이 있으십니까?

"암으로 고통 가운데 죽어가고 있습니다. 하나님이 저에게 암을 주셨다 하더라도 하나님은 온전히 선하신 분이심을 믿습니다. 하나님, 당신의 품에서 안식하게 하옵소서."

"누명을 쓰고 감옥에 왔습니다. 재산은 몰수당했고 가족들은 뿔뿔이 흩어졌습니다. 조만간 사형이 집행될 것인데, 하나님이 이 모든 상황 가운데서도 온전히 영광을 받으시옵소서. 하나님 나라에서 저와 가족들이 다시 모여 행복하게 살게 해 주옵소서."

"회사가 부도가 날 위기에 처했습니다. 회사 직원들이 기도 중에 하나님을 원망할지라도 용서해 주옵소서. 하나님의 선하신 뜻이 있어 이 모든 일이 일어난 줄을 믿습니다. 모든 상황을 이끄시는 하나님 앞에 더욱 겸손하게 하옵소서. 최악의 일이 벌어질지라도 하나님이 함께 계심을 알게 하옵소서."

신학교 총장님의 칼럼처럼, 이 땅의 사람들을 예수님을 믿은 강도와 예수님을 안 믿은 강도로 나눌 수 있다면, 한국의 교인들은 예수님을 믿은 강도입니까? 안 믿은 강도입니까? 저와 여러분은 예수님을 변호한 강도에 해당됩니까? 비방한 강도에 해당됩니까?

우리가 아직 죄인 되었을 때에
그리스도께서 우리를 위하여 죽으심으로
하나님께서 우리에 대한 **자기의 사랑**을 확증하셨느니라

로마서 5장 8절

48
전능자에 대한 **좌절**과 **감격**

출애굽기 6장 3절에 보면 '전능의 하나님'이라는 단어가 나옵니다. 그런데 이 단어에는 관주가 붙어있어요. 히브리어로 '엘샤다이'라는 설명입니다. 즉 전능의 하나님이 일반적으로 알고 있던 '엘로힘'이 아니라는 거에요. '엘로힘'의 뜻은 전능자입니다. 이는 하나님을 지칭하는 용어이지요. 하지만 이 용어는 하나님이 자기 계시로 주시기보다 하나님을 경험한 이스라엘 백성들이 '하나님은 엘로힘이시다'라고 부른 것이지요. '엘'은 강한 자, 능력 있는 자를 뜻하는 말이고, '엘로힘'은 '엘'의 장엄복수형으로 '가장 강한 자', '무엇이든 할 수 있는 자'의 뜻을 가진 말입니다.

하나님을 '엘로힘'으로 부른 것은, 당시의 신들이 각자의 고유영역을 가지고 있다고 믿었던 다신론적 배경과 관련이 있습니다. 신들은 자신의 지역이 있었고 자신이 가장 잘 하는 특정 영역이 있었습니다. 풍요를 다스리는 '바알'과 다산을 상징하는 '아세라'가 대표적이죠. 우리 개념으로 하면 바다에는 '용왕'이 다스리고 산에는 '산신령', 임신과 출산에는 '삼신할매'가 있어야 했던 것입니다. 그런데 하나님은 지역을 넘어서서 어디에나 계시고 전쟁에도 능하시고 양식도 주시며, 자녀의 복도 주시는 그야말로 멀티 플레이어 신이였기에 '모든 것을 하실 수 있는 신'의 개념으로 '엘로힘'이라 불렀던 것입니다.

'엘샤다이'도 전능의 하나님이라는 뜻을 가진 말이지만 이 말은 '엘로힘'과 뜻이 조금 다릅니다. '엘샤다이'는 '뜻을 정하면 그 뜻을 100% 이룰 능력과 의지가 있는 자'라는 의미입니다. 즉 무엇인가를 하고자 마음을 정하시면, 그 어떤 경우에도 반드시 그 일을 이루신다는 신의 주권적 의지가 강조된 표현입니다. 출애굽기 6장에서 '전능의 하나님'이라고 번역하고 관주에 '엘샤다이'라고 토를 달아 둔 것은 '전능의 하나님'을 '엘로힘'으로 알까봐 더 정확하게 해 주느라고 관주를 단 것입니다.

'엘샤다이' 하나님은 속성상 3無의 하나님이라고 합니다. '실수, 실패, 포기'가 없으신 하나님이라는 말이지요. 이 말은 '전지전능한 하나님'의 속성에 가장 잘 부합됩니다. 왜냐하면 '실수, 실패, 포기'는 일을 할 때 생길 수 있는 변수를 알지 못했을 때 일어나는 일인데 반해 '전지' 하신 하나님은 모든 변수까지도 알고 계시며, 심지어 그 변수마저 통제하시는 '전능'하신 분이시기 때문입니다.

'엘샤다이'는 '엘로힘'과 달리 계시적 이름입니다. 하나님이 아브라함과 이삭과 야곱에게 자신을 '엘샤다이'로 나타내셨기 때문입니다. 모세에게 '야훼'로 계시하신 것과 같습니다. '엘로힘'은 대부분 하나님을 지칭하기는 하나, 부분적으로 다른 신을 의미할 때도 있습니다. 즉 고유명사가 아닌 일반명사로도 쓰인다는 것입니다. 엘리야가 갈멜산에서 했던 말 중에 **여호와가 만일 하나님이면 그를 따르고 바알이 만일 하나님이면 그를 따를지니라**(왕상18:21)라고 했었는데 이때 사용된 단어가 엘로힘입니다. 하지만 '엘샤다이'는 고유명사로서 오직 '야훼'를 지칭하는 단어입니다. 따라서 전능하신 하나님이 다른 어떤 신이든, 능력만 있으면 되는 신일 때는 '엘로힘'이지만, 우리가 믿는 유일하신 하나님을 의미할 때는 '엘샤다이'라는 것입니다.

'엘샤다이'의 전능자는 기도하는 사람들에게 참 불편한 하나님입니다. 제가 전능자에게 느끼는 좌절은 바로 여기에 있습니다. 엘샤다이 하나님은 자신이 뜻을 정하시면 그 어떤 경우에도 변치 않으시기 때문에, 내가 아무리 기도한다 해도 하나님의 뜻이 바뀌지 않습니다. 제가 저를 포함 우리 가족 모두를 번제로 드린다 해도 엘샤다이 하나님의 뜻은 바뀌지 않습니다. 엘샤다이 하나님께 드릴 수 있는 기도는 '주여 뜻대로 하시옵소서.' 입니다. 혹은 그분의 뜻을 이루는데 저를 사용하실 수 있도록 내어 드리는 형태의 기도로 '제가 여기 있사오니 저를 써 주옵소서.', '주여 당신의 뜻을 내게 알리소서. 저를 통해 이 땅에 주님의 뜻을 이루소서.' 정도입니다.

'엘로힘'은 기도할 때 참 편한 신입니다. 무엇이든 하실 수 있으니까 무엇이든 요구하기만 하면 됩니다. 원하는 대로 이루어지지 않으면 이룰 때까지 포기하지 않고 매달리면 됩니다. 일천번제로 하나님을 감동시키든지, 40일 금식기도나, 절벽에서 기도하듯이 하나님을 적당히 위협하면 됩니다. '엘로힘'은 '지성이면 감천'이라는 우리의 정서와도 딱 맞아 떨어집니다. '엘로힘'에게는 예배도 무당의 굿판과 비슷하게 할 수 있습니다. 정성껏 굿을 준비하여 무당으로 하여금 춤추게 하고, 나는 그 앞에서 손을 싹싹 빌기만 하면 귀신의 능력을 빌려와 다른 귀신도 내 쫓고 질병도 고치고 액운도 다스릴 수 있게 됩니다. 예배도 정성껏 준비하여 바른 자세로 예물을 힘껏 준비하여 드리고, 손을 모아 기도하면, 목사님의 설교와 축복기도를 통해 하나님의 능력을 가져올 수 있다고 믿을 수 있게 됩니다.

'엘샤다이'하나님은 모든 면에서 참 불편한 하나님입니다. 예배를 아무리 잘 드리고 헌금을 아무리 많이 하고 기도를 아무리 세게(?) 해도 꿈쩍도 안하시기 때문입니다. 이런 하나님은 우리의 일상에 아무런 도움이 되지 못합니다. '엘샤다이'하나님의 뜻이 정해진 이상, 나는 아무리 애써도 질병과 가난과 고통과 시련과 아픔에서 벗어나지 못하기 때문입니다. 엘샤다이는 '대중적 인기' 혹은 '유명세'에서 엘로힘에게 엄청 밀렸습니다. 교회가 섬기는 하나님은 엘샤다이가 아닌 엘로힘인 경우가 압도적으로 많습니다. 한국식 기도원에는 '엘샤다이'가 들어

설 자리가 없습니다. 무조건 '엘로힘'이어야 합니다. '엘샤다이'는 수도원에서만 간간히 만날 수 있습니다. 한국은 수도원보다 기도원이 압도적으로 많은 나라입니다.

신앙생활을 말할 때 '믿음으로 모든 어려움을 물리칠 수 있다.'고 믿는 사람들의 하나님은 엘로힘입니다. 걸핏하면 '예수의 이름으로 명하노니', '주의 보혈을 뿌리노라.', '믿는대로 될지어다.', '기도는 만사를 변화시킨다.', '주여 믿습니다. 주여 주시옵소서.' 등의 말을 자주 하는 사람들은 엘로힘을 섬기는 사람들입니다.

신앙생활을 할 때 나의 '원함'은 내려놓고 하나님의 '원하심'에 포커스가 맞춰져 있는 사람들은 '엘샤다이'하나님을 섬기는 사람들입니다. 이들은 질병 앞에 치유를 구하지 않고 겸손과 지혜와 깨달음을 구합니다. 자신의 고통을 통해 주님의 고난을 묵상합니다. 고난 앞에 해결을 기도하지 않고 견딜 수 있는 믿음을 구합니다. 고난이나 환란이 나를 연단하시는 하나님의 뜻으로 깨닫게 되면, 도리어 고난 앞에 즐거워합니다. 이들은 종종 '엘로힘'을 섬기시는 분들에게는 믿음이 없는 사람들처럼 보이기도 합니다.

'엘샤다이'하나님 앞에 감격하게 되는 것은 구원의 문제에 대면했을 때입니다. 뜻을 정하기만 하셔도 그 뜻을 이루실 능력이 100%이신데 뜻을 정하시고 그 뜻을 이루기 위해 아들의 목숨까지 걸었다면, 이는 절대로 실수하지 않으시며, 실패하지 않으시고 도중에 포기하지도 않으십니다. 이 일이 이루어지지 못할 요소는 단 하나도 없습니다. 그 어떤 변수도 없고 어떤 훼방도 받지 않으십니다. 이런 엘샤다이께서 나를 구원하시고자 뜻을 정하셨다면, 나는 그 앞에서 항복하지 않을 수 없는 것입니다. 기차에서 뒤돌아 앉아도 천국까지 가고 전봇대를 붙잡고 늘어져도 전봇대 채 뽑아 가실 것이기 때문입니다.

'엘샤다이'하나님 때문에 기독교를 계시종교라 부르고 타력종교라 부르며, 고등종교라 부릅니다. '엘로힘'은 이 세 가지 모두를 흐릿하게 만드는 묘한 능력이 있습니다.

'엘샤다이' 하나님의 뜻은 구원에만 포커스가 맞춰져 있는 것이 아닙니다. 십자가의 죽음과 부활이 구원의 선포에 끝나지 않기 때문입니다. 십자가는 하나님 사랑의 표현입니다. 예수님의 죽으심은 우리를 향하신 하나님의 사랑을 확증하는 수단입니다. 다시 말해, 엘샤다이께서 나를 사랑하시기로 뜻을 정하셨으며, 그 뜻을 이루기 위해 생명까지 거셨으니, 나는 어떠하든지 하나님의 사랑을 깨닫게 될 것이고 그 앞에서 엎드려지게 될 것입니다.

'엘샤다이' 하나님은 나로 하여금 예배할 수밖에 없도록 이끄시며, 내 입술에서 감사와 찬양이 저절로 흘러넘치게 하십니다. 내가 비록 사는 것이 초라하고 보잘 것 없어 보여도, 사람들이 이해할 수 없는 평안이 있는 것은 내 하나님이 나를 사랑하시기로 작정하신 '엘샤다이'하나님이시기 때문입니다.

49
목사 안수식

군대를 다녀온 후 학교에 복학했을 때의 일입니다. 복학 신청하러 학교에 갔는데 채플실 올라가는 계단을 시각장애인 학우가 혼자 올라가고 있었습니다. 제 팔을 내어주고 어디를 가는지 물었습니다. 시각장애인 학우가 그 때 제게 '재훈이 형?'하는 것입니다. 제가 아는 분인지 다시 봤지만, 전혀 기억이 없어서 저를 어떻게 아는지 물었습니다. 제가 군대 가기 전 도와 드렸던 시각장애인 선배가 그 분에게 이맘때쯤 제가 복학해서 도와줄 거라고 예언 했다네요. 대부분의 사람들은 도와줄 때 팔을 잡지, 자신의 팔을 내어준 사람이 없었다고 해요. 저는 부모님이 시각장애인이셔서 몸에 밴 습관이라 팔을 내어 드렸었습니다. 제가 팔을 내어주는 것을 보고 저를 알아보았다고 합니다. 저는 그 친구를 신대원 졸업할 때까지 6년간 도와주었습니다. 신대원 다닐 때에는 장애인신학연구회를 맡아서 장애인 학우들을 돕는 일을 했었습니다. 지금도 길을 가다가 시각장애인을 만나면 팔을 내어 드리고 가는 곳까지 안내해 드립니다.

신대원 졸업할 때 시각장애인 교회에서 전도사로 와 달라는 부탁을 여러 번 받았으나 전부 거절했습니다. 장애인들을 잘 알고 그들을 돕는 법도 알지만 하기가 싫었습니다. 저는 하나님께서 장애인 사역으로 부르시지 않는다고 믿었고 그냥 평범한 교회에서 목회하고 싶었습니다. 그리고 무엇보다 제일 큰 이유는 장애인들을 돕다가 지쳤기 때문입니다. 장애인 사역을 감당하려면 장애인을 잘 알아야 하는 것이 아니라, 장애인 사역에 대한 소명이 확실해야 할 수 있습니다. 그 일이 장애인을 돕는 것이 아니라, 하나님의 일을 하는 것이 되어야 한다는 말입니다. 모든 목회자가 소명 없이 일할 수 없기는 매 한가지입니다만, 특수 사역이라고 부르는 일들에게는 그만큼의 특수한 소명이 필요한 법이지요.

최근에 목사 안수식에 갔다가 들은 권면의 말씀이 있습니다.

"어느 장로님께서 목사님들을 대접하려고 집에서 기르던 개를 끌고 다리 밑으로 가셨습니다. 개를 죽이기 위해 몽둥이로 머리를 내리쳤는데, 그만 빗맞아서 개가 도망을 갔습니다. 할 수 없이 개를 포기하고 닭이나 몇 마리 잡아서, 보신탕 대신 삼계탕으로 목사님들을 대접하셨지요. 그리고 집에 돌아가 보니 도망간 그 개가 집에 와 있었습니다. 그것도 자신을 보면서 반갑게 꼬리를 치면서 달려오는 것입니다. 그 개를 보면서 장로님은 큰 충격을 받으셨습니다. 자기가 죽이려

했는데도 그런 자기를 주인으로 알고 여전히 꼬리치는 모습이 안쓰럽고 미안하셨습니다."

 이 이야기를 하신 목사님이 목사안수를 받는 분들에게 이 개처럼 충성해야 한다고 권면하셨습니다. 죽도록 충성하라는 것이지요.

 목사로 살아간다는 것이 이 땅의 부귀영화를 바라고 사는 것은 아니기에, 목사 안수를 받기 전에 분명한 자기 확신과 결단이 필요합니다. 자신을 죽이려 했던 주인을 배신하지 않는 개처럼은 아닐지라도, 하나님이 보내시면 아골 골짝 빈들에도 가겠다는 헌신과 이름도 빛도 없이 살겠다는 희생정신이 있어야 하지요. 하지만 저는 장애인 사역과 선교사로만 부르지 말아 달라는 조건부 헌신을 했던 전도사로 그런 면에서 자격미달이었습니다. 최소한 소수의 대형교회 목사님들을 보고 자신도 성공하려고 목사 안수를 받는 일은 없어야 하겠지만, 솔직히 저는 할 수만 있으면 큰 교회를 하고 싶었고, 성공해서 유명해지고 싶은 마음도 조금은 있었습니다.

 저는 지금 화성에서 평범한 교회를 섬기고 있습니다. 장애인을 섬기고 있지도 않고 선교사로 나갈 마음도 여전히 없습니다. 큰 교회에 대한 동경과 유명해지고 싶은 욕망도 여전히 제 마음 한 구석에 웅크리고 있습니다. 하지만 목사 안수를 받을 때에 비해 변한 것이 하나 있습니다. 목사가 하는 일이 하나님의 일을 하거나, 그 일을 돕는 것이 아니라는 것입니다.

 목사 안수를 받을 때는 목사의 정체성이 '예수 그리스도의 종'이라고 고백한 바울처럼 하나님의 종이 되어 자기의 일을 버리고 주의 일을 하는 사람이라고 여겼습니다. 종은 자기 일도, 자기 시간도, 자기 소유도 없는 사람이지요. 그러니 목사가 되려는 사람은 자기를 버리고, 온전히 하나님의 것이 되어야 한다고 생각했습니다. 또한 목사는 고린도전서 3장에 나오는 대로 주님의 사역자요, 하나님의 동역자라는 인식이 강했습니다. 주님의 사역자나 하나님의 동역자라는 개념에 목사의 지위가 있다고 생각했습니다. 목사는 성도들보다 조금 높고, 하나님보다는 조금 낮은 존재로 생각했지요. 그래서 예수님만큼은 아니어도, 성도보다 좀 더 거룩해야 한다고 느꼈고 집사님이나 장로님보다는 더 신령해야 한다고 생각했습니다. 권사님보다 1분이라도 더 기도해야 하고 구역장보다 한 장이라도 성경을 더 읽어야 한다고 여겼습니다. 성도가 21일 작정 금식기도를 하면 목사는 40일 쯤은 해야 하고, 성도가 방언하면 목사는 통변을 할 수 있어야 한다고 여겼습니다.

목사로 살면서 느끼는 긴장감은 여기에 있었습니다. 종인 주세에 사기 시간과 소유가 많다는 것이 죄책감으로 작용했고 가족을 책임지는 가장이라는 이유로 돈의 유혹에 너무 약한 것도 불편했습니다. 거룩해 보이고 신령해 보이는 성도들과 경쟁하는 것도 만만치가 않았습니다. 세속적인 오락과 쾌락에 눈이 돌아갈 때마다 거부할 힘이 없어, 몰래 숨어서 해야 하는 숨바꼭질도 상당한 스트레스였습니다. TV에 걸그룹이 나올 때 눈을 떼지 못하는 내 모습이 한심하고 컴퓨터로

영화를 보다가도, 스마트폰으로 게임을 하다가도 누가 오면 성경보고 있었던 것처럼 쇼할 때마다 '나는 가짜다.'라는 생각에 괴로웠습니다.

 목사가 하나님의 일을 하거나 돕는 것이 아무런 보상 없이 그저 나의 희생과 헌신만으로 이루어지고 있다는 것도 저를 매우 힘들게 했습니다. 차라리 다른 일을 했더라면 지금보다는 더 잘 살고 있었을 거라는 생각마저 들었습니다. 학원 강사라도 했더라면 아내를 공장에 보내는 일도 없었을 것이고 아이들이 먹고 싶다는 거, 갖고 싶다는 거 다 사주고 남들 다 가는 학원에 우리 애들도 보낼 수 있었을 거라 여겼습니다. 나와 내 가족이 다 희생하면서 주의 일을 감당하고 있는 것에 비해 보상이 너무 초라했습니다. 이 땅에서 거지같이 살아도, 하늘에서 생명의 면류관이 예비되어 있으니 죽도록 충성해야 한다는 말에 발끈해서, 천국은 들어가기만 하면 됐지 무슨 면류관이냐고 차라리 이 땅에서 돈으로 바꾸어 쓰게 미리 가불해 줬으면 좋겠다고 까지 했습니다. 천국은 가게나 매장도 없을 텐데 거기에 보화가 있다 한들 어디에 쓰겠냐고 하면서, 이 땅에서나 유용한 것이니 쓰다 가게 해 달라고 떼쓰기도 했지요.

 제 마음 속 구석진 곳에 하나님을 장애인처럼 여기고 있었습니다. 도와주지 않으면 안 될 것 같이 느꼈고 아무리 열심히 해도 하나님은 인정도 안 해 주시는 것 같았습니다. 이럴 바에야 뭐 하러 목사 할까 싶어도, 쉽게 그만두지도 못하는 나 자신이 한심했습니다.

 목회가 하나님의 일에서 나의 일로 슬며시 바뀌면서 교회가 내 사업장이 되고 성도는 고객이 되었으며, 헌금은 내 수입이 되었습니다. 복음은 상품이 되었고 십자가는 인테리어로 전락하고 말았습니다. 하나님의 동역자에서 하나님과 동업자로 바뀌더니, 심지어는 주객이 전도되어 내가 주인이고 하나님이 나의 동역자가 되는 이상한 목회가 되어 버린 것이지요. '주 예수 그리스도'여야 할 주님이 주식회사인 '(주)예수 그리스도'가 되어 버렸습니다.

어디서부터 잘못되기 시작했을까를 고민하면서 깨달은 것이 바로 '하나님의 일은 하나님이 하신다.'였습니다. 하나님은 완전하신 분이여서 다른 사람의 도움을 필요로 하지 않는 분이라는 사실을 새삼 깨달은 것입니다. 제가 하나님께 필요한 존재가 아니라는 것이 머리에서 가슴으로 내려오는 데 시간이 오래 걸린 셈입니다. 성도들에게도 제가 반드시 있어야만 하는 존재가 아니었습니다. 도리어 제가 목사로 살아가기 위해서 하나님이 필요했고, 저를 목사님으로 불러주는 성도들이 제게 필요한 존재였습니다.

신촌 한 복판에서 꼭 필요한 직업을 묻는 설문판을 만들어 세워 둔다고 가정해 봅시다. 한쪽은 '없어서는 안 되는 직업' 20개를 나열하고, 다른 쪽에는 '없어도 되는 직업' 20개를 나열한 뒤 스티커를 붙이게 하는 것입니다. 학교 선생님, 미용사, 건축가, 일용직 근로자, 택시기사 등을 목사와 함께 두면, 20개의 직업 중 목사는 몇 위 쯤 할까요? '없어서는 안 되는 직업'에서는 하위권에, '없어도 되는 직업' 에서는 상위권에 랭크 될 것입니다.

목사는 하나님이 필요해서 부르신 종이나 동역자가 아닙니다. 하나님께서 목사가 성도보다 거룩하거나 신앙이 좋아서 특별히 선택하신 것도 아닙니다. 성도를 돌보는 일도 목사가 하는 일이 아니었습니다. 죽어가는 영혼을 전도하고 가르쳐 회개시켜서 구원 받게 하고 예배와 설교를 통해 은혜 받게 하고 제자양육으로 성화 되도록 하는 일도 목사가 하는 것이 아니었습니다. 바울이 말씀하신 대로 '심는 이나 물주는 이는 아무 것도 아니'었던 것입니다. '나의 나 된 것은 오로지 주의 은혜라.'는 찬양처럼, 제가 목사가 된 것은 저의 헌신과 희생으로 되는 것이 아니라 하나님의 은혜로 되었을 뿐입니다.

저는 제가 하나님을 사랑해서 목사가 되려고 했었는데, 그게 아니고 하나님이 저를 사랑해서 목사가 되게 해 주셨던 것입니다. 하나님은 저를 행복한 목사가 되게 하시려고 인내심이 많은 성도님들을 보내 주셨습니다. 하나님의 관심은 제가 목사로서 하는 일에 있는 것이 아니라, 목사인 저에게 있으셨습니다. 하나님께서는 목사도 그저 당신의 어린 양일 뿐이고 사랑 받아야 할 당신의 자녀였습니다.

목사 안수식 때, 선배 목사님들이 하나님께 얼마나 많이 희생하고, 헌신하며, 충성된 목사가 되려고 하셨는지를 설교하거나 권면하는 대신에, 하나님이 베풀어 주신 은혜와 사랑으로 그 자리까지 오게 되었음을 고백하시는 분들이 많아졌으면 좋겠습니다. 예비목사님들에게 죽도록 충성하며 희생과 헌신을 결단하도록 요구할 것이 아니라, 하나님이 은혜와 사랑으로 예비목사들을 돌보아 주실 것이니, 두려워하지 말고 용기를 가지라고 격려해 주시면 좋겠습니다.

  목사는 하나님의 은혜와 사랑으로 세워지고 성도님들이 계셔서 살아갈 수 있는 존재입니다.

50
세뇌교육

저의 학창시절 별명이 '모범수'였습니다. 인상이 험한데 착하다는 뜻이었죠. 거기에 노안이었습니다. 그 당시 제 간절한 기도제목은 목사가 되고 싶은데, 목사에게 어울리는 선한 인상을 갖게 해 달라는 것이었습니다. 군대를 다녀오고 결혼도 하면서 살이 많이 쪘습니다. 툭 튀어나와서 무서운 인상을 만들던 광대뼈가 부드러워졌고 얼굴 전체가 동글동글해 졌습니다. 이제는 제법 무서운 분위기를 벗었다고 생각했습니다.

저희 노회의 한 목사님께서 제 인상이 너무 험하다고 안경을 써 보라며 제법 비싼 안경을 사 주셨습니다. 여전히 저의 인상은 무서운 모양입니다. 제 시력이 2.0임에도 불구하고 눈이 나빠서가 아니라, 얼굴이 나빠서 안경을 씁니다. 안경을 썼다고 크게 달라지지는 않았지만,

학창시절처럼 선한 인상이 되기 위한 기도는 하지 않습니다. 그저 생긴 것에 감사하며 살고 있습니다.

저에게는 남매 쌍둥이가 있습니다. 큰 병원 신생아실에서 아이들을 처음 만났는데, 그 신생아실에 40명이 넘는 아기들이 있었음에도 제 아이들은 한 눈에 알아보았습니다. 저만 그런 것이 아니고 대부분의 사람들이 쉽게 제 아기들을 찾을 수 있었습니다. 저의 복사판이었기 때문입니다. 강력한 유전자의 힘이었습니다.

제 아내가 산후조리를 마치고 남매 쌍둥이 중에서 딸아이만 데리고 제가 부교역자로 사역하던 교회에 처음으로 나왔을 때의 일입니다. 성도님들은 제 아내도, 제 딸도 그날 처음 보셨습니다. 하지만 정식으로 소개하기도 전에 모든 성도님들이 그 아기가 제 딸임을 알아보셨습니다. 제 딸아이를 보시는 분들이 종종 하시는 말씀이 '아빠가 돈 많이 벌어야겠다.' 였습니다.

실제로 제 딸아이는 돈이 많이 들어가는 아이입니다. '저긴장성 척추측만증'이라는 희귀병을 앓고 있어서 치료하는데 많은 돈이 들지요. 아이는 저를 기도하게 만드는 강력한 동기가 되었습니다.

아이의 병원비가 없어서 여기저기에 돈을 빌려달라고 전화를 돌리다가 울컥 올라오는 설움에 교회에 가서 대성통곡을 했던 적이 있습니다. 돈이 없어서 죄송하다는 분들보다 개척교회 목사를 어찌 믿고 돈을 빌려주겠냐는 대답을 듣고 하나님을 향한 울분이 터졌던 것입니다. 그 울분으로 인해 삶과 죽음의 문턱에 서서 꽤나 방황했었습니다.

시각장애인부모 밑에서 태어나 가난하고 힘든 삶을 살았으며, 어릴 적부터 심장병으로 인해 고통을 당할 때에도, 삶을 포기하고 싶었던 적은 없었습니다. 그러나 아픈 자녀 앞에서는 자꾸만 무너져 내렸습니다. 기도는 목구멍을 넘어오지 못했습니다. 눈물이 기도를 막았고 울분이 가슴을 짓눌렀습니다. 목회는 신경조차 쓰기 어려웠습니다.

여자아이가 생긴 것은 아빠를 닮았고 거기에 몸도 허약하고 등은 보기 흉하게 굽어 있습니다. 이 아이를 위해서라도 정신을 차려야 했습니다. 아이의 버팀목이 되어줘야 했고 아이의 안식처가 되고 싶었습니다. 저는 아이의 친구가 되어서 딸이 외롭지 않게 해 주고 싶었습니다. 아이를 위해 해 줄 수 있는 일이 무엇인지 찾아야 했습니다. 의술이 발전하면 제 척추라도 주겠지만, 그건 아직 불가능합니다. 돈을 많이 벌어서 아이에게 혼자서도 불편함 없이 살게 해 주고 싶지만, 그런 면으로 저는 참 무능합니다. 제가 잘하는 것을 찾아야 했습니다. 그렇게 해서 찾은 것이 웃음이었습니다.

저의 아버지가 매우 유쾌하신 분이셨습니다. 아버지의 기질을 물려받은 덕에 저도 교회에서 분위기 메이커를 했었고 고등학생 때부터 레크리에이션 강사 일을 시작했습니다. 레크부흥사가 될 수 있었던 이유이기도 하구요. 저는 우리 아이들이 숨넘어가게 웃게 해 줄 수 있습니다. 아내의 표현대로 저는 웃기는 일에 자격증까지 갖춘 전문가이지요.

그때부터 조금씩 달라졌습니다. 우는 일을 멈췄습니다. 원망하는 일도 관두었습니다. 매일 치료실 가는 길이 재밌는 시간이 되었습니다. 아이들은 엄마보다 저를 더 찾습니다. 학교에도 엄마보다 제가 오는 것을 더 좋아합니다. 저는 제 아이들이 저를 닮아서 더 사랑스럽습니다. 이렇게 예쁜 아이들을 제게 주신 하나님께 감사했습니다. 건강하지 못해도, 돈이 많이 들어가도, 쌍둥이가 제 자녀들인 것이 신기하고 너무나 좋습니다.

어느 날 밤에, 저는 제 딸아이가 사고로 죽어가는 꿈을 꾸었습니다. 아이는 엄마보다 저를 더 찾았고 의식이 남아 있는 그 짧은 시간동안 애를 붙잡고 계속해서 '사랑한다.' 말해 주었습니다. 아이가 죽음으로 넘어갈 때, 다른 것은 몰라도 아빠가 자기를 사랑하고 있다는 사실만큼은 기억해 주길 원했습니다.

"딸……. 아빠가 우리 딸을 사랑하고 있는 거 알지?"

"……응. 그럼 알지. 나도 아빠 사랑해."

꿈에서 깨고 난 후, 제가 제 딸에게 줄 수 있는 것이 하나 더 있음을 알았습니다. 바로 사랑이었습니다. 그 때 이후로 입버릇처럼 '사랑한다.'는 말을 해 줍니다. 제 딸의 기억에 각인될 정도로 해 주고 있습니다. 세뇌를 시키는 것이지요. 제 딸이 평생에 잊지 말아야 할 것이 하나 있다면, 그것은 아빠가 자기를 사랑하고 있다는 것이기를 원했습니다. 딸이 어떤 상황에 처하던지, 어떤 아픔을 겪게 되던지, 다른 사람은 다 자신을 조롱하고 미워하고 손가락질을 한다 해도 오직 아빠만큼은 자기를 사랑한다고 믿게 하고 싶었습니다.

제 딸아이가 이제는 '사랑한다.' 소리 좀 그만 하라고 합니다. 다 안다고 합니다. 아무리 그래도 어려운 일이 생기면 잊게 되는 것이 사랑입니다. 제가 그랬으니까요. 그래서 아무리 지겨워해도, 듣기 싫다고 해도 계속 하고 있습니다. 아침에 아이가 처음 듣는 말은 무조건 '사랑해'입니다. 이 말에는 조금도 거짓이 없고 진실하며, 사실이며, 진리입니다. 저는 진짜로 제 아이가, 아빠가 사랑하고 있다는 사실을 잊지 않기를 원합니다.

그리고 보니 스바냐에서 비슷한 말을 본 기억이 났습니다.

너의 하나님 여호와가 너의 가운데 계시니
그는 구원을 베푸실 전능자시라
그가 너로 말미암아 기쁨을 이기지 못하시며
너를 잠잠히 사랑하시며 너로 말미암아 즐거이 부르며
기뻐하시리라 하리라

스바냐 3장 17절

50-10 추운 겨울

전 하 영
(발안초 4학년)

휘잉 휘잉 찬바람 부는 추운겨울
퍼엉 퍼엉 눈이 오는 추운겨울

장갑 끼고 목도리 두르는 추운겨울
내복 입고 털옷 입는 추운겨울

하지만 그 덕에 눈놀이 하는
♥행복한 겨울♥

51
공의의 **십자가**

　예수님의 십자가 사건은 하나님의 사랑이었습니다. 인간의 경험으로 알 수 없을 만큼 큰 사랑이고, 인간의 언어로 표현할 수 없을 만큼 큰 사랑입니다. 하지만 십자가가 하나님의 사랑이라고 말할 때, 저는 가끔 '그냥 용서하시지 않고 왜 예수님을 십자가에 죽게 하셔야만 했을까?' 하는 생각이 들었습니다. 십자가는 하나님의 사랑이면서 동시에 하나님의 공의라고 합니다. 복음성가 중에 '예수 하나님의 공의'라는 찬양도 있지요. 우리의 죄는 그에 대한 대가를 치러야만 용서가 된다는 것입니다. 예수님이 그 대가를 대신 치러 주심으로 하나님의 공의를 이루고, 더불어 하나님의 사랑을 확증하신 것이지요.

　예수님이 나를 위해 십자가에 대신 죽어 주셨다고 표현할 때 저는 '왜 이것이 하나님의 공의일까?' 하는 의심을 하곤 했습니다. 하나님의 공의 때문에 저의 죄를 그냥 용서하실 수 없으셔서 십자가를 통해 해결하신 것이라면, 제가 지은 죄에 비해 대가를 너무 크게 치르게 하신 것 같았습니다.

공의는 지은 죄에 맞게 형벌을 정해야만 합니다. 예를 들어 50만원을 훔친 자는 법으로 100만원의 벌금을 부과한다고 했을 때, 제가 가난한 목사라는 이유로 100만원 보다 낮춰서 50만원을 내라고 한다면 이는 공의가 될 수 없습니다. 반대로 사회적 모범이 되야 할 목사라는 사람이 훔쳤다고 1000만원 벌금을 내라고 해도 공의가 될 수 없지요. 공의로운 판결이 되려면 100만원 벌금을 부과해야 합니다.

이와 같이 하나님이 저의 죄에 대한 공의로 십자가형을 언도한다면 이는 공의라기보다 하나님의 폭력같이 느껴졌습니다. 저의 죄를 위해 예수님의 피가 필요했다면 손가락 끝에서 한 방울의 피만 흘려도 될 것 같았습니다. 그저 태형으로 몇 대만 맞으면 될 일이라고 여겼습니다.

하나님의 공의를 이해하기 위해서는 나의 죄와, 그에 대한 하나님의 분노를 이해할 필요가 있습니다. 같은 행위라도 피해자가 느끼는 분노는 경우에 따라 그 크기가 다를 수 있습니다. 예를 들어 한 부부가 있는데, 아내는 남편에게 매우 헌신적이고, 남편은 아내에게 덜 헌신적이었다고 한다면, 부부가 각각 바람을 폈을 때 서로 느끼는 분노는 그 크기가 달라집니다. 상대에게 더 많은 사랑과 헌신을 한 쪽에서 더 큰 배신감과 분노를 느끼게 되어 있습니다.

라반의 집에서 라헬과 결혼하려고 7년간 일한 야곱의 이야기를 예로 들어 보겠습니다. 야곱이 7년을 열심히 무보수로 일하고 그 결실로 라헬과 결혼하게 되었습니다. 그런데 아침에 일어나 보니 첫날밤을 같이 보낸 사람은 라헬이 아닌, 라헬의 언니 레아였습니다. 야곱이 속은 것이지요. 이 때 야곱이 얼마큼 화가 났을까요? 야곱의 분노는 라헬을 얻기 위해 수고한 세월의 길이만큼 화가 납니다. 또한 라헬을 사랑하는 크기만큼 화가 나지요. 7년이 아니라 70년을 일했는데 이와 같은 일이 벌어졌다면 레아도 죽고 라반도 야곱의 손에 죽었을지 모릅니다. 라반은 라헬 대신 레아를 들여보내는 동일한 죄를 지은 것 같아도, 야곱에게는 7년과 70년의 크기가 다른 것입니다.

인간이 범죄할 때 하나님의 분노는 어떠셨을까요? 하나님이 에덴동산을 만드시고 그 가운데 선악과를 두셨습니다. 아담과 하와에게 모든 좋은 것을 다 주시고 딱 한 가지 동산 중앙에 있는 선악과만은 먹지 말라고 하셨습니다. 먹는 날에는 죽을 것임도 경고하셨습니다. 그런데도 아담과 하와는 선악과를 따 먹었습니다. 이 일에 대해 하나님은 얼마큼 화가 나셨을까요? 야곱의 경우처럼 생각해 보면 아담과 하와에게 베푸신 크기만큼 화가 나실 것입니다. 하늘의 수많은 별들, 온갖 좋은 식물들, 아름다운 동물들, 이들에게 주신 산천초목의 숫자만큼 화가 나실 것입니다. 그리고 이들을 사랑하신 만큼 배신감도 분노도 커지겠지요. 하나님은 아담과 하와를 지으시고 '보시기에 심히 좋았다.' 하실 만큼 사랑하셨습니다.

아담과 하와에게 있어서 선악과는 어떤 의미를 지닐까요? 보디발의 집에서 종살이 하던 요셉을 생각해보겠습니다. 요셉은 보디발에게 전적인 신뢰를 받던 종입니다. 보디발은 요셉을 믿고 그에게 모든 전권을 부여해 주었습니다. 요셉이 보디발의 집에서 할 수 없는 일이란 거의 없었습니다. 다만 한 가지 보디발의 아내는 건드릴 수 없었습니다. 보디발은 직업상 집을 자주 비웠는데 보디발의 아내마저 없었다면, 요셉은 자신을 그 집의 주인이라고 생각했을 수도 있습니다. 하지만 보디발의 아내만 눈에 보이면 요셉은 자신이 그 집의 주인이 아니라 종이라는 생각을 갖게 됩니다. 아담과 하와에게서도 이와 비슷한 모습을 볼 수 있습니다. 동산 한 가운데 있는 선악과는 아담과 하와로 하여금 자신들이 에덴의 주인이 아닌 종임을 상기시켜 주는 상징이었습니다. 그 선악과를 따 먹는다는 것은 하나님의 주인 되심을 거부하는 행위요, 자신의 종 됨을 부정하는 행위가 됩니다.

하나님은 모세에게 자신의 이름을 '야훼'로 계시하셨습니다. 야훼는 '스스로 존재한다.'라는 의미를 지닙니다. 스스로 존재하는 자는 스스로 존재하지 못하는 자들의 존재 근원이 되십니다. 이스라엘 사람들은 야훼의 이름을 망령되이 일컫지 않으려고 야훼 대신에 아도나이라고 읽었습니다. 아도나이는 주인이라는 뜻입니다. 스스로 존재하시는 하나님은 스스로 존재하지 못하는 자기들의 주인이시라는 것입니다.

유대인들은 야훼의 이름을 망령되이 일컫지 말라는 말을 문자 그대로 받아들여 그 이름을 아예 입에 올리지도 않았습니다. 그러나 그 이름을 부르지 않는다고 해서 망령되이 일컫지 않는 것이 아닙니다. 망령되다는 말은 말과 행동이 정상에서 벗어났다는 것을 의미합니다. 야훼의 이름을 가지고 장난을 치는 일은 망령된 일임이 분명합니다. 그러나 이름만 부르지 않는다고 해서 장난치는 일이 허용되는 것은 아닙니다.

아버지의 이름을 함부로 부르는 아들도 망령된 자이지만, 아버지라 불러놓고 아버지를 종처럼 부려먹는 행위도 망령된 것입니다. 저에게 교인들이 목사님 목사님 부르면서 온갖 잡심부름을 시키고, 제대로 하지 않는다고 야단친다면 그것 역시 매우 망령된 행위입니다. 도마의 고백처럼 '주님의 나의 주시오, 나의 하나님이십니다.' 해놓고 그 말에 합당하게 행동하지 않는다면 그것이 망령된 일이지요. 하나님을 주인님이라고 불러놓고 그 앞에서 종으로 살지 않고 도리어 주인 되신 하나님을 종처럼 이용하려 들거나, 주인과 전혀 상관없는 종으로 자신을 위해 살아간다면 이 역시도 망령된 행위입니다.

하나님이 제게 해 주신 일은 아담보다 더 많습니다. 저에게는 하나님 아들 예수님을 주셨으니까요. 아담이 느끼는 하나님의 사랑보다 제가 느끼는 하나님의 사랑이 더 큽니다. 아담은 모든 만물을 통해 하나님의 사랑을 느꼈다면 저는 거기에 더해 십자가에 죽으신 예수님을 통해 하나님의 사랑을 느끼기 때문입니다. 이런 제가 하나님의 주인 되심과 나의 종 됨을 거부하는 어떤 행동을 했다면 그 죄는 심히 클 것이 분명합니다. 더 나아가 하나님을 나의 주인이라고 고백해 놓고 실제로는 하나님을 주인으로 섬기기보다, 내 삶과 내 욕심을 이루기 위한 도구나 수단으로 사용했다면, 나의 망령됨은 심히 큰 죄가 되겠지요.

하나님이 이런 망령된 자들에게 느끼시는 분노는 마지막 때에 온전히 드러나게 될 것입니다. 하늘의 별들이 땅에 쏟아지고 해가 변하여 어두워지고 달이 변하여 피가 되는 일이 일어나도 전혀 이상할 것이 없습니다. 이 모든 것은 하나님이 주신 것이니 그것을 도로 거두신다 하여도 아무 할 말이 없는 것이 망령된 우리들입니다.

하나님이 저의 섬김을 통해 과연 주인 되심을 한번이라도 누려 보셨을까 생각하면 심히 두려운 마음이 듭니다. 제가 그동안 드렸던 기도의 제목들을 떠올려 보면, 하나님을 주인으로 섬겼다기보다 내 욕심을 이루는 도구로 쓰고자 했던 것임을 깨달았습니다. 하나님을 나의 주인으로 고백하고 하나님을 나의 아버지라 고백해 놓고도 참 많은 날들을 내가 내 삶의 주인으로 여기고 하나님과 상관없는 삶을 살았을 때가 너무나도 많았습니다. 이런 저의 죄가 너무나 커 보여서 과연 예수님이 지신 십자가로 나의 죄에 대한 하나님의 공의가 채워졌을까 하는 의심이 들 정도였습니다. 만약 예수님이 나를 위해 십자가를 지지 않으셨다면, 그래서 하나님의 진노가 바로 내 머리 위에 부어진다고 생각하면 그 생각만으로도 죽을 것 같았습니다. 예수님이 나를 위해 십자가를 지셨음이 얼마나 감사하고 또 감사하고 또 감사한지 모르겠습니다.

하나님이 나를 사랑하시지 않으셨다면 상상하지도 못할 일이 공의로우신 하나님이 행하신 십자가 사건이었습니다. 하나님의 공의도 엄청난 것이지만, 십자가를 통해 나를 용서하신 하나님의 사랑은 그 깊이와 높이와 넓이를 알 수 없을 만큼 큰 것이었음을 다시금 깨닫습니다.

저는 공의의 십자가가 반드시 필요한 사람입니다.

52
하나님의 사랑

　찬송가에 '그 크신 하나님의 사랑'이라는 찬양이 있습니다. 3절에는 '하늘을 두루마리 삼고/ 바다를 먹물 삼아도/ 한없는 하나님의 사랑/ 다 기록할 수 없겠네.'라고 되어 있습니다. 하늘을 두루마리 삼으면 엄청 큰 것이고 바다를 먹물 삼으면 어마어마한 양인데도 작가는 하나님의 사랑이 더 커서 다 기록할 수 없다고 고백합니다. 저는 이 가사가 너무 좋습니다.

　저는 하나님의 사랑이 손양원 목사님의 예화로 표현되는 것에 대한 거부감이 있었습니다. 아들을 죽인 청년을 용서하고 그 청년을 양아들 삼아 훌륭하게 키워내신 손양원 목사님의 사랑은 그야말로 '사랑의 원자탄'이라고 할 만합니다. 하지만 하나님의 사랑은 아들을 죽인 자들을 용서하신 수준의 사랑이 아닙니다. 그렇게 되면 대속적인 의미가 사라져서, 하나님의 사랑을 왜곡시키는 느낌이 들어 거부감이 들었습니다. 하나님의 사랑은 아들을 죽인 자들을 용서하신 것이 아니라, 원수 되었던 우리를 위해 아들을 죄 값으로 대신 내어 주신 사랑이시지요. 대속의 은혜가 하나님의 사랑에 담겨 있습니다. 저는 하나님의 사랑을 표현할 만한 예화를 하나 만들고 싶었습니다. 이것이 제가 글을 쓰기 시작한 계기가 되었고 그래서 나온 것이 '다시 찾은 강아지'라는 글입니다.

「제가 예전에 키우던 강아지가 있었습니다. 잡종이기는 했지만 너무 예쁘고 사랑스러운 강아지였습니다. 아람이라는 이름도 지어주고 개집도 만들어 주었지요. 날마다 산책도 같이 하고 음식도 나눠 먹곤 했습니다.

제가 교회 다녀온 사이 아람이가 무엇을 잘못 먹었는지 저를 보는 눈초리가 이상했습니다. 아람이를 부르며 안았는데 제 손을 피가 나도록 물었습니다. 그리고는 밖으로 나가버렸습니다. 저는 그날 고열에 시달리다가 병원에 가서야 광견병 때문임을 알았습니다. 아람이가 광견병에 걸렸던 것입니다. 3일 정도 아무것도 못하고 꼬박 입원해 있어야 했습니다. 퇴원하고 집에 와 보니 아람이가 없어졌어요. 동네를 다 찾아봤는데도 없어요. 아람이가 너무 그리워서 사진도 붙이고 시설에 전화도 해보고 잠도 못자고 출근도 못하고 미친 듯이 여러 날을 찾아다녔습니다.

그러던 어느 날 아람이를 찾았는데 몰골이 너무 엉망진창이어서 눈물이 쏟아졌어요. 이름을 불러도 못 알아봐요. 다리는 절고 몸에서는 고름과 함께 악취가 나고 있었죠. 저를 보면서도 이를 드러내며 으르렁 거리기만 했습니다. 아람이를 끌어 않으니 저를 물려고만 해요. 아람이를 부르며 끌어 않으니 사람들이 아는 개냐고 물어요. 제가 사랑하는 강아지라고 했더니 느닷없이 저를 붙잡고 손해 배상하랍니다. 우리 아람이가 그동안 많은 사람을 다치게 한 모양이에요. 병원비며 수리비가 너무 많이 나와서 대출을 받아 갚아 주어야만 했습니다.

아람이를 집에 데려가려고 하니까 사람들이 못 가게 막아요. 미친개는 때려서 죽여야한답니다. 사람들의 분노를 막을 수가 없었어요. 제겐 아들이 하나 있습니다. 아들도 저만큼이나 아람이를 사랑했어요. 저는 아들에게 모든 상황을 설명하고, 아람이를 살릴 방법을 찾아보았지요. 저는 아들에게 사람들이 아람이를 죽이지 못하게 끌어안고 있으라고 했어요. 아들도 동의했습니다. 아들은 악취가 풍기는 아람이를 끌어안고 있었습니다. 사람들은 그런 내 아들에게 욕을 해댔고, 침을 뱉기도 하다가, 급기야 돌을 던지는 사람들도 있었습니다. 분노가 극에 달했던 사람들은 제 아들을 두들겨 패다가 끝내 죽이고 말았습니다.

아들이 죽자 사람들은 흩어졌고 저는 아람이를 집에 데려올 수 있었습니다. 아람이는 지금 치료 중에 있습니다. 여전히 제게 이를 드러내며 으르렁 거리지만, 저는 아람이의 치료를 멈출 수가 없습니다.」 - '다시 찾은 강아지'

처음에는 동네 말썽꾸러기 아이의 이야기를 하려고 했습니다. 그 아이가 심장병에 걸려 죽어가고 있는 상황을 설정했지요. 심장을 이식해야 살 수가 있기 때문에, 제가 그 아이를 살리기 위해 같은 또래인 아들의 심장을 주었다고 하면, 그 아이를 향한 저의 사랑이 하나님의 사랑 비슷하게 표현할 수 있을 것 같았습니다. 그러나 이런 식의 전개는 한 가지 아쉬움을 갖게 했습니다. 하나님은 신이시고, 우리는 한낱 인간에 불과하니까 예화에서도 종이 서로 달라야 했습니다. 동네 아이와 저는 같은 사람이므로, 종을 뛰어넘은 하나님의 사랑을 설명하기에는 매우 부족했습니다. 그래서 강아지를 사랑한 저의 이야기로 상황을 바꿨습니다. 실제로 제가 어렸을 적 강아지를 키워 본 경험이 있습니다. 이름은 아람이였고 요크셔테리아였습니다.

  강아지를 향한 사랑에 비유해서 하나님의 사랑을 표현하기는 조금 수월했습니다. 강아지가 광견병에 걸려 비참하게 죽어가는 설정은 우리의 현실과 비슷해 보였습니다. 광견병으로 인해 저를 알아보지 못하고 으르렁 거리는 모습도 비슷해 보였고요. 뿐만 아니라, 제 아들도 강아지를 사랑해서 화가 난 사람들로부터 강아지를 지키기 위해 목숨까지 내어준 설정은, 우리를 죽기까지 사랑하신 예수님을 설명하기에 좋았습니다. 무엇보다 강아지의 치유를 위해 끝까지 사랑을 베푸는 모습은, 지금도 여전히 죄 가운데 살아가는 우리를 향한 하나님의 사랑을 묘사하기 좋았습니다.

  그런데 '다시 찾은 강아지'라는 글을 다 쓰고서도 아쉬운 점이 몇 가지 있었습니다. 첫째는, 하나님은 우리를 지으신 이시지만, 강아지는 제가 만든 것이 아니라는 사실입니다. 하나님은 우리를 뼈 속까지 아시지만, 저는 강아지에 대해 잘 알지 못합니다. 또한 하나님은 우리의 생각까지도 아시지만, 저는 강아지의 말조차 알아듣지 못합니다. 두 번째로, 하나님께서 아들을 원수였던 죄인에 손에 죽게 하신 것처럼, 제 아들을 미친개들에게 죽게 했어야 하는데, 저는 제 아들을 그렇게 묘사할 수는 없었습니다. 예화를 만들기 위한 단순한 상상인데도 도저히 못하겠더라고요. 이런 이유로 제 이야기는 하나님의 사랑을 묘사하기에 한 없이 부족한 글이 되었습니다. 더욱이 제 이야기는 결코 세상에 존재하지 않는 이야기이고 어떤 사람도 공감할 수 없는 이야기입니다. 제가 강아지를 너무나 사랑해서 실제로 아들까지 희생시켜 가며 미친 강아지를 구했다면, 세상 모든 사람이 저더러 위대한 사랑을 했다고 하지 않을 것입니다. 도리어 강아지한테 미쳐서 아들까지 죽인 미친놈이라고 할 것 같았습니다.

하나님의 사랑을 묘사하겠다고 쓴 글이 하나님을 욕되게 할 것 같았습니다. 그리고 깨달은 것이, 하나님의 사랑은 너무 커서 이 땅에서는 그런 사랑을 경험할 수 없고 표현할 수도, 들을 수도 없다는 사실입니다. 또한 하나님의 사랑을 우리가 가진 언어로 묘사하면 도리어 하나님의 사랑을 모욕하는 것에 불과하다는 것도 알게 되었습니다.

무엇보다 하나님의 사랑은 인간의 머리로 도저히 이해되지 않고 납득할 수 없는, 우주보다 더 큰 것임을 알게 된 것입니다. 하나님의 사랑이 내 안에 있고 내가 하나님의 사랑 안에 있다는 말이 무슨 뜻이었는지, 아주 조금은 알게 되었습니다.

하나님의 사랑은 그냥 선포하는 것 외에는 달리 설명할 길이 없습니다.

"하나님은 당신을 사랑하십니다!"